输了？我的品牌！

典型商标案例研究

主　编：林秀芹　蔡春和
副主编：邱爱民　李　晶

厦门大学出版社　国家一级出版社
全国百佳图书出版单位

图书在版编目(CIP)数据

输了？我的品牌！：典型商标案例研究/林秀芹,蔡春和主编.—厦门:厦门大学出版社，2018.4
ISBN 978-7-5615-6868-2

Ⅰ.①输… Ⅱ.①林… ②蔡… Ⅲ.①知识产权法－案例－中国 Ⅳ.①D923.405

中国版本图书馆 CIP 数据核字(2017)第 330197 号

出 版 人	郑文礼
责任编辑	甘世恒
封面设计	邱　毅
美术编辑	蒋卓群
技术编辑	许克华

出版发行	厦门大学出版社
社　　址	厦门市软件园二期望海路 39 号
邮政编码	361008
总 编 办	0592-2182177　0592-2181406(传真)
营销中心	0592-2184458　0592-2181365
网　　址	http://www.xmupress.com
邮　　箱	xmup@xmupress.com
印　　刷	厦门市金凯龙印刷有限公司

开本　720mm×1000mm　1/16
印张　16.5
字数　272 千字
插页　2
版次　2018 年 4 月第 1 版
印次　2018 年 4 月第 1 次印刷
定价　59.00 元

本书如有印装质量问题请直接寄承印厂调换

厦门大学出版社
微信二维码

厦门大学出版社
微博二维码

序：输了？我的品牌！

蔡春和

创业是创新的载体，创新是创业的驱动力，保卫创新成果、驱动创新价值，在大众创业、万众创新的社会大背景下，智能科技时代的今天，我想说：

没有品牌的企业没人知道你是谁！

没有创新的企业就没有灵魂！

没有核心竞争力的企业就没有脊梁骨！

在品牌管理和知识产权行业创业、从业14年，我们看尽品牌的起、落、转、承，惊喜地看到国家领导人和国家政策对于中国制造到中国智造转型的渴望与极大的鼓励，看着全国的大众创业、万众创新的活力绽放。我们用14年的心血提炼了以上三句话，并不断传播给身边的人，受到了很多企业家的认可。着实，企业经营不易，品牌经营不易，保持创新和核心竞争力更是难上加难！

14年来，我们陪着几千家企业成长，为他们的品牌保驾护航，出谋划策，同时，也用心孕育着自己的品牌——合道。因为我们坚信，只有"品牌服务品牌"才有说服力！合道成立于2004年，从成立开始，专注服务品质，培养专业团队，攻克一个一个的品牌难题，等等。一路走来，获得了很多的荣誉和认可，有了很多成功的案例。现在，合道已经是连续4年被评定为全国优秀代理机构，被认定为福建省著名商标的诚信品牌服务机构。由于初期的商标保护及时，发展中的品牌宣传和专业品质的坚持与服务，合道的品牌发展之路在不断创新中一路走过了14年，在许多企业面临"输了？我的品牌！"的严峻形势下，合道也为解决企业的品牌问题啃了很多硬骨头，完成了很多不可能。渐渐地，合道还有了一个座右铭："把1%的希望变成100%的可能！"所以，为了更多的企业能在品牌发展的道路上少走弯路，合道与厦门大学知识产权研究院一起出版了这本书，把许多"起死回生""峰回路转"的品牌故事讲给大家听。希望更多的创业者、更多的企业主，做"有品牌、有创新、有核心竞争力"的优质企业！

编撰说明

本书由林秀芹、蔡春和担任主编,邱爱民、李晶担任副主编。全书案例由合道集团和厦门大学知识产权研究院师生共同编撰、整理完成。具体分工如下。

《"姚明"PK"姚明"》:邱爱民、林培

《商品分类"膜"糊不得》:邱爱民、吴丽雯

《品牌路漫漫,白鹭常相伴》:魏荣、唐丽文

《"张三疯",化繁为简》:魏荣、唐丽文、张伟昌

《小心!通用名称!》:邱爱民、徐济飞

《"金桥"宏图,我赢了!》:邱爱民、吴昊

《"共存",可以!》:吴丽雯、杨高强、刘日

《"大唐世家"还姓"唐门地产"》:杨高强、黄宗琪

《"万仟堂",智斗!》:邢雨馨、华水兰

《抢走的,还给我!》:杨高强、邢雨馨

《老字号,你也敢拿!》:陈晓辉、林冬华

《想偷"轮胎"的老狐狸》:吴丽雯、陈晓辉

本书内容均根据真实案例编写而成。编者已尽最大努力还原案例争议原貌,但自知水平有限,如有不足或可商榷之处,欢迎读者不吝赐教。

目 录

- 001 "姚明"PK"姚明"
- 025 商品分类"膜"糊不得
- 063 品牌路漫漫,白鹭常相伴
- 075 "张三疯",化繁为简
- 091 小心!通用名称!
- 109 "金桥"宏图,我赢了!
- 123 "共存",可以!
- 158 "大唐世家"还姓"唐门地产"
- 178 "万仟堂",智斗!
- 202 抢走的,还给我!
- 223 老字号,你也敢拿!
- 237 想偷"轮胎"的老狐狸

"姚明"PK"姚明"

一、案情介绍

(一)"姚明织带"商标注册经历的环节

1.2004年8月17日,厦门姚明织带饰品有限公司董事长姚明(以下简称姚董)向国家商标局申请注册第26类"花边、绳编工艺品"等商品上的"姚明"商标;

2.上述申请于2007年11月19日被驳回;

3.2007年12月2日,姚董向商标评审委员会(以下简称商评委)提出复审;

4.2008年12月8日,商评委做出予以注册的决定,申请商标依法予以初步审定公告;

5.篮球明星姚明对上述商标提出异议,2009年9月28日,姚董对异议进行了答辩;

6.2011年5月25日,商标局裁定"姚明"商标不予核准注册;

7.2011年7月8日,姚董不服商标局的裁定,继续向商评委提出异议复审;

8.2013年6月17日,商评委做出复审裁定,申请注册在第26类"花边、绳编工艺品"等商品上的第4223596号"姚明"商标予以核准注册。

(二)具体案情介绍

1.提出申请被驳回

姚明,福建省莆田市涵江人,厦门姚明织带饰品有限公司董事长。显然,该企业家姚明和我国著名的篮球明星姚明同名同姓。

输了我的品牌

2004年8月,姚董在厦门工商注册企业进行名称核准时,由于海沧已有一家企业叫雅美,因而不能继续使用其原有的"雅美"之名,于是便决定用自己的名字命名自己的企业,至此,厦门姚明织带饰品有限公司成立。同年8月17日,姚董以自己的自然人"姚明"的名义向国家商标局申请注册第26类"花边、绳编工艺品"等商品上的"姚明"商标。

资料来源:http://www.saic.gov.cn 国家工商总局网

2007年11月19日,国家商标局驳回该申请,驳回文号为ZC4223596BH1,驳回理由为:"姚明是我国著名篮球运动员,有很高的知名度,非本人或未经本人授权不得申请注册为商标。"

2.申请复审,予以审定公告

2007年12月2日,姚董委托厦门合道联合知识产权事务有限公司(以下简称合道公司)向商评委提出复审,理由如下:

(1)"姚明"既是申请人的姓名,又是申请人创办企业的企业名称,更是申请人企业产品的标志性品牌,将"姚明"二字申请商标注册是在知识产权领域内对品牌进行的积极保护,是完全合乎《商标法》的正当求权行为,国家商标局应当予以公告。

我国《商标法》(2014年5月1日第三次修改前)第8条规定:"任何能够将自然人、法人或者其他组织的商品与他人的商品区别开的可视性标志,包括文字、图形、字母、数字、三维标志和颜色组合,以及上述要素的组合,均可以作为商标申请注册。"姓名主要是由文字或字母组成,是具有显著性的可视性标

"姚明"PK"姚明"

志,符合申请注册商标的基本特征,可作为商标申请注册。"姚明"二字作为申请人的姓名是依法登记,享有姓名权,申请人为"姚明"姓名权的合法所有者,拥有合法合理使用自己姓名的权利。申请人将"姚明"二字作为商标使用在自己经营的产品上,申请商标注册保护是对自己姓名权的合法合理使用,并不违反商标法律规定。且目前我国《商标法》遵从的是在先注册原则,申请人2004年8月17日将"姚明"作为商标申请注册时,在申请人申请保护的第26类上并无任何与"姚明"二字近似或相同的在先商标权利存在。

《商标法》第1条阐述的立法宗旨是"为了加强商标管理,保护商标专用权,促使生产、经营者保证商品和服务质量,维护商标信誉,以保障消费者和生产、经营者的利益,促进社会主义市场经济的发展"。"姚明"既是申请人创办企业的企业名称,又是申请人企业产品的标志性品牌,这种将企业名称作为标志性产品品牌打造和运作的品牌战略是国内国际上众多企业的品牌策略。例如"蒙牛""海尔""李宁""格力"等。这种企业名称与品牌同一化的运作,能简化和引导消费者的识别和选择,有利于加强商标管理,维护商标信誉,完全契合商标法的立法宗旨。一直以来,这种保护品牌的积极策略受到了国家和大众的一致支持。所以,申请人的这种品牌保护行为应当受到鼓励和支持。

(2)在同等的法律地位上,申请人"姚明"与我国著名篮球运动员"姚明"应该享有平等的权利,"姚明"作为一个文字的组合不能为任何一个人独有。

我国《民法通则》第99条第1款规定:"公民享有姓名权,有权决定、使用和依照规定改变自己的姓名……"由于文字数量有限,也由于取名习惯,同名同姓的情况在我国非常普遍。《民法通则》第3条规定:"当事人在民事活动中地位平等。任何自然人、法人在民事法律关系中平等地享有权利,其权利平等地受到保护。"因此,数人合法取得同一姓名,其各自都拥有合法的姓名权,相互之间并不排斥。

每个人都有姓名使用权,在符合商标法律规定的前提下都可以将其姓名申请商标注册保护。申请人是将自己的姓名申请注册商标,与篮球明星姚明没有任何关联,当然也就无需篮球明星姚明的授权,国家商标局以未经篮球明星姚明授权而驳回该商标申请,是不公平的。公众人物姓名在没有注册为商标的情况下,一律禁止与他重名的人申请注册商标,是对另一权利人的姓名权的限制,这显然是违反了《民法通则》的规定。

(3)被驳回的"姚明"商标经过申请人长期推广宣传,在国内乃至全球同行

输了我的品牌

业中享有极高的知名度和美誉度。"姚明"球星和"姚明"织带都是为国争光的品牌,在当今备受打击、教训颇多的我国知识产权领域,在昂首走向世界的进程中,应该积极鼓励并大力支持这种在世界享有盛誉的真正的好品牌。

姚明是"厦门姚明织带饰品有限公司"的法定代表人、董事长。公司成立于 2004 年,注册资本 6 000 万港币,2007 年增资到注册资本 1 亿港币,专业生产高品质涤纶丝带、涤纶织边印唛丝带、尼龙雪纱带、各种丝绒带、织带印刷和各类手工花饰。"姚明织带饰品有限公司"的前身为"雅美织带饰品有限公司",主要从事花饰生产。由于当时做花饰所需的原材料涤纶带主要从美国和我国台湾等地进口,价格昂贵,还受起订量的限制,为满足自身公司生产花饰的需要,于 2003 年申请人开始投资织带厂,生产涤纶丝带并制作一些深加工的产品,如花饰、印刷织带等。2003 年 5 月,自第 1 条"姚明"涤纶丝带诞生起,"姚明织带"只用了短短两年的时间,便将涤纶丝带产量做到了世界第一,平均日产各类织带 500 万码、各种织带花饰 80 万个,成为世界上颜色最多、尺寸最全、库存最大、品质最好、服务最优、交期最快的涤纶丝带的专业制造商,同时也是全球最大的织带印刷和织带花饰制造商。

姚董从创立"姚明织带饰品有限公司"以来,一直以"姚明"作为公司产品的商标,生产"姚明"品牌全系列的涤纶丝带、涤纶织边印唛丝带、尼龙雪纱带、各种丝绒带、织带印刷和各类手工花饰等产品。公司高度重视商标的保护和品牌的推广,于 2004 年将"姚明"商标申请注册保护,同时在阿里巴巴、慧聪网、环球资源等多种网络贸易平台和《服饰资源》《文笔资源》《电信黄页》《网通黄页》《欧洲黄页》等多种媒体、杂志上投入大量的广告宣传;2007 年,公司成为"海峡西岸汽车博览会"的赞助商。公司每年还多次参加国内外行业展会、广交会,并连续多年参加一年一次在厦门举办的"'9·8'中国国际投资贸易洽谈会",长期拥有稳定的国内外客户群。公司在广州、上海、义乌、青岛、北京、深圳、东莞、石狮、常熟等地设有办事处和门市部,并有国内及国外多个合作伙伴和经销商,公司出品的涤纶丝带色泽艳丽、质地细腻、水洗牢度高、干摩擦度强,不褪色,产品符合欧盟、日本、美国等地的环保要求,每年都通过瑞士 Oeko-Tex standard 100 测试,品质在世界上处于领先地位,产品远销 100 多个国家和地区。"姚明"织带已在织带领域里占据较高的市场份额,年出口额 2 800 余万元,其涤纶织带产量居全球第一,是全球织带和花饰行业的领先企业。多年来,凭借不懈的努力和良好的口碑,"姚明"织带在业界获得了很高的知名度和美誉度,已经成

姚明

"姚明"PK"姚明"

为国内织带行业的第一品牌,并在国际上具有显著的影响力。

申请人长期热心于地方经济建设及公益建设,2007年,姚明荣任莆田市工商联厦门分会(厦门市莆田商会)执行会长;2007年任厦门市集美区工商联(商会)四届常务委员(常务理事);2007年获得厦门市非公有制企业(组织)"党建之友"称号。如果说球星"姚明"是篮球运动上中国的第一块牌,申请人"姚明"则是织带行业里中国的第一块牌。总之,"姚明"球星和"姚明"织带都是为国争光的品牌。在我国,品牌被抢注、走出国门受阻等打击和教训颇多,如海信被西门子公司抢注,五粮液在韩国、康佳在美国、科龙在新加坡等相继遭遇了商标被抢注的命运,"竹叶青""青岛啤酒""五星""阿诗玛""全聚德""天坛""狗不理"等为数众多的老字号商标也在国外被抢注。在严峻的现实面前,我国的知识产权领域,在昂首走向世界的进程中,应该积极鼓励并大力支持这种在世界享有盛誉的真正的好品牌的成长,让成长中的好企业、好产品、好品牌真正获得蓬勃的生机和无限的活力。

(4)国家商标局在商标审查时,有类似情形予以公告的前例可循。例如,下列三个商标:

商标名称:"姚明"	商标名称:"姚明"	商标名称:"姚明"
姚明	姚明	姚明
注册号:3949461	注册号:3949457	注册号:3949458
类别:6类	类别:16类	类别:28类
使用商品:金属管道弯头、金属管夹、钢管、建筑用金属架、金属建筑构件等	使用商品:卫生纸、纸巾、纸或纤维素制婴儿尿布(一次性)等	使用商品:游戏机
申请人:肖森文 441621570808305	申请人:肖森文 441621570808305	申请人:肖森文 441621570808305
核准注册时间:2006年4月14日	核准注册时间:2007年2月7日	核准注册时间:2007年10月7日

资料来源:http://www.ctmo.gov.cn/,中国商标网

在上述商标中,自然人申请注册"姚明"均被核准。而上述三个商标的申请人的称谓均为"肖森文"而非"姚明"。一个自然人申请注册的含有公众人物"姚明"名称的商标都没有受"姚明是我国著名篮球运动员,有很高的知名度,

非本人或未经本人授权不得申请注册为商标"的限制,获得了审查通过,而本案申请人自己就叫"姚明",用自己的名字申请注册商标却被驳回,国家商标局的审查标准尺度不一,有失公允。

2008年12月8日,商评委做出裁定:首先,虽然申请文字与篮球明星姚明的姓名相同,但申请商标"姚明"为申请人本人的姓名,也是申请人的企业字号名称,加之上述申请商标使用宣传的实际情况,可以证明申请商标本身具有正当来源,且申请商标通过宣传和使用加强了与篮球明星姚明姓名的区别性。其次,申请商标指定使用的商品并非与篮球明星姚明从事的体育事业有关的商品,如运动服、运动鞋等,因此一般不易使消费者误认为申请人的产品是篮球明星姚明代言的产品或者与该明星本人具有密切联系,以致误导消费者并对篮球明星姚明的声誉造成不良影响。再次,申请商标指定使用的"花边、绳编工艺品"等商品并非容易受明星效应影响的时尚类产品,其指定使用的丝带、花边、垫肩等商品一般为辅料产品,多为不直接面对最终消费者的供服装或工艺品企业采购的中间产品,并且均为时尚度不高的小商品,明星效应一般不会影响到该类商品消费者的实际购买行为,并且尚无充分理由可以认定申请商标易误导消费者并对篮球明星姚明的声誉造成不良影响。此不属于《商标法》第10条第1款第8项规定的禁止作为商标注册使用的标志。申请商标依法予以初步审定公告。

3.篮球明星姚明提出异议,异议裁定不予核准注册

篮球明星姚明(以下简称异议人)对上述商标提出异议(异议号2009异10024DS),2009年9月28日,姚董对异议进行了答辩。2011年5月25日,国家商标局依据《商标法》第10条第1款第8项以"姚明是我国知名篮球运动员的姓名,在全国范围内具有较高的知名度,被异议商标'姚明'的注册使用易误导公众,造成不良的社会影响"为由裁定"姚明"商标不予核准注册。

4.姚董不服国家商标局的裁定,继续向商评委提出异议复审,"姚明"商标终于获得注册

2011年7月8日,姚董不服国家商标局的裁定,继续委托合道公司向商评委提出异议复审,复审理由除了重申驳回复审阶段提出的"姓名权的平等性,注册的正当性"理由外,对"姚明"商标在织带领域已经享有很高的知名度和美誉度,提交了更有力的证据,同时还提交了同等审查尺度下,相同情形的商标申请得以核准注册的参照。

"姚明"PK"姚明"

（1）姚董的"姚明织带"事业实现了规模化和专业化生产，产量长期保持世界同行业第一，产品质量被誉为国内织带行业最高品质的代表

"姚明织带"的发展势头更加强劲，产品广销全国各地及美国、英国等100多个国家和地区，在2008年金融危机的考验下，"姚明织带"不仅没有倒退，反而逆流而进，拓展了新的分厂。时至当日，"姚明织带"的注册资本已达1.8亿港元，拥有"集美""杏林""莆田"三大产业基地，厂房及办公面积近10万平方米，织带机3 000余台，染色机100余台，印刷平网机近百台，其他机器1 000余台，员工近3 000人；公司在北京、上海、广州、深圳、东莞、汕头、武汉、青岛、义乌、石狮、常熟、温州等十几个大中城市设立了办事处和门市部，并在国内、国外拥有了多个合作伙伴和经销商；每天生产各类"姚明"织带2 000万码、"姚明"印刷丝带200万码、"姚明"花饰100万个，且常年备有8亿～10亿码丝带库存，实现了规模化和专业化生产，产量长期保持世界同行业第一，产品质量被誉为国内织带行业最高品质的代表。

（2）积极应诉美国双反调查，完胜获得独享进入美国市场的机会，捍卫了民族品牌，加强了与被申请人篮球明星姚明的区别性

2009年7月9日，美国BERWICKOFFRAY公司（最大的织带生产厂家）向美国商务部和国际贸易委员会提出申诉，指控中国企业向美国出口的织带低于正常价格倾销，要求对原产自中国大陆和台湾地区的织边窄幅织带发起反倾销和反补贴调查（即双反调查）。7月23日，美国对此做出立案决定，这是美国对中国纺织品发起的首起双反调查，也是后配额时代，美国对中国纺织品采取的第一起贸易救济措施。由于"姚明织带"是中国大陆织带行业的龙头企业，也是全球最大的织带生产企业，所以，"厦门姚明织带饰品有限公司"于2009年8月26日被美国商务部确定作为中国大陆"反补贴"两家强制应诉企业之一，2009年9月11日，"姚明织带"又被美国商务部确定作为中国大陆"反倾销"两家强制应诉企业之一。为了最大限度地维护国家与行业利益，姚董毅然决定斥200多万元人民币的巨资积极应诉。而在其他中国大陆与台湾应诉的企业纷纷放弃应诉的情况下，"姚明织带"成为中国织带行业唯一的应诉企业，独力承担起抗拒国外打压、维护国家利益与行业利益的历史重任。

经过一年的积极努力，2010年7月14日，美国商务部公布了对中国织带产品的反倾销、反补贴调查的最终仲裁结果：中国唯一应诉企业——"姚明织

带"的倾销幅度为零,是至当时为止中国企业应对反倾销调查取得的最好结果;补贴幅度为1.56%,亦是此次反补贴调查中最低的补贴幅度。而其他应诉企业分别被征收115.7%到231.4%的惩罚性关税。因此,"姚明织带"成为此次"双反"调查中唯一获得完美胜利的企业,获得独享进入美国市场的机会。仅2010年,"姚明织带"输美出口量就达到7 258万元人民币。

上述证据进一步证明,"姚明"商标在织带领域经过7年的使用、宣传具有广泛的知名度与美誉度,和篮球明星姚明知名的运动领域毫无关联,且区别性明显,不存在必然会使公众产生混淆的情形。

(3)在商标审查实例中,商标局对类似情形的商标有予以核准注册的先例,以同等的审查尺度来衡量,应该给予名人姓名更公平公正的申请机会,见下表:

商　标	刘德华
类　别	29
注册号	4365340
注册商品	板鸭、腌肉、香肠
申请时间	2004-11-16
注册时间	2007-05-28
注册人	刘德华
注册地址	四川省崇州市观胜镇胜观村9组

资料来源:http://www.ctmo.gov.cn/,中国商标网

刘德华是演艺界的明星,而四川省的刘德华却在第29类"板鸭、腌肉、香肠"商品上申请注册了"刘德华及图"商标,得到了商标局的核准。后来,明星刘德华虽有向商评委提起撤销申请,但商评委仍维持商标局的核准裁定。"板鸭、腌肉、香肠"同样也是与演艺明星刘德华的演艺事业领域毫无关联的产品,完全不会影响到作为演艺明星的刘德华的声誉。这一例就很好地证明了不同人的相同姓名享有同等的姓名权,可以在正当求权的范围内合理使用。可见,

申请商标"姚明",在同等的审查尺度下,应予核准注册。

2013年6月17日,商评委做出复审裁定,以驳回复审相同的阐述裁定申请注册在第26类"花边、绳编工艺品、衣服装饰品、针、人造花"等商品上的第4223596号"姚明"商标予以核准注册。至此,经过长达9年的努力和坚持,"姚明"商标终于获得了注册。

二、法理分析

在商标授权确权的司法审查实务中,针对未经许可以他人姓名(或与之相关的标志)作为商标申请注册的现象,如何适用《商标法》予以调整仍存有争议。这主要体现为《商标法》(2014年5月1日第3次修改前)第31条"损害他人现有的在先权利"(即姓名权)和第10条第1款第8项"有其他不良影响"的理解和适用。本案主要的争议焦点在于姚明织带注册的"姚明"商标是否侵犯了篮球明星姚明的在先权利(主要是姓名权)以及是否属于造成不良影响的问题。与其他商标权和姓名权纠纷的商标抢注案件不同,本案争议商标的原始注册申请人姓名就是"姚明",与篮球明星姚明刚好同名。针对《商标法》第31条的"在先权利",商评委认为:虽然申请文字与篮球明星姚明的姓名相同,但申请商标"姚明"为申请人本人的姓名,也是申请人的企业字号名称,加之上述申请商标使用和宣传的实际情况,可以证明申请商标本身具有正当来源,且申请商标通过宣传和使用加强了与篮球明星姚明姓名的区别性。可见,在本案中,商评委认为争议商标的注册申请并未侵犯篮球明星姚明的姓名权,本案不适用《商标法》第31条"损害他人现有的在先权利"的规定。

而针对第10条第1款第8项"有其他不良影响",本案申请人利用大量事实说明,在与明星姚明知名的运动领域完全不相关联的织带领域,该"姚明"商标已经享有很高的知名度和美誉度,加强了与篮球明星姚明的区别性。织带和花饰产品均属于时尚度不高的小商品,并非容易受到明星效应影响的时尚类产品,并不会误导相关公众,自然不会对篮球明星姚明的利益造成损害。而上述几点则也证明了其并不存在恶意搭便车的嫌疑。故虽几经波折,最终,该"姚明"商标终获注册,而该案背后所反映出的商标权和姓名权的冲突所引发的思考却没有停止。

(一)姓名权和商标权

近年来,企业因使用名人姓名作为商标引发的纠纷频频引爆。姓名权和商标权冲突的问题,也成为了商标授权确权程序中的一个热点和难点问题。

姓名是自然人用以标明个人身份以区别于他人的文字或符号。而姓名权就是自然人依法获得姓名并从中受益的一项重要的人格权,随出生而取得并且随着死亡而消亡,作为一种绝对权享有禁止他人干涉、盗用、假冒的权利。正如《民法通则》第99条所规定,公民享有姓名权,有权决定、使用和依照规定改变自己的姓名,禁止他人干涉、盗用。但是姓名权不是一种独占权,相互之间并不排斥,法律可以容许同名同姓。

商标,简单说就是商品的标记,是商品的生产者、经营者或者服务的提供者为了标明自己、区别他人在自己商品或服务上使用的由文字、图形、字母、数字、三维标志和颜色组合以及上述要素的组合构成的标记[1]。根据我国《商标法》的规定,商标权即商标专用权,是指商标所有人对其注册商标依法享有的占有、使用、收益和处分并排除他人干涉的权利。权利冲突可以理解为一种权利存在对另一权利的行使造成阻碍。如果姓名权人和商标权人为同一个人,则不存在权利冲突的问题。但是当两项权利分别掌握在两个人手中时,就可能导致行使权利的障碍。

(二)商标权和姓名权产生冲突的原因

1.商标构成元素中的文字和自然人姓名存在重合或相似的可能性

根据商标和姓名的组成方式可知,如果申请者申请选用文字作为商标或者商标的部分,文字的自由组合不可避免地会出现和自然人姓名相同或近似的情况。且二者在根本上都是标识的一种,暗示或指代某种特定的个体或服务,因而存在会使人混淆的可能性。

2.姓名功能的拓展

随着市场经济的飞速发展、商业竞争的日益加剧,姓名的功能得到了极大的拓展,不仅仅局限于表示自然人身份这一领域。从普通人的认知出发,当谈及名人姓名时,往往会和这个名人本身的所有信息如外貌、从事的行业、获得

---

[1] 董晓萌.《商标法》对在先姓名权的保护——以"EMMA WATSON"案为例[J].中华商标,2015(3).

的荣誉、品行,以及社会公众对其的评价相关联。若该名人在某一领域创造了世人所公认的突出成就,如本案中的篮球明星姚明,得到了极大部分公众的认可和高度的正面评价,甚至成为广大公众崇拜的偶像,则该名人的姓名本身就承载了巨大的精神价值。而名人在社会中享有的声望和知名度使他们的姓名具有了被商业化利用的巨大经济价值,可以转化为直接的广告效应和购买号召力。

3.商家逐利的心理

随着传媒手段的革命,经济全球化趋势不断加强,商业竞争日益加剧。面对众多的同类商品或服务的挑战,市场主体的首要任务是如何使自己提供的商品或服务吸引到更多消费者的注意力。从这个角度来讲,新经济可以称为"注意力经济"或者"眼球经济"。作为声望的重要载体,姓名被使用在产品或其包装上,通过促销产品而体现出其商业价值;另一方面,从标识商品或者服务来源的角度来看,商标这一传统手段也迸发出新的活力——使用姓名作为商标或者商标的组成部分成为一种时尚。① 而名人的姓名恰好可以完美地结合上述几个优点,迎合了市场的需求,为商家带来显而易见的商业效果,因此,许多商家开始选择名人姓名注册商标。

这种将名人姓名作为商标使用当作开发姓名潜在价值的一种途径,就不可避免地会将商标权和姓名权对立起来。这种开发未经权利人授权,将他人姓名注册为商标,既可能是盗用他人姓名而侵犯他人姓名权的侵权形式的一种,也是《商标法》第31条所述的损害他人现有的在先权利的表现形式的一种。

但是商标和姓名文字的重合并不意味着必然会导致纠纷,由于姓名权与商标权的权利内容差异较大,一般而言,冲突是可以避免的。例如,在商业领域的在先商标,不论其知名度多高,其权利的行使不会因为自然人使用与其所含文字相同的姓名而受到妨害。商标权的独占性也不是无条件的,商标专有使用权限定于核定准予使用的商品或服务的范围之内。只要核定准予使用的商品或服务的范围与姓名承载的声望所及的领域不相关,则不可能导致消费者对商品产源或服务来源产生混淆误认。②

---

① 陈静娴.试论商标权与姓名权的冲突与解决——"张学友"商标异议案之思考[J].北京行政学院学报,2002(3):67—71.
② 张今.英国:姓名、形象的商品化和商品化权[J].中华商标,2000(8):35—37.

(三)姓名权的保护机制

《民法通则》第 99 条第 1 款：公民享有姓名权，有权决定、使用和依照规定改变自己的姓名，禁止他人干涉、盗用、假冒。《侵权责任法》第 2 条第 2 款：本法所称民事权益，包括生命权、健康权、姓名权等人身、财产权益。在《商标法》第 31 条则规定，注册商标不得侵犯他人的在先权利。那么，姓名权是否可以纳入在先权利进行保护呢？刘春田教授就曾提出，此处的在先权利应当与后产生的权利属于同种性质。姓名权和商标权属于不同的权利性质，没有绝对的衡量标准。我国《商标法》中也没有明文列举。但在《商标审查及审查标准》第二部分"商标审理标准"中则规定，"未经许可，将他人的姓名申请注册商标，给他人姓名权造成或者可能造成损害的，系争商标应当不予核准注册或者予以撤销"。该标准还从适用要件、考量因素、举证责任、利害关系人的确定等方面对损害他人姓名权的行为作了进一步的界定。通常情况下，在司法实践中我们将姓名权纳入《商标法》"在先权利"的范畴。

《商标法》第 10 条第 1 款第 8 项也规定，有害于社会主义道德风尚或者有其他不良影响的，不得作为商标注册。而在 2017 年 1 月 11 日最高人民法院发布的《关于审理商标授权确权行政案件若干问题的规定》中，其明确在政治、经济、文化、宗教、民族等领域的公众人物姓名不得作为商标使用。也就是说，根据《商标法》，上述公众人物的姓名不得作为商标使用，目的性也很清晰，就是要通过保护公共人物的姓名权，防止市场竞争者通过"搭便车"的方式来扰乱市场秩序。

我们可以发现，在理论层面，关于姓名权的性质问题，我国仅在《民法通则》中规定了姓名权的人身属性，对是否拥有财产属性并未明确规定。法律对姓名权的财产利益缺乏一个相对合理的认定。但是，商标权和姓名权产生冲突的根本原因主要在于姓名背后蕴含着的经济利益，姓名是否具有足够的商业化利用潜力便是姓名权与商标权相冲突的前提。如果将姓名权的价值局限在精神利益的范畴，那么，当姓名权被侵犯时当事人只需要承担停止侵害、赔偿道歉等道义层面上的责任，即使给予经济赔偿，金额也参差不齐。

为了能够更全面地保护姓名权，英国及日本的部分学者提出了商品化权理论。该理论认为，姓名和形象的商品化的核心是把名人的姓名或相貌用于产品或其包装上，利用名人的声望来促销产品。这种名人基于其声望而将其姓名或形象进行商业利用以获取利益的权利被称之为"姓名或形象的商品化权"。[①] 商品化权是一种无形的财产权,它所体现的姓名利益具有经济价值,可给予经济评价,同时也是一种知识产权,其具有知识产权所属之特性。该种权利制度将有利于对商业姓名权的使用进行有力的引导。但各国的司法实践均将其列为一种独立的权利,主要还是倾向于将其纳入民法、商标法领域予以保护。

而在实践领域,根据我国的商标审查的方式,在商标的申请阶段,并不会对商标是否涉嫌侵犯他人在先姓名权进行主动审查评价,主要还是依据利害关系人在商标异议阶段自行选择主张,或者依据《民法通则》提起姓名权侵权诉讼。

(四)重名的问题

由于特定的姓氏文化,姓名权又不具有独占性,不可避免地会出现一名多人的重名现象。由于普通人姓名和名人姓名中所凝结的商业财产性价值不同,在商标法意义上的姓名权的保护有必要区分普通人姓名重名以及普通人和名人姓名重名。

对于普通人重名的情况,商标局在申请人用名字进行商标注册时应当考虑商标本身的显著性问题,如果过于普遍,则不应予以批准。但也不能一概而论,如果商标经过使用而获得显著性,仍可以批准注册;加入具有可识别性的其他图片、照片、符号等,有效地和其他同名者相区分,仍然有注册可能性。[②]

而普通人和名人重名的问题,也是名人姓名权保护在商标申请阶段遇到的现实性难题。当姚董以"姚明"申请注册商标时,审查员没有权利要求其出示其得到了授权。但是由于名人姓名被赋予了一定信誉和特殊的价值,重名者将其姓名注册成商标后,其虽不会产生导致名人无法使用该姓名的效果,但是由于商标的排他性,其阻碍了名人对自己姓名带来的经济利益的实现。另外,名人姓名一旦被他人作为商标使用,消费者可能会默认地将名人的信誉和商品的服务质量与这个商标建立起对应关系,形成混淆。如果该商标指向的产品或服务有质量瑕疵,那么就可能损害名人的名誉并且危害公共利益。

我们不难理解,名人名字背后积累的信誉声望源于名人自己的特定努力和付出,所以,只有该特定的名人能够正当享有由其声望累积而成的姓名带来的巨大商业利益。因而,在以具有一定社会知名度的名人姓名申请商标的时

---

① 臧宝清.关于姓名权与商标权冲突有关问题的思考[J].中华商标,2013(3).
② 胡镁洋.名人姓名权与名人姓名商标权[J].科学之友旬刊,2012(3):137-139.

候,基于保护消费者的权益,维护正常市场交易的考虑,我国倾向于严格审查并限制使用姓名作为商标。但这并不意味着当名人和普通人同名时完全排除他人行使自己的姓名权,仍需要结合个案,综合考虑涉及的姓名和所涉及的名人的知名度、影响力、指定商品与该名人职业的关联性等因素综合判断。

(五)姓名权和商标权冲突中的裁量影响因素

现我们就对姓名权和商标权的纠纷尤其是普通人和名人姓名相同的案件中的裁量影响因素进行分析:

1.名人的知名度和影响力,即姓名和原告的对应性

结合司法中的实践,我们可以发现通常情况下,当相关公众在看到某一商标时会自然联想到某人的姓名,并认为该商标或该商标所使用商品的提供者与该人有关联时,才有可能会导致该人的姓名权受到损害。而对姓名权的"损害"指的是该姓名标志与姓名权人之间的"关联"的破坏,而这种"关联"的前提则在于姓名权人的知名度。[①] 因此,判断某一商标是否会损害他人姓名权时,名人知名度的大小,以及其对于公众的认知度将会成为重要的前提考量因素。如果将只有一点知名度和影响力的名人纳入保护,又或是将已经"过气"许久、知名度早就远不如从前的名人的姓名给予同样强度的保护,那势必会导致许多名字均无法进入商标领域。"名人"本身具有一定的地域性、领域性和时间性。现代社会生活的细化,导致"名人"在不同领域的细化,有可能在某些领域非常知名的人,在其他领域中默默无闻。在这个快节奏的社会中,不乏"昙花一现"的"名人",这些名人的社会影响力和知名度又有多少?《商标法》立法的本意并不是对各行业明星的姓名在商标注册禁用条款中做无止境、无边的保护,应该是对善意的注册和合理的商标使用给予支持,这将有利于商标资源的合理利用,有利于活跃市场经济。

在姚明织带案中,涉及的名人为姚明。此处我们无需争论在当下球星姚明的知名度和影响力,但我们应当认识到,名人的知名度和影响力不是一成不变的,我们应当与时俱进,根据名人知名度的改变对审查标准进行灵活调整。

2.名人的行业性以及和有关商品服务的关联度

在认定完名人的知名度和影响力后,我们应当注意到知名人物的知名度

---

① 陈志兴.使用自己姓名作为商标注册不得有不良影响——"刘德华"商标确权案引发的思考[J].中华商标,2013(8).

"姚明"PK"姚明"

状况会有领域区分。如姚明、易建联、傅园慧等,其知名度主要体现在体育领域,而张学友、刘德华则侧重于演艺领域。当然,对于一些知名度极高的名人,其知名度状况的领域区分可能不是特别明显,但是,消费者将相关商品与其建立联系时,还是会存有可能性大小之分。例如,当市场上出现酒类产品和内衣产品时,如果同样是以傅园慧为名的商标,相关消费者将"内衣"商品与傅园慧联系在一起的可能性必然大于酒类。结合知名度和名人效应的影响领域,我们可以进一步推断这种未经许可使用名人姓名作为商标注册的行为是否会造成《商标法》第10条第1款第8项上的"其他不良影响"。

就"姚明织带"商标案来看,篮球明星姚明的知名度主要源于篮球运动。我们可以适当地将其拓宽至相近的领域。但是,姚明在篮球事业中的名气和知名度,不能延伸到所有的行业和领域。在该案中,申请人所创立的事业是与运动完全无关的织带产业。其申请商标使用的商品与有关的体育事业相差甚远,是"花边、衣服装饰品、绳编工艺品、针"等不容易联想到篮球明星姚明的产品,不会误导消费者并对篮球明星姚明产生不利的影响。

但是在姚明提起的对"姚明一代"商标的诉讼中,大鲨鱼体育用品有限公司使用"姚明一代"标志的产品是其经销的运动鞋、运动服等,而这正是篮球明星姚明从事体育活动所需要的物品。大众很容易将该产品和球星姚明建立联系,认为其是球星姚明代言或者经营的产品,从而对球星姚明的声誉会产生影响。因而,法院认定其属于侵权行为。

3.申请人的主观故意

主观故意,即所谓恶意,指行为人明知其行为违反"诚实信用"等民事法律行为的基本原则却仍然为之。但是,主观上故意往往难以证明,所以,我们需要通过一系列客观的证据加以推断。在商标权与姓名权发生冲突时,判断当事人是否具有恶意可以考虑以下外部因素:(1)行为人使用他人姓名为商标是否具有合理理由。例如,授权使用自己姓名(与某名人姓名相同)注册商标的自然人,其姓名是通过改名而得,且其改名是在某名人成名之后,则其合理性会受到质疑。而如果行为人刚好和名人同名,那么,我们暂且推定其具有一定的正当性。(2)姓名被使用者的社会知名度。如果是具有较高社会知名度的名人,未经许可的使用者在主观上就可能有利用名人效应牟取不当利益之嫌。(3)使用行为本身是否具有非法牟利的性质。例如,如果申请人注册了与他人姓名相同的商标之后即通过广告发出高价转让的要约,则可以判断其申请注

输了我的品牌

册行为并非出于合理使用商标的目的,而是为了假借他人知名度牟取利益。[①]
(4)后续的使用是否得当。如果行为人刚好和名人重名,看似其具备了使用这个商标的正当理由,但是如果在后续的使用,如包装或宣传中,其有意让自己的商品或服务和名人扯上关系,暗示消费者,使其在购买时产生混淆,我们通常也认定为其具有主观搭便车的恶意。

在"姚明织带"一案中,一开始申请人是由于原有名称"雅美"不能使用才产生的利用自己姓名的想法,且除了"姚明"二字和篮球明星姚明相同外,在整个产品对外的宣传、包装、生产各个环节中均未有任何和篮球明星姚明相关的因素。不仅如此,其还依靠自身企业的努力,已经具有较高的知名度与美誉度,成为了走出国门强大的民族品牌,加强了和球星姚明的区分度。

而在"姚明一代"案中,大鲨鱼体育用品有限公司经销的运动鞋、运动服等商品上不仅标注了"姚明一代"的标志而且还标注了篮球运动员姚明的签名,并在广告宣传中使用了姚明的肖像。所以,虽然其抗辩说:全国叫姚明的人成千上万,篮球运动员姚明不能独占这一姓名并进而禁止其做商标使用。即便此时其申请人的名字也叫姚明,我们仍然可以看到,这个公司完全就是依托于篮球明星姚明进行宣传和使用商标的,其利用姚明的姓名以及其背后的知名度和声望来推销自己的产品,搭便车获取不当利益的意图再明显不过。

事实上,我们可以看到,不论申请人与名人的姓名是否重名,其使用姓名的方式所体现出来的主观是否具有借助名人效应搭便车的意图,往往成为商标权和姓名权冲突时的重要考量因素。

综合以上三点,我们可以看出,和名人同名并不意味着就可以肆无忌惮地以姓名权平等为由注册商标,但名人姓名权也不具有必然的独占性。名人的姓名受商标法保护也是有限度的。名人的声望往往局限于与其从事行业相关的领域,而通过注册和使用商标实现名人姓名的商品化同样受制于相关服务。而当名人姓名权和商标权产生冲突的时候,判断是否对名人姓名权产生侵害关键看主观上是否为故意,且该使用能否使人注意到其同名人有实质性的差异。当姓名被用作商标注册时,应当根据上述三个因素对其正当性、合理性和区别性进行评判。

---

① 陈静娴.试论商标权与姓名权的冲突与解决——"张学友"商标异议案之思考[J].北京行政学院学报,2002(3):67—71.

三、相关案例

（一）"刘德华"商标确权案

2004年6月29日，刘德华（身份证号码：430122651018001）在第3类洗面奶、去污剂、皮革保护剂（上光）、化妆品、香精油、祛斑霜、洗发液、香皂、摩丝、牙膏商品上申请注册第4143917号"刘德华"商标（简称争议商标，商标图样见下图）。2007年7月28日，争议商标获准注册。2008年3月24日，争议商标经核准转让至东莞市九佛包装实业有限公司。2010年1月18日，争议商标又转让至广州市泊美生物技术有限公司。2010年10月25日，争议商标转让至广州市金栢丽保健品有限公司（简称金栢丽公司）。

刘 德 华

2009年8月26日，亨泰环宇有限公司（简称亨泰公司）向国家工商总局商标评审委员会提出撤销争议商标注册的申请，其主要理由包括：1.争议商标侵犯了其旗下著名艺人刘德华的姓名权；2.争议商标的注册具有不良影响，扰乱了市场竞争秩序。2011年5月30日，商标评审委员会依据《商标法》第10条第1款第8项的规定，裁定争议商标予以撤销。金栢丽公司不服该裁定，以争议注册商标注册人行使权利的合法性以及法律不应当禁止公民合法使用自己的姓名等理由向法院提起诉讼。

法院最终维持了商评委裁定的结果。法院认为，本案的争议焦点在于争议商标注册是否违反《商标法》第10条第1款第8项的规定。本案中，争议商标的原始注册申请人名叫刘德华，虽然法律规定公民有使用自己姓名的权利，但将姓名注册为商标的使用方式已非公民正当权利行使之必需。由于商标的注册和使用不仅与商标权人的意志有关，也会影响到广大消费者的正当权利和合法利益，因此，自然人在申请注册商标时，包括以自己的姓名申请注册商标时，应当满足《商标法》对可以作为商标注册、使用的标志的法定要求。

刘德华是香港著名歌手、演员，是在华人娱乐圈内有极高知名度和广泛影响力的公众人物。争议商标与艺人刘德华的姓名完全相同，由于"刘德华"文

输了我的品牌

字已经与艺人刘德华建立了高度密切的联系,故争议商标注册、使用在化妆品等商品上,不仅可能不正当借用艺人刘德华的知名度和影响力,从而使其合法权益受损,还难免引起广大消费者对相关商品与艺人刘德华之间关系的猜测和联想,进而产生误认和误购。因此,争议商标已经构成《商标法》第10条第1款第8项所述的"有其他不良影响的标志",不得作为商标注册和使用。①

值得一提的是,在针对是否违反《商标法》第31条"损害他人现有的在先权利"这一点上,商评委在裁定中认为,"刘德华"是争议商标最初的注册申请人的真实姓名,也是亨泰公司旗下艺人刘德华的艺名,两人均依法享有姓名权。争议商标的注册申请并未侵犯艺人刘德华的姓名权,本案不适用《商标法》第31条。而法院则指出,虽然法律规定公民有使用自己姓名的权利,但将姓名注册为商标的使用方式已非公民正当权利行使之必需。也就是说,同名同姓者可能并不当然地就享有该名字所蕴含着的商业利益。当主张姓名权受到侵害的权利人已经具有一定的知名度时,相关公众就已将其与特定的姓名标志建立起了对应关系。该"对应关系"中蕴含的商业利益也就应当属于该姓名的真正权利人,而非其他同名同姓者。②

和"姚明织带商标案"一样,这两个案子均属于非典型性姓名商标抢注案件,即诉争商标中,如本案的诉争商标原始注册申请人与主张姓名权的权利人正好同名同姓的情况,而导致结果不同的主要因素在于涉案名人的行业性和有关商品服务的关联度。姚明织带案中,申请商标指定使用的"花边、绳编工艺品、针"等多为不直接面对最终消费者的供服装或工艺品企业采购的中间产品。这不仅不属于和篮球明星姚明从事的体育事业有关的商品,也不属于容易受名人效应影响的时尚类产品。因此,我们通常可以推定其并不会误导消费者并对篮球明星姚明的声誉造成不良影响。且该企业列举了大量事实证明了其品牌在其领域完全达到了很高的知名度,增强了和篮球明星姚明的区分度。既然不会产生混淆和损害事实,则球星姚明自然无权干涉其商标的使用。

而在刘德华商标确权案中,争议商标注册、使用的商品为洗面奶、化妆品等,而众所周知,演员通常会有很多洗面奶、化妆品等商品的代言活动。对于

---

① 见商评字〔2011〕第09341号商标争议裁定书,(2011)一中知行初字第2272号行政判决书。

② 陈志兴.使用自己姓名作为商标注册不得有不良影响——"刘德华"商标确权案引发的思考[J].中华商标,2013(8).

消费者而言，他们很容易将洗面奶、化妆品等商品与明星刘德华建立联系。且未有别的证据证明其知名度已经达到了可以让消费者区分的程度，从而认定其会使消费者产生商品来源的误认，扰乱正常的市场秩序，并对艺人刘德华的个人声誉造成不良影响。因此，争议商标的注册申请人行使权利已超出合法的界限，损害了广大消费者和艺人刘德华的合法权益，难逃搭便车之嫌，所以被认定为是《商标法》第 10 条第 1 款第 8 项上的"其他不良影响"。

诸如此类的案例很多，还有如第 1132643 号"张学友 ZHANGXUEYOU 及图"商标争议案[①]等，名人的知名度以及和产品的关联度往往成为了判断是否会造成公众混淆的关键。从兼顾名人和他人的利益来看，对名人姓名的保护，限定在其所在领域适当的维护，是比较公平公正的。只要所使用的范畴与名人所在领域具备差异性，不至给名人的名誉造成负面影响，就应该准予与名人同样的姓名进行商标注册。

（二）"刘翔"商标案

1986 年，上海某企业注册了"刘翔牌"商标，申请注册的种类为服装类，商标专用权期限至 2017 年。作为刘翔的赞助商，耐克公司于 2006 年 5 月向商标局申请注册"刘翔"为商标时遭到拒绝，后申请商评委复审仍被驳回。耐克公司认为，刘翔具有较高知名度，其姓名有巨大的商业和经济价值，姓名权及其商品化权也应该受到法律保护，耐克公司经刘翔本人授权可以把刘翔的姓名、形象作为商标进行商业化使用，遂将商评委告上北京市第一中级人民法院。

北京市一中院认为：本案中，耐克公司的申请商标与此前已经注册的刘翔牌商标构成近似，二者使用在同一种商品上，容易导致相关公众对商品的来源产生混淆和误认。刘翔确系中国体坛的知名人物，其本人及经过其授权的公民或者法人有权利用其知名度获取商业利益。但在商标注册领域，《商标法》采取先申请原则，即在不违反相关法律规定的情况下，对相同或者近似商标仅核准注册申请在先的商标。因此，耐克公司即便得到了刘翔的授权，也并不意味着其具有获得在服装商品上注册申请商标的当然权利，法院遂支持了商评委所做的决定，驳回了耐克公司的诉讼请求。

相比于"张学友"案和"刘德华"案中对原告方姓名权的维护，"刘翔"案的

---

① 见商评字〔2003〕第 1247 号商标争议裁定书。

裁决则是支持了原有"刘翔牌"商标的存续。论及原因,是因为在该案中,虽然"刘翔牌"商标与飞人刘翔重名,却因上海刘翔事业有限公司早在1986年即申请注册此商标,且该商标的取名主要是因为申请人姓刘,住在毅翔村,取"翔"字又有"一飞冲天"的寓意,具有正当的理由,而彼时运动员刘翔年仅3岁。因此,该公司的注册行为显然不是借刘翔的知名度而为的搭便车之举,不存在恶意。同时,依据《商标法》的先申请原则,商标局仅核准注册申请在先的商标,不管刘翔的知名度有多高,都不能侵犯在先商标的权利,[①]因此,耐克公司即便得到了刘翔的授权,也并不意味着其具有获得在服装商品上注册申请商标的当然权利,法院遂支持了商评委所做的决定,驳回了耐克公司的诉讼请求。

就主观上的善意而言,刘翔案比"姚明织带"案,申请人的主观"善意"体现得更为直接彻底,在当时的条件下,上海刘翔有限公司不可能会具有搭便车或者抢注的恶意。而在"姚明织带"一案中,除了申请人本人姓名也是姚明外,其还列举了大量的事实证据证明在与篮球明星姚明知名的运动领域完全不相关联的织带领域,也已经做到了行业翘楚、世界前列,加强了与被申请人篮球明星姚明的区别性。所以,在这两种情况下,如果坚持要维护名人的姓名权,将不利于商标资源的合理利用以及市场经济的健康发展。

(三)迈克尔·乔丹案

论及姓名权和商标权的纠纷,2016年沸沸扬扬最受关注的莫过于乔丹诉乔丹体育系列案件了。首先,我们简单回顾一下案情:

早在2000年,一个名为"福建省晋江陈埭溪边日用品二厂"的民办企业更名为"乔丹体育用品有限公司",也就是现在的"乔丹体育股份有限公司"前身。

2002年4月16日,国家商标局核准了乔丹体育所使用的"乔丹""QIAODAN"文字商标以及对应图形商标的注册。随后,该公司又将迈克尔·乔丹两个儿子的名字"杰弗里·乔丹"和"马库斯·乔丹"注册为商标。乔丹体育迅猛发展,还冠名赞助大型国际体育赛事。

2012年,迈克尔·乔丹向国家工商行政管理总局商标评审委员会申请撤销乔丹体育相关的78个注册商标。国家工商行政管理总局商标评审委员会裁定,维持乔丹体育公司的一系列商标注册。

---

① 连有,向以群.论中国体育品牌的国际化与知识产权保护——以"乔丹"牌和"刘翔"牌为例[J].旅游纵览月刊,2013(9):337-338.

"姚明"PK"姚明"

随后,球星乔丹向北京市第一中级人民法院提起诉讼。2015年年初,北京市第一中级人民法院一审又驳回了他的诉讼请求。迈克尔·乔丹上诉后,2015年7月27日北京市高级人民法院维持原判。

2015年12月,最高人民法院以迈克尔·乔丹的再审申请符合《中华人民共和国行政诉讼法》第91条第6项规定的情形为由,裁定提审10件案件。2016年4月26日,最高人民法院开庭审理,判决的结果主要可以分为两个部分:

首先,关于涉及"乔丹"商标的三件案件,法院认为争议商标的注册损害了迈克尔·乔丹对"乔丹"享有的在先姓名权,违反《商标法》规定,应予撤销。因此,法院判决撤销商标评审委员会作出的被诉裁定及一、二审判决,判令商标评审委员会针对争议商标重新作出裁定。其次,关于涉及拼音"QIAODAN"的四件案件以及涉及拼音"qiaodan"与相关图形组合商标的三件案件,法院认为,迈克尔·乔丹对拼音"QIAODAN""qiaodan"不享有姓名权。由此,争议商标的注册未损害飞人的在先姓名权,争议商标也不属于《商标法》规定的"有害于社会主义道德风尚或者有其他不良影响"或"以欺骗手段或者其他不正当手段取得注册"的情形。最终,法院维持二审判决,驳回乔丹的再审申请。

针对被撤销的三个商标,最高人民法院认为:自然人就特定名称主张姓名权保护的,该特定名称应当符合以下三项条件:其一,该特定名称在我国具有一定的知名度、为相关公众所知悉;其二,相关公众使用该特定名称指代该自然人;其三,该特定名称已经与该自然人之间建立了稳定的对应关系。而本案的证据足以证明"乔丹"在我国具有较高的知名度、为相关公众所知悉,我国相关公众通常以"乔丹"指代再审申请人迈克尔·乔丹。并且,"乔丹"已经与再审申请人之间形成了稳定的对应关系,故再审申请人就"乔丹"享有姓名权。

在争议商标的申请日之前,直至2015年,再审申请人在我国一直具有较高的知名度。其知名范围已不仅仅局限于篮球运动领域,而已成为具有较高知名度的公众人物。本案争议的第6020569号"乔丹"商标,指定使用的商品类别为第28类"体育活动器械、游泳池(娱乐用)、旱冰鞋、圣诞树装饰品(灯饰和糖果除外)"。其中,"体育活动器械、游泳池(娱乐用)、旱冰鞋"均属于体育运动中常见的商品,"圣诞树装饰品(灯饰和糖果除外)"则属于日常生活中常见的商品。上述商品的相关公众容易误认为标记有争议商标的商品与再审申请人存在代言、许可等特定联系,损害了再审申请人的在先姓名权。乔丹公司对于争议商标的注册具有明显的主观恶意。乔丹公司的经营状况,以及乔丹公司对其企业名称、有关商标的宣传、使用、获奖、被保护等情况,均不足以使得争议商标的注册具有合法性。因此,争议商标的注册违反了《商标法》第31条的规定。

乔丹体育公司和厦门姚明织带饰品有限公司均经过多年的经营,具有了较大的规模,占据了一定的市场份额,在相关行业具有了一定的知名度,乔丹公司还进行了大量的广告宣传、赞助体育赛事和公益事业等活动。但是法院对认定二者是否损害再审申请人在先姓名权或是否造成其他不良影响上,却有着不同的看法。事实上,最高院在认定争议商标是否损害他人在先姓名权时,其构成要件与侵害商标权的认定不同的关键在于其是否导致相关公众误认为标记有争议商标的商品或者服务与姓名权人之间存在代言、许可等特定联系并结合诚实信用原则进行判断。

因此,最高人民法院认为,即使乔丹公司经过多年的经营、宣传和使用,使得乔丹公司及其"乔丹"商标在特定商品类别上具有较高知名度,相关公众能够认识到标记有中文"乔丹"商标的商品来源于乔丹公司,也不足以据此认定相关公众不容易误认为标记有中文"乔丹"商标的商品与再审申请人之间存在代言、许可等特定联系。事实上,乔丹公司将再审申请人球衣号码"23"、再审申请人两个孩子的姓名等与之密切相关的信息申请注册其他商标,一定程度上体现了乔丹公司放任前述相关公众误认的后果。其次,乔丹公司恶意申请注册争议商标,损害再审申请人的在先姓名权,明显有悖于诚实信用原则。商标评审委员会、乔丹公司主张的市场秩序或者商业成功并不完全是乔丹公司诚信经营的合法成果,而是一定程度上建立于相关公众误认的基础之上。维护此种市场秩序或者商业成功,不仅不利于保护在先姓名权人的合法权益,而且不利于保障消费者的利益,更不利于净化商标注册和使用环境。

因而,乔丹公司的经营状况,以及乔丹公司对其企业名称、有关商标的宣传、使用、获奖、被保护等情况,均不足以使得争议商标的注册具有合法性。假设在"姚明织带案"中,姚明织带公司无法证明其与篮球明星姚明的区别性不会导致公众混淆,其成功不是建立在相关公众误认的基础上或者有任何恶意利用姚明名望的行为,那么,即便其申请人姓名和名人相同,姚明织带公司可能也无法获得该商标的成功注册。

四、对企业的启示

（一）商标领域"善意"原则首要克己复礼

所谓克己，就是不要再通过借助于模仿国际大牌字号和攀附名人，踏入商业捷径，戒掉浮躁，抛弃由来已久的"打外国知名品牌的擦边球以图谋轻松获取暴利"之行为。所谓复礼，就是复商标注册的善意原则之礼，尊重在先权利，是诚实信用原则在商标权保护领域的延伸。

商标领域的克己复礼不仅是在先权利尊重法律规则，也是商标权的国际化对接的要求。我国从商标的草莽时代到商标精细化规则时代一路走来，要树立知识产权的大国情怀。随着我国经济的强势崛起和法治国家的建立，国民整体素质的不断提高，我国的商业心态也不断沉淀和调整，不再浮躁。商标权的司法保护也不能不反映这一曲折的过程。

（二）避免铤而走险的抢注行为

事实上，许多姓名权和商标权冲突的纠纷均围绕着商标领域"善意"的原则展开。在姚明案中，如果以事实上并未产生的对"篮球明星姚明"的可能的损害而限制被异议人"姚明"商标的注册，其结果可能是扼杀了一个优秀的品牌，会对长期建立起来的"姚明织带"的消费者造成情感的伤害和利益上的损失，反倒不利于市场经济的公平、健康、有序的发展。而在迈克尔·乔丹案中，法院对乔丹姓名权的保护无疑给"打擦边球"的企业敲响了警钟。名人姓名所包含的商业潜力是名人投入大量的时间、才智和金钱获得成就的体现，不容许别人任意利用。傍名人、走捷径的行为，固可以在短期内借用名人的声誉提高自己产品或服务的吸引力和知名度，但却是以丧失诚信、不顾道德为代价的，从一开始就为企业的发展种下隐患。这种投机取巧、损人利己的短视行为会让企业长期生存在"剽窃"的阴影中，难以树立正面品牌形象，最终将失去客户、失去口碑，直至走向灭亡。例如，乔丹体育与"飞人"乔丹无任何关系这一事实被公众广泛认知后，"乔丹"品牌在消费者中的形象无疑会大打折扣，原先打算上市的计划也受到了重创。所以，原则上企业应当避免这种铤而走险的抢注行为。

(三)企业在使用姓名做商标时,应当避免与名人姓名发生冲突

企业应当确定合理的商标战略。明知未授权而故意使用,有违"诚实信用"原则,将会在相关法律程序中处于极为不利的地位。即使善意使用与名人同名同姓的名字为商标,也应当尽到足够的注意义务。企业在使用商品或服务上应精心选择,避免导致消费者对商品来源或服务来源产生混淆,这样才能确保商标的获取和保有。①

(四)必要时应选择有实力的代理机构

目前,商标申请途径众多,但种种途径中,最具优势的仍然是通过代理机构申请。如果企业和个人对商标注册的相关法律规定、规则、近似判断等没有把握,还是应当寻求专业代理机构的咨询或代理。代理机构办事效率高,节省时间,凭借着强大的专业团队和丰富的经验,加上后期的咨询服务和支持,可以有效地避免人为的失误,大大提高商标注册的成功率,降低风险,有效地支撑企业品牌战略的实现。当出现商标纠纷的时候,代理机构更能够有效地维护企业的合法权益,有利于企业的长远发展。

"姚明织带"长达9年的品牌获权,得益于其选择的合道公司的法律研究和专业评估,同时,也出于一个有抱负有坚持的企业家创立品牌的梦想和不畏难、不放弃的坚定信念。

---

① 陈静娴.试论商标权与姓名权的冲突与解决——"张学友"商标异议案之思考[J].北京行政学院学报,2002(3):67−71.

商品分类"膜"糊不得

雷朋

厦门彰泰隔热膜有限公司是一家专业生产隔热膜的台资企业,其"雷朋"牌汽车隔热膜已在我国俏销近30年,知名度稳居行业前三。创始人张鸿图于1979年在中国台湾创立台湾新泰贸易有限公司(简称新泰公司),生产销售汽车隔热膜,并于20世纪80年代中期逐渐进入大陆市场。1994年,新泰公司在台湾成功注册了第00628683号"雷朋"商标,注册商品为"隔热纸、滤光防热片、汽车隔热纸"。"雷朋"牌汽车隔热膜作为企业的主品牌逐渐在大陆市场被熟知。1996年8月5日,新泰公司向国家工商行政管理总局商标局(简称商标局)申请注册"雷朋"商标,1997年9月21日,商标局核准注册第1104030号"雷朋"商标,指定使用在国际分类第17类"隔热纸、滤光防热片、汽车隔热纸"商品上。该商标经续展后的专用期限至2017年9月20日止。2004年,厦门彰泰隔热膜有限公司(简称彰泰公司)成立,成为台湾新泰公司在祖国大陆的总管理部、物流配送中心和生产研发中心。新泰公司曾于2005年8月12日和2007年11月22日两次向商标局备案,将"雷朋"商标许可给彰泰公司使用。2009年8月7日,"雷朋"商标经商标局核准转让给彰泰公司。经过多年的努力拼搏,新泰公司在中国大陆发展成为拥有上海彰泰贸易有限公司、厦门彰泰隔热膜有限公司两家全资管理子公司、29家销售分公司、4个市场部、10000多家授权专营店的企业集团,并已成为"全国汽车用品行业联合会副理事长单位""世界窗膜协会会员单位"和"中国汽车用品行业十大领军企业"。2007年,其参与了公安部主持的"在用车车窗玻璃遮阳膜"行业标准的制定工作,为汽车隔热膜行业标准的制定做出了自己应有的贡献。2011年12月14日,其注册在第17类上的第1104030号"雷朋"商标被认定为"隔热纸、滤光防热片、汽车隔热纸"商品上的驰名商标。

输了我的品牌

一、厦门彰泰隔热膜有限公司与广州天河登峰新宁汽配经营部商标权侵权纠纷经过

(一)提出行政异议

2001年9月14日,台湾地区新泰公司以其在先注册的第1104030号"雷朋"(**雷 朋**)商标(以下简称"引证商标")针对广州市天河登峰新宁汽配经营部(以下简称"被异议人")申请注册的使用于国际分类第17类"非包装用塑料膜"等商品上的1660119号"雷明"(**雷明**)商标(以下简称"被异议商标")提出异议,异议称:1.新泰公司作为异议人,是台湾著名汽车、建筑用塑料薄膜、装饰塑料薄膜经销商,"雷朋"是异议人经销产品主要品牌之一,异议人1993年在台湾"汽车隔热纸、塑胶贴纸"等商品上注册"雷朋"商标,异议人每年投入数百万元费用,在各种媒体上刊登广告,并于1997年在大陆"隔热纸、滤光防热片、汽车隔热纸"商品上申请注册"雷朋"商标。以"雷朋"为商标的商品在广州、北京、上海、福建、四川等地设有经销代理商,异议人的"雷朋"产品已在北京、上海、华南地区等地都有销售,在每年举办的"上海国际汽车工业展览会"上展示"雷朋"产品。1997年异议人于AUTO SHANGHAI杂志上刊登"雷朋"产品广告。同时,异议人还委托其在大陆经销商广州英泰贸易有限公司、北京市美丽平贸易公司、上海市新瑛贸易有限公司对"雷朋"及异议人其他品牌进行长期、广泛宣传,异议人商标已成为行业内广为人知的品牌。2.被异议商标"雷明"与异议人引证商标"雷朋"的第一个汉字相同,第二个汉字字形几近相同,普通消费者一般很难将两者区分,两商标都为自组词,含义上无法区分。异议人引证商标指定商品"隔热纸、滤光防热片、汽车隔热纸"等为塑胶膜或塑料膜,贴于玻璃上,具有隔热、防爆及阻挡紫外线等作用,与被异议商标指定使用商品"非包装用塑料膜"应当属于同一国际分类的同一类似群组,功能用途、销售渠道相同,只因大陆与台湾地区的习惯叫法不同而造成商品上的差异,两商标指定使用商品构成相同或类似商品。被异议商标与异议人引证商标同时在市场上存在,极易让消费者混淆。异议人曾于1997年9月24日针对北京市全统全盛科贸有限公司申请注册于第17类"非包装用塑料膜、非包装用塑料薄膜"商品上的112400号"雷朋MADICO"商标提出异议,商标

局在(1999)商标异字第3246号文中裁定"非包装用塑料膜"等商品与"隔热纸"等有相近的产品用途、销售渠道等。本案被异议商标指定商品与前案被异议商标指定商品为同一种商品,也应判为类似。3.异议人引证商标是业内知名商标,被异议人申请被异议商标属于违反诚实信用原则,抄袭模仿他人已为公众熟知的商标的行为。

2005年12月28日,商标局以"不属于类似商品"为由裁定被异议商标予以核准注册,商标局异议裁定理由称:异议人引证第1104030号"雷朋"商标,其注册使用商品为"隔热纸、滤光防热片、汽车隔热纸",核定在商标注册用商品分类表第1705组,被异议商标"雷明"指定使用商品为"非包装用再生纤维素、非包装用塑料膜、合成树脂(半成品)、非包装用粘胶纤维纸、半加工塑料物质、农业用塑料膜、电控透气塑料薄膜",属于商标注册用商品分类第1703组,按照上述商品分类,两商标所使用商品属于非类似商品,而本案异议人认为被异议商标指定使用商品中的"非包装用塑料膜"与异议人在先注册商标核定使用商品"隔热纸、滤光防热片、汽车隔热纸"属于功能、用途、销售渠道相同的类似商品,但异议人注册商标使用商品的名称"隔热纸、滤光防热片、汽车隔热纸"并非商标注册专用商品名称,异议人虽提供被异议人在实际使用中的有关材料,但没有提供异议人注册商标使用商品在性质、用途等方面的有关说明材料,所提供的其他商标异议案件裁定并不能作为判定本案双方商标使用商品构成类似的依据,因此判定本案异议人商标使用商品与被异议商标使用商品"非包装用塑料膜"属于同种或类似商品缺少足够的事实和依据,被异议商标与异议人商标未构成使用在同种或类似商品上的近似商标,异议人认为被异议人申请被异议商标违反诚实信用原则,抄袭模仿异议人已为公众熟知的商标,但事实、证据不足,因而不予采信,从而依据《中华人民共和国商标法》第33条规定,裁定异议人所提异议理由不成立,第1660119号"雷明"商标予以核准注册。

(二)申请异议复审

2006年1月16日,新泰公司向商标评审委员会提出商标异议复审申请,复审申请书请求内容为:商标评审委员会裁定驳回第1660119号"雷明"商标就第17类全部商品上的商标注册申请。异议复审理由为:1.异议人及其"雷朋"商标在中国隔热膜行业享有极高的知名度,异议人引证商标在台湾地区市场享有知名度。早在1979年,异议人就洞悉了汽车隔热防爆膜的未来发展潜力,并迅速投入到该产品的销售领域。1991年,异议人又在高雄成立了企佑有限公司,扩展台湾南部市场。此时,异议人完全掌握了市场的直销业务,可以非常有效地为客户提供售后服务,更确保了迅速发展汽车隔热防爆膜的销售能力。为更好地保护"雷朋"商标的权利,异议人在"纸、壁纸、汽车隔热纸、塑胶贴纸、玻璃隔热片"商品上向台湾地区标准局申请注册了该商标。该商标于1994年1月6日被获准注册,注册号为00628683。之后,1997年9月21日,异议人在大陆于第17类"隔热纸、滤光防热片、汽车隔热纸"上注册了"雷朋"商标(即引证商标)。为提高"雷朋"品牌的知名度,异议人投入大量财力对该品牌产品进行了长期和广泛的宣传,并且取得了很好的业绩。1996年的各品牌隔热纸占有率调查表显示,"雷朋"商标品牌产品在台湾地区的占有率为25.1%。随着异议人业务的发展,这一市场占有率在逐步扩大。异议人看到了大陆具有广阔的市场发展前景,在1995年实现了在大陆拓展市场。从上海新泰隔热膜有限公司(异议人在中国设立的子公司)的网站上下载的关于"雷朋"品牌隔热防爆膜的介绍可以证明,异议人的"雷朋"品牌隔热膜早在1995年就已经全面进入大陆市场,目前已经在各省市广泛销售。异议人在注册"雷朋"商标后,前期为提高该品牌的知名度,主要依靠各地代理商(如广州英泰贸易有限公司、北京市美丽平贸易公司、上海新瑛贸易有限公司)进行市场拓展。后来异议人在上海成立上海新泰隔热膜有限公司,并与该公司签订《商标使用许可合同》,由该公司全面负责大陆市场的开拓工作。此外,该公司还在大陆各地发展多家代理商,指定它们分区域开拓市场,包括北京美丽平贸易有限公司、上海新泰公司在内的22家二级代理商。在对大陆范围内20个汽车防爆膜经销商进行的专项调查中,有41.3%的经销商表示"雷朋"牌销售最好,对汽车防爆膜品牌的铺货面分析显示,有52.1%的经销商在代理"雷朋"产品。这些数据进一步表明"雷朋"是行业内的畅销品牌。慧聪国际资讯集团媒体检测中心对2002年汽车防爆膜市场广告投放检测的数据显示,"雷朋"位居广告投放排名第三位,仅次于3M和强生,该数据还显示,"雷朋"品牌的汽车防爆膜在媒体上出现频率也居第三位。此外,从销售汽车防爆膜品牌的铺面分析,分别有52.1%和44.6%的经销商在代理"雷朋"和"3M"品牌的防爆膜,25%的消费者最喜爱"雷朋"产品。在广告投放方面,在2003—2004年度,"雷朋"防爆膜的广告投入费用为74.88万元,仅排在3M和LLUMAR(龙膜)之后,位居第三。投放广告频次为154次,仅比排在第二位的强生少两次。以上证据充分说明异议人"雷朋"品牌的隔热防爆膜在该行业以及消费者中产生了较广泛的影响,具备了相当高的知名度和认可度,并且随着时间的推移,"雷朋"品牌防爆膜在消费者心中的分量不但没有下降,反而得到更多人的认可。因此,异议人的"雷朋"品牌在隔热防爆膜上已经具有了相当高的知名度,其有资格成为该领域的驰名商标。2.被异议商标与引证商标近似,并指定使用在类似商品上,两商标构成类似商品上的近似商标。依《商标法》第28条的规定,被异议商标应当不予核准注册。被异议商标与引证商标近似,两商标整体外观高度近似。引证商标由汉字"雷""朋"组成,被异议商标由汉字"雷""明"组成。对于由两个普通中文汉字组合而成的商标而言,该两个商标构成要素的第一个汉字完全相同,均为"雷"字,而第二个汉字,虽在读音上有些许差异,但是,从汉字的外观上,"明"与"朋"又极为相似。从汉字结构上分析,两字均为左右结构,"明"字可以拆分为"日—月","朋"字可以拆分为"月—月",这两个汉字在中文中外观极为近似,在不仔细认读时,很容易被误认为同一个汉字而造成混淆。加之引证商标在中国大陆市场上已经具备较高的知名度,消费者已经对申请人的"雷朋"商标较为熟知,又加之普通人在未加以高度注意的情况下,极易将"明"字认知为"朋"字的事实,消费者在购买相关产品的时候,看到被异议商标时,很容易将被异议人的商标误认为与异议人相关。因此,被异议商标的注册,足以造成消费者对两商标构成联想性误认。另一方面,商标所使用的商品近似。引证商标指定的商品为"隔热纸、滤光防热片、汽车隔热纸",究其实质是一种塑料膜或者塑胶膜,可以贴在汽车或大楼等物体上,起到隔热、防爆和阻挡紫外线照射等作用,在大陆也称为"隔热膜""滤光防热片""汽车隔热膜""汽车隔热防爆膜"或"汽车防爆遮阳膜"。异议人在异议程序中提交大量关于引证商标产品的广告,无论是从商品本身的名称上,还是从广告的图片及文字说明中,均能够证明引证商标指定的产品是用于贴在汽车或者建筑物玻璃的外表面上,有效隔离阳光中的热能和光线,过滤紫外线,使内部空间减少辐射,避免汽车内的仪表盘受到阳光侵蚀,或者建筑物内人员受紫外线直接照射。异议人在本异议复审申请提交的证据中包含了"雷朋"膜的样本,其中包括汽车前挡专用和车窗专用的各种颜色的防爆膜的样品,直接用手触摸这些膜的样品,完全可以判断出异议人的产品就是"塑料"制,并且为非包装用。异议人认为,申请商标注册时指定的商品,应当以商品的实际功能和用途来对商品进行说明，而不必要完全遵循《类似商品和服务区分表》中的标准商品名称来对商品进行描述。并且，该表不可能囊括世界上所有的产品名称和内容，其所规定的仅仅是划分商品类似的原则，而不能成为唯一依据。异议人在申请第1104030号商标注册时，其要求保护的是"隔热纸、滤光防热片、汽车隔热纸"，并没有专门提出申请，要求就第1705类似群还是1703类似群的商品获得保护。商品类似群是商标局划分的，既然引证商标指定的商品为非标准商品名称，就存在商标局将类似群划分错误的可能性。商标局在审理异议申请的过程中，完全忽视引证商标指定商品的功能、用途，而机械地按照划分错误的商品类似群判断，简直没有任何依据。异议人认为，《商标法》之所以设置异议程序，一方面由于商标注册申请的审理属于平面审理，在审查过程中判断商标是否可以获准注册只是从绝对禁用和相同类似商品上的相对禁用进行审查，而不可能充分考虑到其他因素；另一方面，也提供了商标局对错误审查的纠正程序。如果在异议程序中，商标局的审查仍然机械地按照已经划定的商品类似群，不充分考虑各种证据，则有悖于《商标法》设置的异议程序的目的。在异议裁定书中，商标局已经认定异议人提供被异议人在实际使用中的有关材料，即被异议人销售"汽车隔热膜"的材料，这些材料足以说明其实际销售的产品与异议商标指定的、异议人实际经销的产品在功能和用途上完全相同。被异议人申请商标注册，其显然是打算使用在其经销的商品上，而被异议商标并未使用"汽车防爆膜"，显然，被异议商标指定商品的本质即为与异议商标指定商品完全相同的"汽车隔热纸"。异议人在异议程序中提交的"关于第1112400号'雷朋MADICO'商标异议的裁定"中亦是基于"隔热纸、汽车隔热片"商品上的"雷朋"对在后注册的"非包装用塑料膜"等商品上"雷朋MADICO"商标提出异议，商标局已经认定"指定商品有近似的产品用途、销售渠道"构成类似商品。本异议案中，商标局已经认定商标构成近似，而商品与前述案例商品相同，在没有任何相反证据的情况下，商标局轻描淡写地认定异议人引证的案例与本案无关，显然没有任何依据。据此，异议人认为，被异议商标指定商品与引证商标指定商品构成类似。被异议商标与引证商标构成类似商品上的近似商标。3.被异议人注册"雷明"商标纯属恶意。异议人在前述理由中已经介绍了引证商标"雷朋"在"汽车隔热膜"领域的知名度。标有引证商标的产品在大陆早就有宣传和销售，特别是在广州这一汽车消费比较盛行的城市，被异议人名称为广州市天河登峰新宁汽配经营部，显然其主要经营的产品为与汽车相关的产品,与申请人属同行业经营者,且位于广州这一被申请人产品的主要经销和广告城市,不可能不知道"雷朋"商标的归属和知名度。被异议人在与异议人产品"隔热板"等功能高度类似的"非包装用塑料膜"产品上申请注册与异议商标实际使用形式高度近似的"雷明"商标,考虑到引证商标在中国汽车隔热膜行业的知名度,显然不可能是一种巧合,而明显属于"违反诚实信用原则,以复制、模仿、翻译等方式将他人已为公众所熟知的商标进行注册"。其目的是利用引证商标的知名度,给消费者造成被异议商标与申请人的知名商标相关联的假象,导致消费者误认并造成引证商标所有人不可估量的损失。异议人认为被异议商标"雷明"与注册在先的引证商标"雷朋"构成类似商品上的近似商标,是一种不正当竞争行为,理应被拒绝注册。综上所述,被异议人经商标局初步审定的"雷明"商标应不予注册。

2009年8月3日,商标评审委员会作出"商评字[2009]第20427号"裁定,依然以"不属于类似商品"为由裁定被异议商标予以核准注册。

(三)行政诉讼一审

2009年8月7日,引证商标经核准转让给厦门彰泰隔热膜有限公司(以下简称彰泰公司),因商标权发生转移,本案随商标权的转移改为由原告彰泰公司进行起诉,彰泰公司不服第20427号裁定,向北京市第一中级人民法院(简称中院)提起行政诉讼并委托厦门合道联合知识产权事务有限公司作为代理人,提出诉讼请求如下:1.判决撤销被告商评字[2009]第20427号《关于第1660119号"雷明"商标异议复审裁定书》的"被异议商标予以核准注册"的决定;2.判定原告对第1660119号"雷明"商标所提异议成立,被异议商标不予核准注册。理由如下:1.被异议商标与原告引证商标属于使用于类似商品上的近似商标,被异议商标应不予核准注册。首先,被异议商标与原告引证商标指定使用商品属于类似商品,引证商标核定使用商品为"隔热纸、滤光防热片、汽车隔热纸","隔热""滤光"是指有效阻隔太阳光中对人体伤害最大的紫外线和红外光区。"隔热纸、滤光防热片、汽车隔热纸"在大陆被统称为"隔热膜""汽车隔热膜"或"汽车防爆遮阳膜",其产品原料为塑料和塑胶,主要用于贴在汽车玻璃或建筑物窗户玻璃上,遮挡太阳光的强照射和阻隔太阳辐射的热量,这些,对于有车一族的相关公众,已经是常识。"隔热膜""汽车隔热膜"等一般不用于包装。被异议商标指定使用商品的名称"非包装用塑料膜、非包装用再生纤维膜、非包装用粘胶纤维纸等"是一个笼统的概念,只指定了"非包装用"之用途,"塑料、再生纤维、粘胶纤维"之原料、"膜、纸"之形态,并没有细化到具体的商品,其商品描述中的"非包装用"可以有广泛的使用空间,可以理解为只要不是使用在包装上的商品("膜、纸")就包含在其列,那么,显然,引证商标不用于包装的"隔热膜""汽车隔热膜"或"汽车防爆遮阳膜"也包含在其列;同时,被异议商标商品描述中的"塑料膜、再生纤维膜、粘胶纤维纸"与引证商标使用的用塑料和塑胶制成的"隔热膜""汽车隔热膜"或"汽车防爆遮阳膜"有原料、形态等性质上很大程度的吻合。因此,被异议商标与引证商标指定使用商品属于类似商品。并且,从被异议人的《个体工商户注销基本资料》记载的被异议人的经营范围是:批发、零售汽车配件、汽车精品、五金工具、装饰材料,从个体工商户申请注册的商标必须只能使用在其经营的产品的要求来看,被异议人申请注册的被异议商标就被限定只能使用在其经营的汽车配件、汽车精品、装饰材料上,而"汽车配件、汽车精品、装饰材料"包含的"膜、纸"只有可能是"隔热膜""汽车隔热膜"或者"汽车防爆遮阳膜"。其次,被异议商标与原告引证商标属于近似商标,商标近似判断中,在相关公众的一般注意力下,是否会造成对商品来源的混淆、误认(包括混淆、误认的可能性),是认定商标近似的标准。引证商标与被异议商标都是只由两个中文汉字组成的纯文字商标,前一个字都为相同的"雷"字,"雷"字发音响亮,含义突显,在只由两字组成的商标中,"雷"字从呼叫和识别上都起到举足轻重的作用;而后面的"明"字和"朋"字,发音和含义都相对较弱,区别不大,字形却非常相似,"明"字和"朋"字,都是左右结构,右边相同,左边"日"字和"月"字虽然不同,但写法上稍加变形,就会很像。尤其"汽车隔热膜"产品一般都颜色较深,商标印在上面辨识度不强,以相关公众的一般注意力,在选择车膜时,不会认真仔细地去辨认印在深色车膜上的商标,存在将"雷朋"与"雷明"混为一谈的可能,即有可能造成对商品来源的混淆、误认。2.被异议人注册被异议商标的行为,侵犯了原告的注册商标专用权,应依法予以制止,原告前身为"新泰贸易有限公司",地处台湾地区,是台湾地区著名汽车、建筑用塑料薄膜和装饰塑料膜经销商,以独树一帜、出色的产品品质而著称。"新泰贸易有限公司"于1994年1月16日在台湾"汽车隔热板、塑料贴纸"等商品上获得注册"雷朋"商标,注册号为00628683;1997年9月21日,在大陆获得注册"雷朋"商标(本案引证商标);1997—2000年,委托广州市英泰贸易有限公司、上海市新瑛贸易有限公司、北京市美丽平贸易公司等代理商经销"雷朋"隔热膜;2000年7月,在上海成立分公司,主管大陆的产品营销;2004年,原告公司成立,并成为"新泰贸易有限公司"在大陆的总管理部、物流配送中心和生产研发中心;2009年8月7日,引证商标转让给原告。原告"雷朋"品牌在大陆获得注册的时间是1997年9月21日,比被异议商标的申请日期2000年9月30日要早三年。在被异议商标申请之前,原告"雷朋"品牌"汽车隔热膜"产品已经进入大陆市场,且在被异议人所处地广州有销售。众所周知,2000年以前,广州是大陆汽车消费比较盛行的城市,被异议人为经营汽车配件、装饰材料的个体工商户,在当时为数不多的"汽车隔热膜"产品中,应该知道原告的"雷朋"品牌,其在类似商品上申请注册"雷明"商标,并将"雷明"商标改成与异议人"雷朋"商标完全相同的字体使用的行为,有模仿、复制他人商标的嫌疑,侵犯原告注册商标专用权,应依法予以制止。3.被异议人的主体已被当地工商部门注销,被异议商标的申请权已经丧失,应不予核准注册。被异议人已因自行停业于2007年3月1日注销。根据《商标法》第4条的规定,申请商标注册必须具备"自然人、法人或者其他组织"的主体资格,现在被异议人已经不复存在,其申请商标注册的权利也应随之消失。而且,中国商标网记录的有关被异议商标状态查询的流程中,也没见任何此商标延续程序的申请记录。显然,被异议人也没有将商标进行申请转让,如此,应视为自动放弃了被异议商标的申请。

中院于2010年6月20日作出"(2010)一中知行初字第114号"行政判决,维持了"商评字[2009]第20427号"裁定。

(四)行政诉讼二审

彰泰公司不服,继续上诉至北京市高级人民法院(简称高院),上诉理由如下:第一,被异议商标"雷明"违反了《商标法》第28条的规定,原审法院认定事实不清。(1)《类似商品和服务区分表》可以作为判断类似商品或者服务的参考,但不是定案依据。《最高人民法院关于审理商标授权确权行政案件若干问题的意见》第15条中明确规定"《商标注册用商品和服务国际分类表》《类似商品和服务区分表》可以作为判断类似商品或者服务的参考。"由此可见,《类似商品和服务区分表》只是具有参考价值,并不是定案的依据。引证商标"雷明"申请注册日期是1996年8月5日,由于"隔热膜"或称"防爆膜"(当时称隔热纸)当时在大陆还属于比较新的产品,故其申请的商品项目"隔热纸、滤光防热片、汽车隔热纸"在当时版本的《类似商品和服务区分表》中并没有明确的记载，当时商标局只是依据"隔热膜"功能之一——隔热，主动将其纳入1705"保温、隔热、隔音材料"类似群，商标评审委员会在商标异议复审程序中也机械地沿袭了这种片面的归纳。然而，"隔热纸、滤光防热片、汽车隔热纸"是由橡胶、树脂及塑料纤维制成，与1703类似群内商品的原料相同；其主要使用在玻璃上起隔热、防紫外线、防强光、防爆等作用，与1703类似群内第（三）部分中的"窗户用防强光薄膜（染色膜）、农业用塑料膜、电控透光塑料薄膜"等商品功能类似。1705类似群内的绝大多数商品的原料是石棉，与"隔热纸、滤光防热片、汽车隔热纸"制作原料完全不同。故而，"隔热纸、滤光防热片、汽车隔热纸"更应属于1703类似群，而不是1705类似群。与"雷朋"品牌齐名的其他著名隔热膜品牌如3M、杜邦、LLUMAR、威固等恰恰是将其商标更多地注册在1703类似群，而不是1705类似群。商标局当年的判定失误造成了今天上诉人欲维护自身利益却得不到伸张的尴尬境地。原审法院却并未考虑这个事实，而是停留在商标局和商标评审委员会都片面地将"隔热纸、滤光防热片、汽车隔热纸"仅仅只纳入1705"保温、隔热、隔音材料"类似群的基础上，一味地依据现今《类似商品和服务区分表》，认为"隔热纸、滤光防热片、汽车隔热纸"与"非包装用塑料膜"属于不同的类似群，从而判断两者不构成类似，其判决结果难免也是非常片面的。(2)"隔热纸、滤光防热片、汽车隔热纸"与"玻璃用防强光薄膜（染色膜）"属于相同产品。这表现在：①两者在功能、用途、生产部门、销售渠道、销售对象方面完全相同；从功能上看，两者都具有隔热、防紫外线、防强光、防爆等功能；从用途看，两者都是使用在玻璃上，起隔热、防强光、防爆等作用；从生产部门来看，两者都是由塑料、树脂、橡胶制品公司生产；从销售渠道来看，两者都有通过企业间签订购销合同或专卖店、汽车保养维修店、汽车4S店、家居建材市场销售；从销售对象来看，两者销售的对象主要是汽车制造公司、汽车用户、建筑装修公司。②两者的基础原料相同，都是以聚酯基片（PET）为基本原料制成。《类似商品和服务区分表》"说明"中明确规定"一个类似群内的商品和服务项目原则上是类似商品和服务，若该商品和服务项目分为若干部分，用中文（一）、（二）……表示，同一部分的商品和服务项目原则上判为类似，不同部分的商品和服务项目原则上不判为类似"，而我们可以从《类似商品和服务区分表》中发现"非包装用塑料膜"与"玻璃用防强光薄膜（染色膜）"同属于1703类似群第（三）部分。故而，两者属于类似商品。同时,从上文可得知:"隔热纸、滤光防热片、汽车隔热纸"与"玻璃用防强光薄膜(染色膜)"属于相同商品。因此,"隔热纸、滤光防热片、汽车隔热纸"与"非包装用塑料膜"属于类似商品。从两者商品名称的外延来看,"隔热纸、滤光防热片、汽车隔热纸"与"非包装用塑料膜"属于类似商品。"非包装用塑料膜"是一个笼统的概念,只指定了"非包装用"之用途、"塑料"之原料、"膜"之形态,并没有细化到具体的商品,其商品描述中的"非包装用"可以有广泛的使用空间,可以理解为只要不是使用在包装上的膜就包含在其列。那么,显然,引证商标核定使用的商品"隔热纸、滤光防热片、汽车隔热纸"(公众对"隔热纸、滤光防热片、汽车隔热纸"的通常描述是"隔热膜"或"防爆膜")因不用于包装而自然包含在其列。从理论上讲,"非包装用塑料膜"是一个上位概念,"隔热纸、滤光防热片、汽车隔热纸"是下位概念。无疑,被异议商标核定使用的商品"非包装用塑料膜"与"隔热纸、滤光防热片、汽车隔热纸"应该属于类似商品。同行业其他著名品牌的商标注册信息证明"隔热纸、滤光防热片、汽车隔热纸"与"非包装用塑料膜"属于类似商品,如:FSK、LLUMAR、威固、3M、杜邦等品牌在"非包装用塑料膜"或"非包装用可伸缩塑料膜"商品项目上都有注册。原审法院认为"引证商标核定使用的商品主要是与汽车装饰有关的材料,而被异议商标指定使用商品的范围、用途较广,故二者在功能、用途、消费群体和消费渠道方面均存在一定差异",判断二者不构成类似,上诉人不予认同。《最高人民法院关于审理商标授权确权行政案件若干问题的意见》第15条规定"人民法院审查判断相关商品或者服务是否类似,应当考虑商品的功能、用途、生产部门、销售渠道、消费群体等是否相同或者具有较大的关联性",可见,在一定条件下,判断商品类似并不要求其功能、用途、生产部门、销售渠道、消费群体等完全相同,允许其存在一定的差异。原审法院不考虑是否引起相关公众误认等因素,只考虑"二者在功能、用途、消费群体和消费渠道方面均存在一定差异",就判断两者不构成类似,未免过于武断。原审法院既然认为"二者在功能、用途、消费群体和消费渠道方面均存在一定差异",自然也承认二者在以上方面又存在一定的共同性。本案引证商标与被异议商标构成近似,双方并无异议。因此,依照《类似商品和服务区分表》"说明"第二点中"类似商品是指功能、用途、所用原料、销售渠道、销售对象等方面具有一定的共同性,如果使用相同、近似商标,易使相关公众认为其存在特定联系,使消费者误认为是统一企业生产的商品"的标准,"隔热纸、滤光防热片、汽车隔热纸"与"非包装用塑料膜"属于类似商品。第二,第三人广州市天河登峰新宁汽配经营部营业执照已被注销,其业主侯××并不享有被异议商标申请资格。原审法院适用法律错误。

原审法院认为"无论本案中作为个体工商户的广州市天河登峰新宁汽配经营部的营业执照是否被注销,其业主侯××作为被异议商标申请的资格始终存在,若被异议商标最终被核准注册,侯××也可以因此而享有被异议商标的相关权益"。上诉人对此持有异议,理由如下:1.未持有营业执照或者相关登记文件从事经营活动的自然人不能申请商标注册或者通过受让等方式继受商标。虽然《商标法》第4条规定自然人可以申请注册商标,但2007年3月,商标局发布了《自然人办理商标注册申请注意事项》(以下简称《注意事项》),对自然人申请商标做了重大调整,规定必须是个体工商户、个人合伙、农村承包经营户等依法获准从事经营活动的自然人才可以申请注册商标。也就是说,自然人申请注册商标必须是个体工商户、个人合伙,农村承包经营户等依法获准从事经营活动的自然人才可以申请注册商标。也就是说,自然人申请注册商标必须以个体工商户等作为依托,未持有相关营业执照或者登记文件的自然人是不能申请商标注册的。《注意事项》第7条,办理转让商标申请,受让为自然人的,应参照上述事项办理。也就是说,通过转让等商标权转移方式获得商标专用权的自然人也应当是依法从事经营活动的自然人。2.本案被异议商标系以《个体工商户营业执照》登记的字号——广州市天河登峰新宁汽配营销部,而非以业主侯××名义作为申请人。该个体工商户注销后,业主侯××实际已无法以该字号从事相关经营活动,在侯××未提供证据证明其仍然依法从事相关经营活动的情况下,根据《注意事项》的规定应当认定其已经丧失申请商标注册或者将来持有商标的资格。3.即使被异议商标最终被核准注册,侯××并非当然地以自己的名义享有被异议商标的专用权。如上所述,被异议商标系以字号为申请人(将来可能是商标注册人),该字号已经注销,侯××若要以自己的名义享有商标专用权的话,必须依据《商标法实施条例》第26条的规定办理商标专用权转移手续。根据《注意事项》第7条的规定,本案中的侯××作为商标专用权受让人的资格已经丧失。综上所述,上诉人认为原审法院认定事实不清楚,适用法律错误。为了维护上诉人的合法权益,依法撤销被上诉人国家工商行政管理总局商标评审委员会的行政裁决,现在依据《行政诉讼法》第58条之规定,上诉人提起上诉,请求依法公正地审理此案,撤销原判并改判。

雷朋

商品分类"膜"糊不得

2011年3月17日,北京市高院作出"(2010)高行终字第1068号"行政判决,判决引证商标核定使用的"隔热纸、滤光防热片、汽车隔热纸"与被异议商标指定使用的"非包装用塑料膜"应认定为类似商品,判决国家工商行政管理总局商标评审委员会就厦门彰泰隔热膜有限公司提出的第1660119号"雷明"商标的异议复审申请重新作出裁定。高院认为:根据《商标法》第28条的规定,申请注册的商标,不得与他人在同一种或者类似商品上已经注册或初步审定的商标相同或近似,否则应对其申请予以驳回。本案当事人的争议焦点在于被异议商标指定使用商品中的"非包装用塑料膜"与引证商标核定使用的"隔热纸、滤光放热片、汽车隔热纸"是否构成类似商品。虽然引证商标核定的类似群是1705,而被异议商标指定的类似群是1703,二者在《类似商品和服务区分表》中不属类似商品,但根据相关法律的规定,《类似商品和服务区分表》只是作为判断类似商品或者服务的参考,而不是判断商品或服务类似的唯一标准,认定商品或者服务是否类似应当以相关公众对商品或者服务的一般认识综合判断。本案中,引证商标核定使用的商品并非商品国际分类中的规范商品名称,所以在判断时应综合考虑产品的用途、消费对象、通常效用,以及产品的材料、销售渠道等。引证商标核定使用的产品,主要是用于汽车玻璃上的隔热、滤光、防爆的塑料薄膜,另外,还有用在建筑物玻璃上起到隔热、滤光作用的塑料薄膜。被异议商标指定使用的"非包装用塑料膜"通常应理解为不是用于包装使用的、塑料材质的薄膜。从功能上看,引证商标是用于隔热、滤光、防爆,而不是用于包装。在材料和物质上,引证商标核定使用的商品主要是以塑料为基料的薄膜。由此可见,引证商标核定使用的"隔热纸、滤光防热片、汽车隔热纸"在原料、物质、功能、用途方面与被异议商标指定使用的"非包装用塑料膜"具有一致性,应认定为类似商品。另外,引证商标核定使用商品需同时具有隔热和滤光作用,且滤光是该类商品必备的功能。而引证商标被核定的1705类似群中的商品是保温、隔热、隔音材料,主要是以石棉作为基料,一般不需要具备滤光的功能。从功能和用途上看,二者并不相同。因此,引证商标被核定的类似群并不能成为认定引证商标核定使用的商品与被异议商标指定使用的"非包装用塑料膜"商品构成类似的障碍。综上,引证商标核定使用的"隔热纸、滤光防热片、汽车隔热纸"与被异议商标指定使用的"非包装用塑料膜"应认定为类似商品。彰泰公司的该项上诉主张成立。原审法院认定被异议商标指定使用的商品与引证商标核定使用的商品为非类似商品,属认定事实部分错误,应予纠正。

二、核心问题法理分析:类似商品的判断

(一)类似商品判定与混淆可能性的相关理论与运用

目前在我国行政、司法实务中,涉及类似商品的认定的案件主要有人民法院受理的商标民事纠纷案件、商标授权确权行政案件以及商标局、商标评审委员会受理的商标驳回复审、异议、不予注册复审、无效宣告案件(2014年5月1日《商标法》第三次修改施行前,商标驳回复审、异议、异议复审、争议、撤销、撤销复审案件)。

《商标法》(2001年修正)第28条[1]以及第52条第1款[2]描述的行为是侵犯商标权的行为。《商标法》(2013年修正)第57条第2款[3]描述的行为是侵犯商标权的行为。可见,在审理商标侵权案件中,类似商品或者服务判定的妥当与否,直接关系到当事人商标专用权的取得与行使,关系到经济交易的安全,以及公平竞争市场经济秩序的维系。对于这一关键问题,虽然《商标法》条文中没有作出具体规定,但在其他与商标有关的规范性法律文件中却有比较完整的规定,理论中也有对如何认定类似商品的探讨。

1.从法律规范的角度来看类似商品的认定

我国在类似商品认定的实践中主要的法律依据有三个,分别是最高人民法院 2002 年 10 月 16 日起施行的《最高人民法院关于审理商标民事纠纷案件适用法律若干问题的解释》(法释[2002]32号)(以下简称《司法解释》)第11

---

[1] 《商标法》(2001年修正)第28条:"申请注册的商标,凡不符合本法有关规定或者同他人在同一种商品或者类似商品上已经注册的或者初步审定的商标相同或者近似的,由商标局驳回申请,不予公告。"

[2] 《商标法》(2001年修正)第52条第1款中规定:"未经商标注册人的许可,在同一种商品或者类似商品上使用与其注册商标相同或者近似的商标的。"

[3] 《商标法》(2013年修正)第57条第2款中规定了"未经商标注册人的许可,在同一种商品上使用与其注册商标近似的商标,或者在类似商品上使用与其注册商标相同或者近似的商标,容易导致混淆的。"

条、①最高人民法院于2010年4月20日发布的《最高人民法院关于审理商标授权确权行政案件若干问题的意见》(法发[2010]12号)(以下简称《意见》)第15条②以及国家工商行政管理总局公布的《商标审查及审理标准》第7章。③

---

① 中国2002年《最高人民法院关于审理商标民事纠纷案件适用法律若干问题的解释》(法释[2002]32号)第11条:"《商标法》第52条第1项规定的类似商品,是指在功能、用途、生产部门、销售渠道、消费对象等方面相同,或者相关公众一般认为其存在特定联系、容易造成混淆的商品。类似服务,是指服务的目的、内容、方式、对象等方面相同,或者相关公众一般认为存在特定联系、容易造成混淆的服务。商品与服务类似,是指商品和服务之间存在特定联系,容易使相关公众混淆。"

② 中国2010年《最高人民法院关于审理商标授权确权行政案件若干问题的意见》(法发[2010]12号)第15条:"人民法院审查判断相关商品或者服务是否类似,应当考虑商品的功能、用途、生产部门、销售渠道、消费群体等是否相同或者具有较大的关联性;服务的目的、内容、方式、对象等是否相同或者具有较大的关联性;商品和服务之间是否具有较大的关联性,是否容易使相关公众认为商品或者服务是同一主体提供的,或者其提供者之间存在特定联系。《商标注册用商品和服务国际分类表》《类似商品和服务区分表》可以作为判断类似商品或者服务的参考。"

③ 《商标审理标准》第7章类似商品或者服务审理标准:类似商品,是指商品在功能、用途、主要原料、生产部门、销售渠道、销售场所、消费对象等方面相同或者相近。类似商品的判定应当综合考虑下列各项因素:(1)商品的功能、用途:如果两种商品的功能、用途相同或者相近,能够满足消费者相同需求的,则被判定为类似商品的可能性较大。如果两种商品在功能、用途上具有互补性或者需要一并使用才能满足消费者的需求,则被判定为类似商品的可能性较大。(2)商品的原材料、成分:商品的原材料或者成分,是决定商品功能、用途的重要因素。一般情况下,两种商品的原材料或者成分相同或者相近,被判定为类似商品的可能性较大。但随着商品的更新换代,商品的原材料或者成分即使不同,而其原材料或者成分具有可替代性,且不影响商品的功能、用途的,仍存在被判定为类似商品的可能性。(3)商品的销售渠道、销售场所:如果两种商品的销售渠道、销售场所相同或者相近,消费者同时接触的机会较大,容易使消费者将两者联系起来,则被判定为类似商品的可能性较大。(4)商品与零部件:许多商品是由各个零部件组成的,但不能当然认为该商品与各零部件或者各零部件之间都属于类似商品,仍应当根据消费者对两者之间联系的密切程度的通常认知进行判断。如果特定零部件的用途是为了配合特定商品的使用功能,而该商品欠缺该特定零部件,就无法实现其功能或者严重减损其经济上的使用目的,则被判定为类似商品的可能性较大。(5)商品的生产者、消费者:两种商品由相同行业或者领域的生产者生产、制造、加工的可能性越大,则被判定为类似商品的可能性越大。如果两种商品以从事同一行业的人为消费群体,或者其消费群体具有共同的特点,被判定为类似商品的可能性较大。(6)消费习惯:类似商品的判定,还应当考虑中国消费者在特定的社会文化背景下所形成的消费习惯。如果消费者在习惯上可将两种商品相互替代,则该两种商品被判定为类似商品的可能性较大。(7)其他影响类似商品判定的相关因素。

《司法解释》是目前现行法律中最早对类似商品进行具体定义的，对商标民事纠纷案件、商标授权确权行政案件等司法审判以及商标行政裁决都有重要的指导意义。2010年施行的《意见》针对利害关系人诉国家工商行政管理总局商标评审委员会作出的商标驳回复审、不予注册复审、无效宣告案件等具体行政行为的商标授权确权行政案件，为该类型的案件中类似商品的认定提供了明确的依据。国家工商行政管理局在《商标审查及审理标准》中对于商标驳回复审、异议、不予注册复审、无效宣告案件审理中对类似商品和类似服务的认定要素作了细化规定，并且明确了个案判定的认定原则。类似商品认定规则出台时间不一，制定部门不同，内容繁简有别。

以上三种判断类似商品的法律依据具有以下相同点：

（1）考虑因素基本相同，判定类似商品需要综合考虑功能、用途、生产部门、销售渠道、销售对象等因素；

（2）《商标注册用商品和服务国际分类表》《类似商品和服务区分表》所起到的作用相同。《司法解释》和《意见》明确表示两表在判断类似商品或服务时是作为参考，而非标准。

（3）均以可能造成混淆为认定标准。

总体来说，从以上法律规范关于相似商品的规定中可以基本得出一个共识：类似商品属于个案的事实问题。认定事实和适用法律是案件审判的两个组成部分。在通常情况下，两者的区别是显而易见的，类似商品和驰名商标一样，都不是可以按照固定的标准静态判断的，而都属于相对动态的概念，虽然法律对此规定了相关的判断标准，但说到底终究是一个事实问题，需要根据个案情况具体分析。

商品类似的法律意义在于：类似商品的判定与类似商标的判定等因素结合，共同构成了对商标侵权的判断因素。确定两个不同的商品，在功能、材料、产地或者其他因素上具有共同或关联之处。当两种商品上使用的是相同或相似商标时，依一般的社会观念、交易习惯等，容易使消费者误认两者来源相同或来源之间存在特定联系。

2.从学术理论的角度来看类似商品的认定

类似商品的判断是采取客观标准①还是主观标准(混淆标准)②一直备受争议。

客观标准的优点是避免了在商标侵权判定中对"混淆可能性"的重复判断,保证了逻辑体系的完整和自洽;同时,维系了商品类似与混淆可能性之间的因果关系的衔接顺畅,避免了因主观因素变化所导致的同案异判或类案异判现象。缺点在于,可能将不会导致混淆的情形归入商标侵权的范畴。

主观标准(混淆标准)认为,商品是否类似不是一个孤立和静止的问题,必须与消费者对商标的主观认知程度结合起来考虑,只要有可能导致消费者混淆,在商标相同或者类似的情况下,就判定商品为类似。由此可见,法院在判定商品类似时采用混淆标准,考虑的因素包括客观因素,如商品的功能、用途、生产部门、销售渠道、消费群体;也包括消费者对商标认知的主观因素,如商标的知名度、显著性、商标能否共存等。

以混淆可能性作为判断的标准,在防止"傍名牌"方面具有积极意义,但却存在"逻辑循环"的问题。认定混淆取决于商品是否类似,"类似"是原因,"混淆"是结果,而混淆又是衡量商品是否类似的标准,这就存在"以果推因"的逻辑悖论。在这种情况下,还有观点进一步认为,在不可能存在混淆的情况下,不宜轻易认定商品类似。这一观点无疑是存在问题的,如就两个本不类似的商品与强商标联结时易于混淆,就将其认定为类似商品,这有违常理,且使商品"客观上"是否类似失去意义。正如英国高等法院雅各布法官所述:"在袜子或自行车上使用'柯达'商标完全可能造成混淆,但这并不妨碍这些商品与胶

---

① 客观标准是指商品类似系客观存在的事实,该客观事实不应受到其他主观因素的影响。应当关注商品之间在自然性质上的特定联系而非法律上的关联,不应考虑商标的知名度、显著性、商标能否共存等非商品因素。需要注意的是,客观标准并不意味着商品类似关系一成不变,其内容也是随着社会的发展而变化的,而且关于功能、用途、生产部门、销售渠道、消费对象的具体内容也将因具体案件不同而有变化,应当与具体的商品相结合进行判断。

② 主观标准(混淆标准)认为,商品是否类似不是一个孤立和静止的问题,必须与消费者对商标的主观认知程度结合起来考虑,只要有可能导致消费者混淆,在商标相同或者类似的情况下,就判定商品为类似。由此可见,法院在判定商品类似时采用混淆标准,考虑的因素包括客观因素,如商品的功能、用途、生产部门、销售渠道、消费群体;也包括消费者对商标认知的主观因素,如商标的知名度、显著性、商标能否共存等。

卷或照相机不类似。"

在我国的立法实践中,《商标法》(2013年修订)对《商标法》(2001年修订)中的第52条进行了修改,《商标法》(2013年修订)中第57条第2款[①]作为侵犯商标权的标准,实际上是一定程度上从立法层面引入混淆原则。但问题在于,该条并未规定混淆可能性与相似性之间的关系(商标相似、商品相似),所以,我们面临很多问题,比如:相似性判断是否具有独立的法律意义?在进行商标侵权判断时两者存在什么样的关系?这些问题的回答不仅决定了我国商标侵权判断标准是否会遇到上文所述的"逻辑循环"问题,以及是否可以寻求逻辑自洽性,还会实质性地影响商标侵权的构成。[②]

我国在理论研究与司法实践中类似商品认定的研究文献都强调,判断类似商品要坚持混淆原则,理论探讨中也有将商标的知名度、相关商品是否存在竞争关系、相关公众的一般认识、商品的功能、用途、销售渠道等作为以混淆为基本原则之下的判断商品是否类似的其他考量因素。[③] 而执法人员在类似商品认定中也多从混淆原则出发。

尽管随着中国与世界的联系进一步加深,我国在商标法的三次修正过程中,已经对国外的立法例有了相当的研究,但仍然存在不足,这也导致在借鉴各国立法例进行国内立法时存在一些引起争议的问题。为了更好地借鉴外国经验并指导本国立法以及司法实践,我们从比较法的角度对混淆可能性与相似性的关系问题进一步研究,以下分别对商标侵权判断标准的三种主要立法例进行简要分析。

---

① 《商标法》(2013年修订)中第57条第2款:"未经商标注册人的许可,在同一种商品上使用与其注册商标近似的商标,或者在类似商品上使用与其注册商标相同或者近似的商标,容易导致混淆的。"

② 最典型的例子就是关于"白人"牙膏商标纠纷案,首先,如果采用单纯的较高相似性标准,则因"白人""黑人"不近似,"黑人"牙膏商标不影响"白人"注册为牙膏等商品的商标。在情况不变的前提下,如果采用"相似性+混淆可能性"(即两者都需要满足才可能构成侵权)且两者有先后顺序,则因"黑人"与"白人"不近似,无需进一步考虑混淆可能性,"黑人"牙膏商标不影响"白人"牙膏商标的注册。在情况不变的前提下,如果采用相似性与混淆可能性综合衡量的标准,尽管"黑人"与"白人"不近似,但因"黑人"牙膏商标已经过相当长时间的使用,具有较高的知名度,"白人"牙膏商标与其具有混淆可能性,从而不能注册。

③ 黄义彪.商标民事纠纷中类似商品的判断标准[J].知识产权,2004(4):30—35.

(1)以相似性为基础而以混淆可能性为限定条件的商标侵权判断标准。《TRIPS 协议》和《欧共体商标条例》是典型代表。这种模式比较常见,英、法、德等欧盟成员国以及我国台湾地区的《商标法》都属于此种模式。TRIPS 协议第 16 条第 1 款[①]以及《欧共体商标条例》第 9 条第 1 款[②],从字面上来看这种立法模式与我国商标立法非常相近,规定商标侵权的判断标准不仅包括相似性,还包括混淆可能性。在商标和商品均相同的情况下,商标保护是绝对的,不需要混淆可能性即可以判定侵权。而在商标和商品有一者不相同而近似或者类似的情况下,商标保护不是绝对的,需要考虑混淆可能性。

(2)混淆可能性吸收相似性的商标侵权判断标准。以美国《兰哈姆法》为代表的模式。《兰哈姆法》所代表的模式是直接规定认定商标侵权行为应以混淆可能性为判断标准,存在导致混淆可能性的商标使用行为就是侵犯商标专用权的行为。其中,商标近似度以及商品类似度是判断混淆可能性的因素之一。在各个案件中,法院根据个案中商品的特殊情况考虑的要素各有不同,而且各个要素发挥的作用、所占比重是不同的,法院在认定时不需要对比所有的因素,对其中重要的因素进行相似或相同的论证即可对商品或商标是否类似作出结论。

(3)混淆可能性内化于相似性的商标侵权判断标准。日本商标法是最典型的标准。日本现行商标法第 37 条规定了八种视为商标侵权的行为。这八种都可以归结为在相同或类似商品或服务上使用相同或近似的商标。但日本的商标司法实践却并非如此,而是将混淆可能性引入作为商标侵权的判断标准。日本商标实践中的相似性已经变成了混淆可能性,混淆可能性内化于相似性之中。

---

① 《TRIPS 协议》第 16 条第 1 款规定:"注册商标的所有者应享有一种独占权,以防止任何第三方在未经其同意的情况下,在商业中对于已注册商标的商品或服务相同或相似的商品或服务采用可能会导致混淆的相同或相似的符号标记。在对相同或相似的商品或服务采用相同的符号标记时,就推定混淆的可能性已经存在。"

② 《欧共体商标条例》第 9 条第 1 款规定:"共同体商标应赋予商标所有人以下专用权。商标所有人有权禁止任何第三方未经许可在贸易过程中:(a) 将任何与共同体商标相同的标志使用在与共同体商标注册的商品或服务相同的商品或服务上;(b) 将任何与共同体商标相同或近似的标志使用在与共同体商标注册的商品或服务相同或类似的商品或服务上,如果由于该使用行为可能导致公众产生混淆的可能,这种混淆的可能性包括该标志与该商标联系的可能性。"

从上述三种模式来看,第二种与第一种、第三种有着显著的差异,第二种直接以混淆可能性作为商标侵权的标准,实现了逻辑的自洽性,但是在司法实践中操作难度较高,对法官的要求也较高。其余两种模式都无法完全避免"逻辑循环"的问题,但一定程度上简化了商标侵权判断的操作难度。

3.从司法实践的角度看类似商品的认定

在实践中,不管是客观标准还是主观标准(混淆标准),都离不开对商品本身属性的判断。就具体要素而言,最高院司法解释第11条明确提及了5个方面,分别是:功能、用途、生产部门、销售渠道、消费对象。在我国当前的司法实践中,法院常常就这5个方面对争议商标所使用的商品进行比较。例如,在"好乐门"商标纠纷案[1]中,审理法院便是从功能、用途、生产部门、销售渠道和消费对象5个方面一一比对系争的两种商品:花生酱和沙拉酱都是由食品加工生产企业生产,以超市、食品店零售为重要销售渠道的营养食品,大众消费者购买这两种商品均用于佐餐调味。比较结果显示,虽然"好乐门"花生酱商品属于商品区分表中第30类,"好乐门"商标核准使用的沙拉酱商品属于商品区分表第29类,但是两种商品本身的属性和功能是非常相似的,符合法律规范中关于类似商品之规定,属于类似商品。

再如,南京某家公司与厦门金龙联合汽车工业有限公司关于"金龙"商标侵权纠纷案[2]中,被告代理人对原告生产的"金龙"半挂车和被告生产的"金龙"客车进行了比较:半挂车没有运动功能,需要经由其他牵引车的牵引才能行走,客车具有运动功能,可以独立行驶,不需要外力牵引;半挂车只能用于承载货物,必须与牵引车组合才能完成运输功能,客车则可以独立地用于旅客运输;半挂车的消费对象通常是货运企业,而客车面向的消费群体是客运和旅游汽车公司。从销售渠道来看,区别于日常消费品的自主购买方式,客车和半挂车都是属于价值比较高的商品,消费者挑选时的审慎程度更高,考虑的因素更多。一般而言,客车和半挂车的销售方式有两种:一是自销;二是专营店经销。涉案的客车大部分是通过本公司设立的市场部或销售分公司来自销的,小部分是通过授权专营店进行销售的。基于上述比较,被告代理人认为原告生产的"金龙"半挂车和被告生产的"金龙"客车并非类似商品,被告使用"金龙"商标的行为不构成对原告商标专用权的侵犯。需要注意的是,功能这一要素在

---

[1] 参见上海市第一中级人民法院(2009)沪一中(知)初字第67号。
[2] 张帆.商标侵权诉讼中类似商品的认定[J].电子知识产权,2002(11):36—38.

商品分类"膜"糊不得

具体适用时包含多种情形。首先,类似商品一般是具有相同功能的。相同功能既包含功能全面覆盖的情况,也包含主要特定功能一致的情况。一般而言,商品间特定功能的相似程度越高,商品类似的可能性就越大。例如,茶杯和保温杯都是盛水的器具,可以认为茶杯和保温杯具有相同的特定功能,即盛水,因此,茶杯和保温杯是类似商品。此处讨论的功能显然是指商品的主要功能,而非辅助或者偶然的功能。商品的主要功能应当依据一般社会公众的一般认知来判断。例如,蚊香的主要功能是通过其主要成分除虫菊脂散发出一种蚊子非常厌恶的气味,以达到驱蚊的目的。花露水的气味有时候也可以令蚊虫"闻风丧胆"。但是,一般情况下,不应当将这里的蚊香和花露水认定为具有相同功能的类似商品。其次,商品之间的功能具有辅助性或互补性,在一定的条件下也可以认定为类似商品。例如,毛毯和电热毯都是消费者一般认知中的"床上用品"。根据商品区分表,毛毯属于第24类床上用品,而电热毯属于第11类加温热备。虽然两者属于不同商品分类,但综合考查案件的其他事实,在一定条件下可以被认定为类似商品。当然,《商标法》的立法规定只是列举了部分要素,并没有穷尽所有。商品类似的判断要素的选择应该结合具体的案情进行,不局限于司法解释中的五个方面。上述"金龙"案中还就半挂车和客车的结构进行了比较:半挂车的结构相对简单,由车厢和轮胎构成;然而客车的结构则复杂很多,是由多种系统组合而成且加装了座椅等辅助设施的一种整体汽车。由此可见,商品结构也可以作为类似商品判断的考量因素。

此外,个案中可以考虑的因素还包含商品的原材料、生产工艺和流程、商品名称、商品陈列位置、零件与成品关系以及搭配关系等。就零件与成品关系而言,以小麦和面粉制品为例来说明。小麦与面粉制品之间存在着原料与成品的关系,通常情况下,用优良小麦加工制成的面粉、面包等也会具有优良的品质。小麦与面粉、面制品之间存在的特定联系决定了类似商品的认定也可以考虑零件与成品的关系或者原料与成品的关系。就搭配关系而言,法院往往会考虑商标所有人是否扩充制造新的商品从而包括了被控侵权的商品。若是如此,法院通常不许被告使用与原告近似的商标,尤其当具有搭配关系的物品被放置在一处销售时。例如,烟和酒、茶与咖啡、鞋子和鞋带、梳子和发胶等商品具有一定搭配关系,它们放在一起销售时,容易使得大众消费者认为物品来源自同一生产者。在这种情况下,两种具有搭配关系的商品是有可能被认定为类似的。另外,同一企业提供的不同商品或者同一企业提供的不同服务也可以视情况认定为商品或服务类似,如味全企业既生产"味全"牌饮料,也生产"味全"牌面包等,又如许多洗浴中心除了提供洗浴服务之外,还提供足底按摩服务。

  在判断商品类似时,还可以对相关商品存在的竞争关系加以考虑。竞争关系这一因素早在"CANON"案①中便有所体现。该案中法院从以下几个方面来综合判断商品是否类似:商品的使用方法,商品消费者,商品的物理性质,商品进入市场的渠道,购买者在自选购买时是否单独接触商品,商品在超市货架上的摆放位置,商品彼此之间的竞争关系。如果被控侵权的商品大量生产、进入市场后,压缩了原告相关商品的市场份额,冲击原告相关商品的销售量,在此情况下可以初步判断相关商品是类似商品。② 此外,对商品的功能、用途和商品生产部门等要素的理解应当灵活,不必拘泥于某一定式。某些商品由于商品的自然特性而具有多样性的功能和多元化的用途。某些商品由于不同地区消费者的不同消费和使用习惯而具有多样性的功能和多元化的用途。因此,商品类似也不要求争议商品之间必须比较所有的要素,满足全部因素相同。判断是否是类似商品时,法官要坚持个案认定的原则,具体案件具体分析,从功能、用途、主要原料、消费对象、销售渠道等多种因素综合考虑诉争商品之间是否存在特定联系,进而认定诉争商品是否是类似商品这一法律事实。虽然根据最高人民法院的司法解释以及案例指导,在商标侵权案件的审判中,多数法院已经形成了商标是否近似、商品是否类似及是否是合理使用的三步判案法,但是在现实的司法审判中,类似商品的判断也会遇到一些极端的情况。例如,"大湖"牌橙汁是天津的一款名牌产品。该产品由天津大湖新鲜食品果汁有限公司生产,有其特殊的包装装潢,深受广大消费者的欢迎。然而,市场上出现了一种与"大湖"牌橙汁外观看起来非常相似的日化产品——"水果精华果王洗发露"。该产品由天津丽雅日用化工厂生产,模仿了"大湖"牌橙汁的包装装潢,使得两种商品在外形上非常相似,以致一些消费者将该洗发露误认为大湖橙汁,错误地购买其误食。在这一极端个例中,按照现行的法律规定,虽然这两种商品在销售渠道、产品功能、在货架上的摆放位置等方面都是不一样的,但这两种商品已经造成了一些消费者的误认和混淆,应当认定为类

---

① Canon Kabushiki,Japan v Metro-Goldwyn Meyer Inc,Case C—39/97.
② 王颖.商标法中类似商品的认定(硕士学位论文)[D].上海:华东政法大学,2011.15—16.

商品分类"膜"糊不得

似商品。显然,这种认定在多数情况下是难以服众的,在普通公众的判断中,很难将"洗发露"和"果汁"联系在一起,归为类似商品。

在判断类似商品时,类似商品和商品类别①、商品名称及商品的自然特性②之间存在特定的区别与联系也是会影响判断结果的重要因素。类似商品与商品类别的区别实际上就是类似商品与商品自然特性的区别,这种区别在"假冒"加"伪劣"的侵权案件中体现最为明显。③ 与上述概念相关,类似商品的判断中还有一个如何理解商品名称的问题值得讨论。一般认为,商品名称分为通用商品名称和特有商品名称。通用商品名称一般都有对应的国家技术标准,在《商品分类表》中也有明确的归类,如电视机、香水、茶叶。特有商品名称很多本身就是厂家的注册商标,其中多数可以按成分、功能和用途归入到相关通用商品的名称中④。除此之外,现实中还存在一种包含了通用名称但又不是该类商品的商品名称,如冰红茶、无醇啤酒。大致上讲,商品名称可以被理解为商品类别在形式上的反映,商品的自然特性则是商品类别在实质意义上的反映,但由于有些商品名称是由企业根据商业需要自行确定的,具有很大的任意性,其中一些诸如叫茶不是茶、叫酒不是酒的商品名称则不能"以名定类"。现实中往往有人忽视商品名称在确定上的随意性,片面地将商品名称对应到《商品分类表》和《商品区分表》等"统一认定"中归类,并以此作为"类似"的结论,这就在判断类似商品的误解中越走越远了。总之,类似商品的判断与商品的类别没有直接联系,商品名称虽然与商品类别和类似商品存在一定程度的联系,但它既不能决定商品类别,也不能决定商品的类似。

---

① 商品类别,是商标主管部门为便于商标注册和管理而采取的对商品和服务划分的国际分类标准,主要体现在《商标注册用商品和服务国际分类表》和《类似商品和服务区分表》中(以下称"商品分类表""商品区分表"或"分类表""区分表")。

② 商品的自然特性,是特定商品在客观方面的自然属性,是决定商品类别划分的一个因素。

③ 例如:某单位仿冒他人注册商标生产了不含药物成分的假药,如依商品自然特性判断,假药客观上并不属于商品分类中的第五类药品,但实践中没有任何一家法院因此放纵了制假者的侵权责任。原因就在于,该假冒、伪劣商品在一般公众的认识中被误以为真,被作为相同或类似的商品看待。也就是说,消费者事实上已经混淆了相关商品之间的联系和产源,这正是问题的实质所在。

④ 例如:利君沙(琥乙红霉素颗粒—药品)、商务通(电子字典)、五粮液(白酒)。

(二)"雷明"案具体问题分析

结合本案的具体情况来看,在本案中判断核准注册广州天河登峰新宁汽配经营部"雷明"商标是否会侵犯厦门彰泰有限公司"雷明"商标的专用权问题的核心在于判定双方商标指定使用的商品是否构成类似,而在权利人的举证过程中以及各级法院的判决中也可以发现,其没有对混淆与类似商品之间的逻辑问题进行过多分析,实质上双方都默认在明确商标构成近似的情况下,引证商标核定使用的商品与被异议商标核定使用的商品构成类似,即会形成对消费者的误导和混淆。故本案的核心焦点在于论证引证商标核定使用的商品与被异议商标核定使用的商品在功能、用途、生产部门、销售渠道、销售对象方面的相同点。本案可以适用的法律依据主要为《中华人民共和国商标法》(2001年修正)第28条以及《中华人民共和国商标法》(2001年修改)与《司法解释》,[特别是《司法解释》第11条:"第五十二条第(一)项规定的类似商品,是指在功能、用途、生产部门、销售渠道、消费对象等方面相同"]并且根据以上分析可知,随着商标制度在我国的发展成熟,关于判定类似商品的法律依据不断增加,填充了先后出的《意见》和《商标审理标准》,其实质内容没有发生重大变化。这说明在经济的不断发展、商品类型的扩张的背景下,类似商品的判断标准也具有一贯性、稳定性的特征,从而进一步一定程度上证明了,《司法解释》中的判断标准具有相当的科学性与合理性。

本案纠纷的发生主要基于以下几个原因:一,随着经济发展与人民生活水平的提高,新类型、新品种的商品层出不穷,在申请商标注册时,需要按照《类似商品和服务区分表》准确填写申请商标核定使用的商品标准名称。就目前的情况来看,较之于商品的快速发展,《类似商品和服务区分表》总是滞后于商品种类以及名称发展的速度,具有自身的局限性。[①] 总体来说,第一,《区分

[①] 《类似商品和服务区分表》说明中也提到:"类似商品是指功能、用途、所用原料、销售渠道、消费对象等方面具有一定的共同性,如果使用相同、近似的商标,易使相关公众认为其存在特定的联系、使消费者误认为是统一企业生产的商品。《区分表》中的类似商品和服务,是商标主管部门为了商标检索、审查、管理工作的需要,总结多年来的实践工作经验,并广泛征求各部门的意见,把某些存在特定联系、容易造成误认的商品和服务组合到一起,编制而成。《区分表》不能穷尽所有类似商品和服务项目。认定商品和服务是否类似,应以相关公众对商品或服务的一般认识综合判断。"

雷朋

商品分类"膜"糊不得

表》并不是区分商品类似的唯一并精准的标准,当商标注册人在申请注册商标填写商标核准使用的具体商品类型时,没有以商品在《区分表》中的标准名称填报,会使商标审查人员等在核准注册商标应属于哪一具体类别具体类似群组或者类似群组里的某一具体项时发生误判或者发生其他为以后商标专用权的维护造成隐患的状况。第二,当商标专用权遭受侵害,主张维权并追究侵权人责任的时候,相关的国家行政机关和司法机关进行判断商品或服务是否类似的时候有充分的自由裁量空间,也即对"类似商品(服务)"的认定采用主观标准,这一过程中由于对证据认定以及具体事实认定可能产生的不同,造成了对是否侵犯商标注册人的商标专用权这一问题的判断也不尽相同,给相关权利人维护自身权利造成困难。二,商品的复杂性提高,一些商品往往集多重功能于一身,与传统简单元素、单一功能的商品相比,给类似商品的认定带来许多争议。三,由于商品自身的特性,消费者在选购时不需要具备专业的知识,不会给予很高的注意来辨别商品或服务的来源,若在类似商品上使用近似商标,极易导致混淆。

作为本案争议商标的"雷朋"是厦门彰泰隔热膜有限公司享有专用权并核定使用于"隔热纸、滤光放热片、汽车隔热纸",核定的类似群为1705的注册商标。而被争议商标是广州市天河登峰新宁汽配营销部申请注册于1703类似群中"非包装用塑料膜"等商品上的"雷明"商标。争议商标所有权人企图通过以下三种路径举证说明被争议商标的核准注册会造成对争议商标专用权人权利的侵害:一、"雷朋"商标属于驰名商标,享有跨类保护的权力。其主要是根据《商标法》(2001年修订)第13条[①]的规定。二,争议商标核准使用的商品与被争议商标申请注册核准使用的商品构成类似。作为本案的难点,虽然《司法解释》提供相关判定的思路,并且这一思路是合理、科学的,但是由于判定商标类似的标准在实践中往往没有准确的量化判断标准,无论是在商标权人举证证明时还是在相关国家行政机关、司法机关进行具体认定时都会由于对各种因素考虑的程度、主观判断能力以及方法等的不同造成大相径庭的判断结

[①] 《商标法》(2001年修订)第13条:"就相同或者类似商品申请注册的商标是复制、摹仿或者翻译他人未在中国注册的驰名商标,容易导致混淆的,不予注册并禁止使用。就不相同或者不相类似商品申请注册的商标是复制、摹仿或者翻译他人已经在中国注册的驰名商标,误导公众,致使该驰名商标注册人的利益可能受到损害的,不予注册并禁止使用。"

果,从而影响商标专用权的实现和保护。三,被争议商标申请人恶意攀附,出于造成消费者混淆的目的进行商标的注册。四,被争议商标申请人主体资格的消灭,不再具备享有注册商标专有权的主体资格。

  首先,本案中,争议商标专用权人就"雷朋"商标构成驰名商标做出大量举证,但是无论在商标评审委员会还是在一审法院都难以就专用权人提供的证据判定"雷朋"是否满足《商标法》第 14 条[①]所列驰名商标的条件。故在二审上诉中,专用权人未就"雷朋"商标是否构成驰名商标进行进一步举证。

  其次,关于争议商标核准使用的商品与被争议商标申请注册核准使用的商品构成类似一直是本案的关键点。不管是在提出行政异议、申请复审还是在提起行政诉讼的过程中,专用权人都在就该问题不断深入说明。

  在行政一审中,法院认定:首先,被异议商标与原告引证商标指定使用商品属于类似商品,引证商标核定使用商品为"隔热纸、滤光防热片、汽车隔热纸","隔热""滤光"是指有效阻隔太阳光中对人体伤害最大的紫外线和红外光区。"隔热纸、滤光防热片、汽车隔热纸"在国内被统称为"隔热膜""汽车隔热膜"或"汽车防爆遮阳膜",其产品原料为塑料和塑胶,用途为贴在汽车玻璃或建筑物窗户玻璃上,遮挡太阳光的强照射和阻隔太阳辐射的热量,这些,对于有车一族的相关公众,已经是常识。"隔热膜""汽车隔热膜"等一般不用于包装。被异议商标指定使用商品的名称"非包装用塑料膜、非包装用再生纤维膜、非包装用粘胶纤维纸等"是一个笼统的概念,只指定了"非包装用"之用途,"塑料、再生纤维、粘胶纤维"之原料,"膜、纸"之形态,并没有细化到具体的商品,其商品描述中的"非包装用"可以有广泛的使用空间,可以理解为只要不是使用在包装上的商品("膜、纸")就包含在其列,那么,显然,引证商标不用于包装的"隔热膜""汽车隔热膜"或"汽车防爆遮阳膜"也包含在其列;同时,被异议商标商品描述中的"塑料膜、再生纤维膜、粘胶纤维纸"与引证商标使用的用塑料和塑胶制成的"隔热膜""汽车隔热膜"或"汽车防爆遮阳膜"有原料、形态等

---

  ① 《商标法》(2001 年修订)第 14 条:"认定驰名商标应当考虑下列因素:
  (一)相关公众对该商标的知晓程度;
  (二)该商标使用的持续时间;
  (三)该商标的任何宣传工作的持续时间、程度和地理范围;
  (四)该商标作为驰名商标受保护的记录;
  (五)该商标驰名的其他因素。"

雷朋

商品分类"膜"糊不得

性质上很大程度的吻合。因此，被异议商标与引证商标指定使用商品属于类似商品。并且从被异议人的《个体工商户注销基本资料》记载的被异议人的经营范围是：批发、零售汽车配件、汽车精品、五金工具、装饰材料，从个体工商户申请注册的商标必须只能使用在其经营的产品的要求来看，被异议人申请注册的被异议商标就被限定只能使用在其经营的汽车配件、汽车精品、装饰材料上，而"汽车配件、汽车精品、装饰材料"包含的"膜、纸"只有可能是"隔热膜""汽车隔热膜"或者"汽车防爆遮阳膜"。

在行政二审中，法院认定：《类似商品和服务区分表》可以作为判断类似商品或者服务的参考，但不是定案依据。《类似商品和服务区分表》只是具有参考价值，并不是定案的依据。引证商标"雷明"的申请注册日期是1996年8月5日，由于"隔热膜"或"防爆膜"（当时称：隔热纸）当时在中国还属于新兴产品，故其申请的商品项目"隔热纸、滤光防热片、汽车隔热纸"在我国当时版本的《类似商品和服务区分表》中并没有明确的记载，当时商标局只是依据"隔热膜"功能之一——隔热，主动将其纳入1705"保温、隔热、隔音材料"类似群，商标评审委员会在商标异议复审程序中也机械地沿袭了这种片面的归纳。然而，"隔热纸、滤光防热片、汽车隔热纸"是由橡胶、树脂及塑料纤维制成，与1703类似群内商品的原料相同；其主要使用在玻璃上，起隔热、防紫外线、防强光、防爆等作用，与1703类似群内第（三）部分中的"窗户用防强光薄膜（染色膜）、农业用塑料膜、电控透光塑料薄膜"等商品功能类似。1705类似群内绝大多数商品的原料是石棉，与"隔热纸、滤光防热片、汽车隔热纸"的制作原料完全不同。故而，"隔热纸、滤光防热片、汽车隔热纸"更应属于1703类似群，而不是1705类似群。与"雷明"品牌齐名的其他著名隔热膜品牌如：3M、杜邦、LLUMAR（龙膜）、威固等正好恰恰是将其商标更多地注册在1703类似群，而不是1705类似群。商标局当年的判定失误造成了今天上诉人欲维护自身利益却得不到伸张的尴尬境地。原审法院却并未考虑这个事实，而是停留在商标局和商标评审委员会都片面地将"隔热纸、滤光防热片、汽车隔热纸"仅仅只纳入1705"保温、隔热、隔音材料"类似群的基础上，一味地依据现今《类似商品和服务区分表》，认为"隔热纸、滤光防热片、汽车隔热纸"与"非包装用塑料膜"属于不同的类似群，从而判断两者不构成类似，其判决结果难免也是非常片面的。"隔热纸、滤光防热片、汽车隔热纸"与"玻璃用防强光薄膜（染色膜）"属于相同产品。其表现在：（1）两者在功能、用途、生产部门、销售渠道、销售对象方面完全相同;从功能上看,两者都具有隔热、防紫外线、防强光、防爆等功能;从用途看,两者都是使用在玻璃上起隔热、防强光、防爆等作用;从生产部门来看,两者都是由塑料、树脂、橡胶制品公司生产;从销售渠道来看,两者都有通过企业间签订购销合同或专卖店、汽车保养维修店、汽车4S店、家居建材市场销售;从销售对象来看,两者的销售对象主要是汽车制造公司、汽车用户、建筑装修公司。(2)两者的所用原料相同,都是以聚酯基片(PET)为基本原料制成。《类似商品和服务区分表》"说明"中明确规定,"一个类似群内的商品和服务项目原则上是类似商品和服务,若该商品和服务项目分为若干部分,用中文(一)、(二)表示,同一部分的商品和服务项目原则上判为类似,不同部分的商品和服务项目原则上不判为类似",而我们可以从《类似商品和服务区分表》发现"非包装用塑料膜"与"玻璃用防强光薄膜(染色膜)"同属于1703类似群第(三)部分。故而,两者属于类似商品。同时,从上文可得知:"隔热纸、滤光防热片、汽车隔热纸"与"玻璃用防强光薄膜(染色膜)"属于相同商品。因此,"隔热纸、滤光防热片、汽车隔热纸"与"非包装用塑料膜"属于类似商品。从两者商品名称的外延来看,"隔热纸、滤光防热片、汽车隔热纸"与"非包装用塑料膜"属于类似商品。"非包装用塑料膜"是一个笼统的概念,只指定了"非包装用"之用途、"塑料"之原料、"膜"之形态,并没有细化到具体的商品,其商品描述中的"非包装用"可以有广泛的使用空间,可以理解为只要不是使用在包装上的膜就包含在其列。那么,显然,引证商标核定使用的商品"隔热纸、滤光防热片、汽车隔热纸"(公众对"隔热纸、滤光防热片、汽车隔热纸"的通常描述是"隔热膜"或"防爆膜")因不用于包装而自然包含在其列。从理论上讲,"非包装用塑料膜"是一个上位概念,"隔热纸、滤光防热片、汽车隔热纸"是下位概念。无疑,被异议商标核定使用的商品"非包装用塑料膜"与"隔热纸、滤光防热片、汽车隔热纸"应该属于类似商品。同行业其他著名品牌的商标注册信息证明"隔热纸、滤光防热片、汽车隔热纸"与"非包装用塑料膜"属于类似商品,如、FSK、LLUMAR(龙膜)、威固、3M、杜邦等品牌在"非包装用塑料膜"或"非包装用可伸缩塑料膜"商品项目上都有注册。原审法院认为"引证商标核定使用的商品主要是与汽车装饰有关的材料,而被异议商标指定使用商品的范围、用途较广,故二者在功能、用途、消费群体和消费渠道方面均存在一定差异",于是,判断二者商品不构成类似,上诉人不予认同。《最高人民法院关于审理商标授权确权行政案件若干问题的意见》第15条规定,"人民法院审查

商品分类"膜"糊不得

判断相关商品或者服务是否类似,应当考虑商品的功能、用途、生产部门、销售渠道、消费群体等是否相同或者具有较大的关联性",可见,在一定条件下,判断商品类似并不要求其功能、用途、生产部门、销售渠道、消费群体等完全相同,允许其存在一定的差异。原审法院不考虑是否引起相关公众误认等因素,只考虑"二者在功能、用途、消费群体和消费渠道方面均存在一定差异",就判断两者商品不构成类似,未免过于武断。原审法院既然认为"二者在功能、用途、消费群体和消费渠道方面均存在一定差异",自然也承认二者在以上方面又存在一定的共同性。本案引证商标与被异议商标构成近似,双方并无异议。因此,依照《类似商品和服务区分表》"说明"第二点中"类似商品是指功能、用途、所用原料、销售渠道、销售对象等方面具有一定的共同性,如果使用相同、近似商标,易使相关公众认为其存在特定联系,使消费者误认为是同一企业生产的商品"的标准,"隔热纸、滤光防热片、汽车隔热纸"与"非包装用塑料膜"属于类似商品。

总体来说,商标专有权人主要从商标核定使用的商品的功能、用途、生产部门、销售渠道、销售对象方面来论证引证商标核定使用的商品与被异议商标申请核定使用的商品构成类似。在二审上诉理由中,法院采用了一种新的论证方法来说明该问题,即从商标核定使用的商品（A 商品）与被异议商标申请核定使用的商品（B 商品）所在群组中被异议商标申请核定使用的商品以外的其他商品（C 商品）构成一致的角度,借由《类似商品和服务区分表》中同一群组中的商品或服务构成类似的规则,推得注册商标核定使用的商品与被异议商标申请核定使用的商品构成类似。简单来说,A 商品与 C 商品构成一致商品,C 商品与 B 商品类似,故而 A 商品与 B 商品构成类似。虽然这种论证方法最终没有被二审法院所接受,但无疑是论证商品构成相似的新思路。而在专有权人做出如上论证后,两审法院作出不同判决的关键原因在于对《司法解释》第 11 条中"类似商品,是指在功能、用途、生产部门、销售渠道、消费对象等方面相同"的"相同"的程度理解不一致造成的。该问题在下一章节进行类似案例分析时,会进一步的探讨。

最后,关于被异议商标申请人恶意攀附以及被异议商标申请人主体资格消灭的问题,不是本案的焦点问题,这里不再赘述。

三、类似案例分析

(一)案例分析一:红牛案

该案件中[①]关于红牛与非医用营养液是否构成类似商品的分歧,判决书中认定的理由如下:

1.一审

(1)原料:被控侵权产品"红牛维生素功能饮料"的主要原料为牛磺酸、赖氨酸、肌醇、咖啡因、维生素PP、维生素B6、维生素B12等营养素,这与"非医

[①] 原告泰牛公司经核准在第30类"维生素营养液""维生素咖啡饮料"等产品上使用注册商标"红牛+hongniu+图形"。泰牛公司生产、销售的250毫升易拉罐装、500毫升和600毫升PET塑料瓶装以及250毫升利乐纸盒装的"维生素营养液"产品的配料有水、白砂糖、食品添加剂[柠檬酸、柠檬酸钠、食用香料、牛磺酸、赖氨酸、肌醇、拉那提取物、安赛蜜、阿斯巴甜(含苯丙氨酸)、山梨酸钾、维生素B2、维生素B6、柠檬黄];适宜人群:"16岁以上人士",推荐饮用量:每日1瓶。

被告红牛公司经核准在第32类"无酒精饮料、汽水"商品上使用注册商标"红牛+RedBull+图形"。2005年6月30日国家食品药品监督管理局给红牛公司颁发的保健食品注册批件和2001年12月10日国家卫生部给红牛公司颁发的保健产品批准证书均载明:产品名称为红牛维生素功能饮料,功效成分(或主要原料)为牛磺酸、咖啡因、肌醇、赖氨酸、维生素B6、维生素B12等,保健功能为抗疲劳,适宜人群为易疲劳者等。红牛公司的电视广告用语为:"渴了喝红牛,困了、累了更要喝红牛",在《中国饮料》杂志和公司网站上所做的广告均称:"红牛维生素功能饮料富含牛磺酸、赖氨酸、肌醇、维生素B族等多种功效的营养成分,口味醇香,能够帮助饮用者及时补充有效的营养成分,具有抗疲劳、提神醒脑和补充体力的功效"。2005年6月2日,国家质量监督检验检疫总局给红牛公司颁发了全国工业产品生产许可证,明确"维生素功能饮料"为"特殊用途饮料"。根据《饮料通则》国家标准,"特殊用途饮料"包括"营养素饮料","营养素饮料"是指"添加适量的食品营养强化剂,以补充某些人群特殊营养需要的饮料"。一审法院在类似商品认定问题上,认定红牛公司生产的红牛维生素功能饮料与非医用营养液、咖啡饮料均构成类似商品。经上诉后,二审法院在比对涉案商品时,同意原审法院关于红牛维生素功能饮料与咖啡饮料构成类似商品的认定,但认为红牛维生素功能饮料与非医用营养液不构成类似商品。一审与二审法院均认定红牛维生素功能饮料(以下简称红牛)与咖啡饮料为类似商品,则在此不作赘述。以下主要分析两审法院对于红牛与非医用营养液是否构成类似商品的分歧。参见广西来宾市中级人民法院民事判决书(2009)来民三初字第3号;参见广西壮族自治区高级人民法院民事判决书(2010)桂民三终字第80号。

用营养液"在产品主要原料方面是相同的。

（2）功能、用途："红牛维生素功能饮料"的主要用途在于及时补充有效的营养成分，以补充体力、消除疲劳，而主要不在于解渴、补充水分，这与"非医用营养液"的主要功能和用途在于补充某种营养成分相同。

（3）生产部门："红牛维生素功能饮料"属保健食品，其生产部门与"非医用营养液"的生产部门均属《国民经济行业分类》中规定的营养、保健食品生产行业，属同一行业。

（4）销售渠道："红牛维生素功能饮料"作为保健食品，依照有关规章的规定，应与"非医用营养液"一样，均应由具有一定资质的企业进行销售。

（5）消费对象："红牛维生素功能饮料"适宜人群为"易疲劳者"，不适宜人群为"少年儿童"，与"非医用营养液"一样，其消费对象均为需"补充营养成分"的特定人群。

2. 二审

（1）原料：未比较。

（2）功能、用途："红牛维生素功能饮料"作为饮料，具有解渴、补充水分的基本功能，并含有抗疲劳、提神、补充体力的特殊功能，而"非医用营养液"，其主要功能在于滋补身体，补充人体营养成分。

（3）生产部门：未比较。

（4）销售渠道："红牛维生素功能饮料"作为饮料，不仅在城市的超市、酒店有售，在一般城镇的商店、街头巷尾的摊点都有销售，并且与可乐、汽水、矿泉水等其他饮料商品同柜销售，而"非医用营养液"作为一种营养滋补品，主要在大型超市和药店销售，一般与脑白金、珍奥核酸等滋补营养品同柜销售。

（5）消费对象："红牛维生素功能饮料"作为一种功能饮料，除儿童以外的一般人群都能饮用，但特别适合于运动员、长途汽车司机、重体力劳动者等易疲劳人群，而"非医用营养液"作为一种滋补品，主要适合于体弱多病、营养不良或老人等需要滋补身体的人群。

该案件与本案"雷朋"案件具有很高的相似程度，两审法院均根据《司法解释》第11条对类似商品的认定规则来判断争议商标核准使用的商品与被争议商标申请核准的商品是否构成类似商品。该案中，考虑的要素为功能用途、销售渠道和消费对象，一审法院还考虑了商品的原料以及生产部门。细究在考虑相同要素时出现不同结论的原因，主要是法院对于《司法解释》第11条中

输了我的品牌

"类似商品,是指在功能、用途、生产部门、销售渠道、消费对象等方面相同"的"相同"的程度理解不一致造成的。例如,在分析功能用途时,一审法院认为红牛与非医用营养液的功能都是保健作用,即"补充营养成分",因此,两者的功能用途相同;而二审法院则对两者的保健功能进行细分,认为红牛的主要用于"抗疲劳、提神",而非医用营养液主要用于"滋补身体"。明显两审法院对"相同"的程度理解不一致,一审法院相比于二审法院对"相同"的要求更低一些。这一点还很明显地体现在对消费对象的比较上:二审法院认为红牛面向需要"抗疲劳"的消费者,非医用营养液面向"体弱多病"的消费者,因此,两者的消费对象不同;而一审法院将疲劳与体弱多病的消费者都包含在"需要补充营养成分"的消费者群体里,认为两者的消费对象相同。关于两审法院对"红牛"与"非医用营养液"是否构成类似商品的不同认定结果,笔者认同二审法院的观点,即两者不构成类似商品。"一方面,对于产品用途的判断,应以其主要用途为主;另一方面,如果产品的不同用途面对的是不同的消费对象,一般情况下应该以注意程度较低的消费者为准。"[①]红牛在商品的功能设定上虽然也有补充营养来达到补充体力的作用,但是更主要的还是其中的咖啡因成分来起到抗疲劳与提神醒脑的作用。体弱多病、营养不良的消费者在选择补充营养的滋补品时,并不会选择红牛,同样,需要提神醒脑的消费者在选择抗疲劳饮品时也不会选择非医用营养液。两者的主要功能不同使得不仅商品的目标受众不同,在商品的销售渠道也不同。红牛在普通的超市、商店均有销售,非医用营养液则主要在药店销售。即使两者都在大型超市里出售,两者摆放的货架区域也不同,红牛多在饮料区,而非医用营养液则多在滋补品区,消费者一般不易将两者混淆。

---

① 参见中华人民共和国最高人民法院行政裁定书(2011)知行字第7号。

(二)案例分析二:友宝案

友宝案①中,原告注册商标核定使用范围中的"投币启动类机械装置"并非某一具体产品,而是具有投币启动功能类商品的上位概念,被控侵权产品智能快件箱是一个具体产品,其与投币启动类机械装置是否属于相同或类似商品,是本案需要解决的法律问题。

在该案中根据《司法解释》中关于类似商品的规定,可以得知类似商品的认定应以相关公众对商品或服务的一般认识为准,其最终的落脚点是相关公众是否会对产品来源产生混淆或误认。所谓相关公众的一般认识,是指相关市场的一般消费者对商品的通常认知和一般交易观念,不受限于商品本身的自然特性;所谓综合判断,是指相关公众在个案中的一般认识,与商品交易中

---

① 北京友宝科斯科贸有限公司(以下简称北京友宝公司)是"友宝"文字商标的商标权人,该商标核定使用在第9类投币启动的机械装置、投币启动的设备用的机械装置、自动售货机、自动售票机等。在线宝科技有限公司系"UBOX"商标的商标权人,该商标核定使用在第7类自动售货机,以及第9类投币启动设备用机械装置、投币计数启动设备用机械装置、自动售票机。在线宝公司将"UBOX"商标独占许可给北京友宝公司。北京友宝公司实际生产销售的商品是自动售货机,"友宝"商标在市场中具有一定的知名度。福州友宝公司在智能快件箱上使用了"YouBox"、"YouBox友宝"等标识,上海鑫源物业经营管理有限公司所管理的小区安装了标有上述标识的智能快件箱。智能快件箱是设立在公共场合,可供投递和提取快件的自助服务设备。福州友宝公司还实际注册了"YouBox"和"邮宝"两个商标,两商标均核定使用在第9类投币启动设备用机械装置、投币计数启动设备用机械装置、自动售票机等商品;"邮宝"商标还核定使用在第6类金属箱商品上。福州友宝公司未提供实际使用上述商标的证据。两原告认为,福州友宝公司在智能快件箱上使用"YouBox"及"邮宝"标识,与原告的注册商标构成近似,且使用的商品与原告核定使用的自动售货机、投币启动类机械装置属于类似商品,其行为构成商标侵权,故诉请法院判令被告停止侵权,赔偿经济损失及合理费用共计人民币118万元。福州友宝公司认为被控侵权商品智能快件箱属于《商品与服务区分表》中第6类金属箱,与原告商标核定使用的商品不属于类似商品,不构成商标侵权。审法院认为,被控侵权产品智能快件箱属于原告商标核定使用的投币启动类机械装置,且被控侵权标识与原告的注册商标近似,易使消费者产生混淆或认为两者有特定关系,其行为构成商标侵权,判决被告停止侵权,福州友宝公司赔偿原告经济损失及合理费用85 000元。福州友宝公司不服原审判决,提起上诉,二审法院维持原判。参见(2014)浦民三(知)初字第554号判决书;参见(2015)沪知(民)终字第211号判决书。

的具体情形,以及司法解释规定的判断商品类似的各要素结合在一起,从整体上进行考量。① 区分表对于商品和服务的划分,既有以具体的商品进行划分,也有以商品的上位概念进行划分,即将某一类商品的总称作为具体的商品类别。实践中,商标核定使用在具体商品上时,在类似商品的判断上相对容易;但如果商标核定使用的类别是商品的上位概念,由于被控侵权产品是具体产品,在直接比对上存在困难,能否将被控侵权产品纳入原告商标核定使用的范围,或者认为两者构成类似,需要综合多种因素考量。

以下结合本案进行分析。本案中,涉案两个注册商标核定使用的产品具体类别均包括投币启动的机械装置、投币启动设备用的机械装置,上述产品类别并非某一具体产品,而是以具有投币启动这一物理特征为主的机械装置的总称。② 被告使用被控侵权标识的产品为智能快件箱,由于投币启动类机械装置所涵盖的产品种类众多,被控侵权产品与其是否属于相同或类似商品,应当考虑以下几个方面:首先,两者在物理特征上是否构成类似。原告商标核定使用的投币启动类机械装置是以物理特征为限定的商品类别,被控侵权产品是否具有投币启动这一功能可以作为判断两者是否构成类似的基础。从文义

---

① 孔祥俊.商标与不正当竞争原理和判例[M].北京:法律出版社,2009.211.
② 区分表对于商品和服务的划分,既有以具体的商品进行划分,也有以商品的上位概念进行划分,即将某一类商品的总称作为具体的商品类别。实践中,商标核定使用在具体商品上时,在类似商品的判断上相对容易;但如果商标核定使用的类别是商品的上位概念,由于被控侵权产品是具体产品,在直接比对上存在困难,能否将被控侵权产品纳入原告商标核定使用的范围,或者认为两者构成类似,需要综合多种因素考量。区分表中,以商品上位概念作为划分依据主要有两种情形:一种是以商品用途进行划分,例如,自行车工业用机器装备、陶瓷工业用机器装备等;一种是以商品的物理化学特征进行划分,如本案中原告注册商标核定使用的投币启动类机械装置,即是以物理特征作为限定的一个产品类别。区分表之所以在某些情形下以商品上位概念作为划分,是因为区分表本身具有一定的滞后性,区分表中的具体商品都是在制定前已有的商品,对于区分表制定后新出现的产品,制定者难以预见,为避免出现"新产品"在申请注册商标时没有可供选择注册的类别,需要以商品的上位概念作为可供注册的商品类别进行兜底保护。对于以商品用途作为限定的商品类别,由于商品用途往往与生产部门、销售渠道、消费对象紧密相连,如果原告的商标核定使用在以商品用途为限定的商品类别,而被控侵权产品具有该用途,则将其纳入注册商标核定使用的范围,或者认为两者构成类似商品的可能性较高。但是,以商品的物理特征作为限定的商品类别,则不能简单地以被控侵权产品是否具有相应的物理特征作为类似商品的判断标准。

解释的角度,"投币启动类机械装置"是一种需要通过投币方式进行启动的机械装置。被告销售的智能快件箱是通过输入密码的方式进行启动,在启动方式上并不必然通过投币。但是,对于区分表中所规定的物理特征不能拘泥于文义解释,还需要从商品本质的物理特征和技术、市场发展的角度来考虑。就机械装置的启动而言,通过电子扫描、密码输入等方式启动设备与通过投币方式启动设备具有类似之处,即都是通过某种"输入"方式实现机械装置的瞬时启动。随着技术发展的趋势,许多通过投币启动的机械装置,越来越多地更新为通过输入密码、扫描条形码等电子化方式进行启动。例如,商场中常见的存物箱,既有通过投币方式启动的,也有通过条形码扫描启动的,以相关公众的一般认识而言,两者显然属于类似商品。智能快件箱是一个新兴产品,国家邮政局官方文件中亦认为该产品目前仍处于探索阶段。因此,在投币机械类装置与智能快件箱是否具有类似物理特征的认定上,要考虑到区分表具有一定的滞后性,需结合技术、市场的发展综合认定。其次,被控侵权产品在区分表中是否具有明确的分类。涉案注册商标虽核定使用在投币启动类机械装置,但并不意味着所有具有投币启动这一功能的机械装置均归属于其中或与其构成类似商品。实践中,具有投币启动功能的机械装置众多,其中,很多产品在区分表中具有明确的分类,例如,投币式洗衣机、投币启动的音乐装置等。显然,这些产品并不能当然地认定与涉案注册商标核定使用的投币类机械装置构成相同或类似商品,否则,既与相关公众的一般认识相悖,也使区分表对此所做的区分失去意义。本案中,被控侵权产品智能快件箱在区分表并没有明确、具体的分类,在该产品类别确定上应当寻找与其最接近的类别来确定。如前所述,智能快件箱最主要的用途是存储。而这一用途的实现,与快件箱的材质是否属于金属并无必然联系。并且,智能快件箱并非是一种纯粹的金属容器,而是一种可以启动的机械装置,其更突出的特征是通过智能方式启动。从智能快件箱实际使用状态以及其所要实现目的的角度,其与投币启动机械装置产品更为接近。最后,考虑所属领域从业者对商品类别的一般认识。由于市场中并不存在投币启动类机械装置这一具体产品,而被控侵权产品智能快件箱是一个具体的产品,以一般消费者的认识来判断两者是否构成类似存在困难。但是,我们可以将所属领域从业者对该类商品的认识作为一个考量因素,即如果智能快件箱产品生产者要对该产品进行注册,其通常会选择哪一类别进行注册。本案被告在被控侵权行为发生之前,曾在第 9 类投币启动类机械装置上注册了两个商标,这可以说明被告也认为其智能快件箱产品应归属于投币启动类机械装置。综合上述因素,本案被控侵权产品智能快件箱与涉案注册商标核定使用的投币启动用机械装置、投币启动设备用的机械装置构成类似商品。①

四、企业商标管理建议

从本案来看,1996年8月5日,新泰公司申请注册"雷朋"商标时,沿用了在台湾地区注册的"隔热纸、滤光防热片、汽车隔热纸"来描述其隔热膜产品,因这三种申请项目在当时版本的《类似商品和服务区分表》中并没有明确记载,商标局只是依据隔热膜功能之一"隔热"将其纳入了国际分类第17类1705"保温、隔热、隔音材料"类似群。1997年9月21日,第1104030号"雷朋"商标被核准注册。然而,商标进行了注册,商品进入了市场,是不是就万事大吉了呢?"雷朋"品牌在后续成长和发展过程中却遇到了意料之外的尴尬和品牌保护上的困惑。

随着"雷朋"品牌的成长,全国各地侵犯"雷朋"商标权的案件逐渐增多,这其中有很大一部分侵权者采用的是搭便车、打擦边球的方式,即在"隔热膜"产品上冠以模仿"雷朋"品牌的商标:比如"雷朋MADICO"(雷朋MADICO)、"朋雷"(朋雷)、"雷明"(雷明)、"雷彭"(雷彭)、"雷膜"(雷膜)、"雷日"(雷日)、"雷一朋"(雷一朋)、"雷朋隔热"(雷朋隔热)、"雷朋金钻"(雷朋金钻)、"雷朋金盾ROPEJYD"(雷朋金盾ROPEJYD)、"雷朋金装"(雷朋金装)、"雷朋晶锐"(雷朋晶锐)、"雷朋贵族"(雷朋贵族)、"雷朋双星"(雷朋双星)、"乐佳仕雷朋"(乐佳仕雷朋)等,更为微妙的是,这些商标都申请注册在第17类的"非包装用塑料膜"和"窗户用防强光薄膜(染色膜)"上,也有更盛者直接申请注册在1703群组"汽车玻璃用防爆膜"和"汽车防爆膜"上,如"雷朋晶典"(雷朋晶典)、"雷朋钛金"(雷朋钛金),还有注册

---

① 范静波.注册商标核定使用类别为非具体商品的类似商品判断——评北京友宝科斯科贸有限公司等诉福州友宝电子科技有限公司等侵害商标权纠纷案[J].中华商标,2016(6):22-25.

在"有机玻璃、塑料板"上,如"真的·雷朋 LEIPENG"(**LEIPENG** 真的·雷朋),而且,已经大部分商标都被陆续初审公告,一时间,"雷朋"品牌遭遇了无法言喻的尴尬。

前文说过,"雷朋"品牌"隔热膜"核定使用的商品沿用了其在台湾注册时相同的描述"隔热纸、滤光防热片、汽车隔热纸",其实际的产品是既可以称为"片"又可以称为"膜"的性状,其原料采用的是聚酯基片(即塑料),与1703类似群内第(三)部分的"非包装用塑料膜"和"窗户用防强光薄膜(染色膜)"相同。然而,因"隔热纸、滤光防热片、汽车隔热纸"被纳入了国际分类第17类1705"保温、隔热、隔音材料"类似群,并且与1703类似群内第(三)部分的"非包装用塑料膜"和"窗户用防强光薄膜(染色膜)"没有标注为类似商品,以至于上述申请在1703群组的模仿"雷朋"品牌的商标大部分都陆续被初审公告和核准注册。上面只是新泰公司(彰泰公司)为了防止被模仿复制进而抢夺市场,对恶意注册和不正当品牌竞争行为不遗余力地打假维权保护品牌的上百次诉求举措之一例,类似的诉求,从行政异议到异议复审,法院起诉到上诉,还有全国各地行政机关投诉等不胜枚举,而且还在继续之中。因为分类不清晰带来的困惑和同样商品在不同群组共存给品牌保护带来的尴尬,使得新泰公司(彰泰公司)花费了太多的精力,走过了太长的过程,投入了大量的财力,无疑给企业的品牌发展之路平添了长久的负重和艰难的征途。

以上情况无疑要求企业以积极的态度探寻改进方向和办法。商品的分类和细分到类似群,都不是一成不变的,应该随着商品的不断更新和增加,依照商品的材料、物态、功能、用途、通常效用、销售渠道和消费对象等因素进行比较全面和准确的分类并纳入类似群,尽量避免重复和疏漏,尤其在商标注册获取专用权的过程中,更要细致推敲,避免保护不全和保护偏差的状况,给权利人后续的品牌发展和保护造成困惑、尴尬和负累。除此之外,商标权人在扩张商业版图并需要拓展注册商标核定使用范围时,应及时提出新的注册申请,其不仅应覆盖现有业务范围,还应延伸到未来可能拓展的业务范围,以及将来业务上可能产生混淆的商品项目上等。此举不仅可以防止经过实际使用业已积累一定知名度和显著性的未注册商标遭到他人恶意抢注,有利于维系权利的合法性、稳定性,还能获得大于使用权范围的禁用权保护,也利于高效、便利地制止侵权,从而更好地实现商标法维护商标信誉、保障消费者和生产经营者利益、繁荣社会经济发展的宗旨。

运用好联合商标和防御商标战略,也是企业商标管理工作的重要内容。

联合商标是相对于正商标而言的,正商标即最先注册的商标。例如,杭州娃哈哈食品厂除了注册"娃哈哈"商标外,又在同类商品上注册"娃娃哈""哈娃娃""哈哈娃""娃哈娃""小哈哈"等商标,"娃哈哈"为正商标,后面几个为联合商标。联合商标的使用对企业有多方面的益处。从权利保护的角度看,它扩大了注册商标专用权的范围,有利于防止他人的商标与自己的商标近似,而在市场上被消费者误认。同样注册防御商标的目的也不是为了使用,而是为了防止他人在非类似商品上使用自己的注册商标,从而损害该商标的信誉,冲淡该商标的显著性。

品牌路漫漫，白鹭常相伴

一、案情介绍

（一）背景介绍

厦门航空有限公司（简称"厦航"）成立于1984年，总部位于中国东南沿海的福建省厦门市，为中国首家按照现代企业制度运行的航空公司。经过33年的持续发展，厦航现已成为中国民航最具特色的航空公司，被习近平总书记誉为"中国航空业发展的缩影"。厦航自成立以来，取得了一系列令人瞩目的成绩，厦航是中国唯一连续30年盈利的航空公司，在国际航协240多家成员航空公司中，厦航的利润总额名列前20位，收入利润率更是进入前10位。此外，厦航是唯一获得中国质量奖的航空公司，拥有世界上最年轻的机队之一。

1990年，厦航向中国民用航空局申请将"▲"作为航徽标志，1991年1月，中国民用航空局同意了这一申请，正式开启了厦航蓝天白鹭"▲"品牌形象的发展之路。经过十几年的使用、宣传和沉淀，2008年，"▲"商标被国家工商总局商标局在个案保护中认定为"中国驰名商标"。作为一个优秀的民营航空运输企业，厦航想要走出国门，开拓国际市场，先后在新加坡、马来西亚等申请注册"▲"商标。出人意料的是，审查通过后，该商标遇到了德国汉莎航空公司（简称"汉莎"）的异议申请。德国汉莎公司为德国国家航空公司，同时也是欧洲最大的航空公司，世界第四大航空公司，其商标为"▲"，于1992年在德国进行注册，并陆续在全球主要的国家和地区分别注册成功，最早能查询到的是其在墨西哥于1979年注册成功并至今有效的,在中国注册成功的时间是1994年。汉莎基于沉淀几十年品牌声誉的保护和全球良好的注册保护体系,在全球范围内对厦航提出了异议申请,可见,其维护商标权益的决心。

这是厦航第一次面临来自国际同行业老牌企业对知识产权的维权,厦航没有退缩,而是坚定了要进入国际市场的决心,积极应对,维护自己经营了20多年并已经拥有良好声誉的品牌。厦航一方面积极准备证据材料,一方面不断强化自身发展,证明其不会造成消费者混淆。经过两年多的努力,厦航在日本、新加坡赢得了异议;在韩国历经商标审查和法院审查多个程序,均获得胜利;在香港聆讯阶段,汉莎主动放弃了商标异议申请。由此,厦航对"✈"商标的国际注册保护获得了战略意义上的胜利。

(二)案件经过

2012年,厦航出于开发国际市场、促进企业国际化发展的需要,更换了新的商标。考虑到之前与汉莎的商标权纠纷,此次的新商标设计特意加大了与汉莎商标的区别。新商标由香港著名设计师陈幼坚设计,图形为"✈"。设计完成后,厦航在其航线版图所涉及的国家和地区,如法国、美国、新加坡、韩国、日本、印尼、泰国等地提出了商标保护申请。出人意料的是,此次商标保护申请受到了部分地区的驳回,理由是与汉莎公司的商标"✈"近似;而部分通过审查获得公告的国家和地区,还是全面遭到了汉莎公司的异议,其中也包括在中国的商标申请。

2011年12月,厦航向我国商标局申请注册第10348344号"✈"商标,2013年3月,汉莎公司提出异议申请。2012年1月,厦航向我国商标局申请注册第10447982号"厦门航空XIAMENAIR"商标和第10447995号"厦门航空XIAMENAIR"商标,分别用于第39类航空类商品和第43类高档酒店、旅游、餐饮服务类商品。2013年6月,汉莎公司提出异议申请。

引证商标	被异议商标一	被异议商标二	被异议商标三
		厦门航空XIAMENAIR	厦门航空XIAMENAIR

品牌路漫漫，白鹭常相伴

厦航的旧商标由于使用时间长、范围广、相关公众认知度高、美誉度高已成为驰名商标，因此在与汉莎公司的异议程序中获得了大部分国家和地区的战略性胜利。但是，新商标因为使用时间不长，宣传程度不够，公众认知度还不高，新商标的国际保护受到了限制。例如，在法国、香港等注重商标使用的国家和地区，官方均是基于被异议商标和引证商标本身的近似判断以及引证商标的全球驰名程度来进行申请审查和异议审查。

面对汉莎公司如此坚定的大规模维权行动，也基于上述客观事实，厦航采取了"和解与异议答辩并行"的策略，两手准备。厦航法务部门与汉莎法务部展开了直接的和解谈判，经过半年多的数十封邮件往来，谈判过程复杂而繁琐。在厦航法务的努力和知识产权顾问单位合道公司的协助下，厦航厘清了其与汉莎的行业关系、品牌关系和消费群体认知，进行了未来风险的预估，得到了汉莎公司的尊重。在规范使用商标和不主动混淆的前提下，双方最终达成和解，德国汉莎公司于2014年全部撤回针对厦航新商标的全球商标异议申请。

二、法理分析

（一）商标近似性侵权的判断标准

2001年《商标法》第52条规定了商标近似性侵权的判断标准，"未经商标注册人的许可，在同一种商品或者类似商品上使用与其注册商标相同或者近似的商标的，属于侵犯注册商标专用权的行为"。从这一规定来看，要构成商标侵权，只需要满足"相似性"标准：商标相同或近似且商标适用的商品或服务相同或类似。

《商标法》的根本目的是防止消费者对产品或服务的来源产生混淆，保护生产者或者服务提供者长久以来积累的商誉。最高人民法院法发〔2010〕12号《最高人民法院关于审理商标授权确权行政案件若干问题的意见》第16条规定："人民法院认定商标是否近似，既要考虑商标标志构成要素及其整体的近似程度，也要考虑相关商标的显著性和知名度、所使用商品的关联程度等因素，以是否容易导致混淆作为判断标准。"因此，在2013年《商标法》修改之前，司法实践中审判者往往采用"混淆性近似"标准，把混淆性判断标准内化于近似性判断,把是否会造成混淆作为判断是否构成商标近似的因素之一。

2013 年的《商标法》将原来的第 52 条第 1 项一分为二,规定了两种构成侵犯注册商标专用权的行为:第 1 项规定,"未经商标注册人的许可,在同一种商品上使用与其注册商标相同的商标的";第 2 项规定,"未经商标注册人的许可,在同一种商品上使用与其注册商标近似的商标,或者在类似商品上使用与其注册商标相同或者近似的商标,容易导致混淆的"。根据该规定,第 1 项仅适用于商标相同、商品也相同的商标侵权行为,此种情况必定构成商标侵权,故无需判断是否有混淆可能性。第 2 项则可以理解为:在判断商标侵权时,以相似性为基础和前提,以混淆可能性为限定条件。如果商标和商品有一者不相同但近似或者类似,则不一定构成商标侵权,还需要继续判断是否存在混淆可能性,只有同时具备相似性与混淆可能性,才构成商标侵权。① 至此,商标实践中采用的"混淆性近似标准"转变为"相似性+混淆可能性标准"。②

由于厦航案的被控侵权行为发生在 2013 年《商标法》第三次修改以前,故适用 2001 年《商标法》的有关规定。汉莎公司认为,厦航公司的新商标与其注册商标属于使用在类似商品上的近似商标,会使消费者产生混淆,故引用 2001 年《商标法》第 28 条的规定,申请商标局驳回厦航的商标注册申请。此外,汉莎认为,异议商标模仿、复制引证商标,缺乏显著性,造成消费者对商品来源产生混淆,属于不正当竞争,故违反了 2001 年《商标法》第 9 条、13 条、31 条及《反不正当竞争法》第 5 条的规定。

本案中,被异议商标与引证商标均用于航空类服务,在所提供商品或服务的内容、性质、消费对象等方面相似,构成类似商品或服务,故本案争议焦点在于被异议商标与引证商标是否近似。判断是否构成商标近似,首先要分析被异议商标和引证商标在外观上是否近似,其次要从被异议商标的显著性与知名度、相关公众的一般注意力、被异议人的主观意图、实际混淆证据等方面来判断是否构成混淆。③

---

① 单兴山.近似商标构成侵权的认定[J].家电科技,2012(3):36-38.
② 邓宏光.《商标法》亟需解决的实体问题:从"符号保护"到"防止混淆"[J].学术论坛,2007(11):147-151.
③ 姚鹤徽.论商标侵权判定的混淆标准——对我国《商标法》第 57 条第 2 项的解释[J].法学家,2015(6):51-63.

（二）商标外观近似的判断要素

商标局商标评审委员会认为，"商标近似是指商标文字的字形、读音、含义近似，商标图形的构图、着色、外观近似，或者文字和图形组合的整体排列组合方式和外观近似，立体图形的三维标志的形状和外观近似，颜色商标的颜色或者颜色组合近似，使用在同一种或者类似商标或者服务上易使相关公众对商品或者服务来源产生误认。"①

最高人民法院法释(2002)32号《最高人民法院关于审理商标民事纠纷案件适用法律若干问题的解释》第10条规定，认定商标相同或近似按照以下原则进行：（一）以相关公众的一般注意力为标准；（二）既要进行对商标的整体比对，又要进行对商标主要部分的比对，比对应当在比对对象隔离的状态下分别进行；（三）判断商标是否近似，应当考虑请求保护注册商标的显著性和知名度。

1.构图方面。引证商标是" "以仙鹤为原型做的艺术化设计，而被异议商标" "则是以白鹭为原型做的艺术化设计。厦航设立于厦门岛，而厦门岛又称鹭岛，故被异议商标在设计上以白鹭为基本元素。且仙鹤与白鹭在头部、躯干、翅膀及尾巴等单个要素的设计，以及各要素间的弧度方面，均存在较大的差别。此外，被异议商标" "去掉了旧商标中的圆形修饰，加大了与引证商标的区别。

2.着色方面。航空公司品牌展示都有其固定的主色，引证商标是黄色与黑色，而被异议商标是蓝色与白色，差异十分明显。

3.外观方面。虽然引证商标与被异议商标的主要部分均为一只艺术化了的飞翔的鸟，但是基于航空业的特质与属性，很多航空公司在设计商标时，都会以鸟为基础来设计图标，如下图所示。

---

① 中华人民共和国国家工商行政管理总局商标评审委员会.商标审查及审理标准[S].2005,52.

因此，在商标的外观上，引证商标与被异议商标在构图和着色方面具有较大的差别。

（三）混淆可能性的判断

1.被异议商标的显著性和知名度

厦航的旧商标""在2008年就被商标局个案认定为驰名商标；在被异议商标""设计出来之后，厦航花重金大力宣传推广被异议商标，并在飞机、广告、活动等方面规范使用，且经过一年多的大范围宣传使用，被异议商标在相关公众中已经具备一定的知名度。

2.相关公众的一般注意力

由于引证商标与被异议商标均用于航空类服务，对于此类服务，消费者在选购时必然会施以高度的关注，除了会主动去比较二者品牌差异外，还会对各自的企业文化、服务提供方式做细致的观察和了解。此外，由于航空运输行业的服务属性，除了商标标识外，航空公司还通过服装、飞机喷涂、运服人员提供的服务等向消费者展现自己的品牌，消费者也通过这些因素对各个航空公司加以识别和区分。下图为德国汉莎航空公司与厦门航空公司的飞机外观对比图，可以看出，两家的标识有很大区别，消费者不易混淆。

德国汉莎

厦航旧标

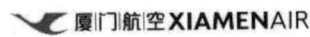

厦航新标

3.被异议人的主观意图

厦航自1990年就向中国民用航空局申请了航徽标志"　"，并于2008年被商标局认定为驰名商标。之后，由于企业发展和国际接轨的需求，厦航于2010年7月以较高金额与著名香港设计师陈幼坚的设计公司签订了"视觉识别系统及应用系统设计合同"。陈幼坚原创设计了被异议商标"　"，并命名为"一鹭高飞"，寓意着厦航"向高飞、向远飞、向外飞"的发展战略和企业文化，为厦航加入"天合联盟"奠定了国际时尚品牌形象。在设计之初顾及国际化形象的同时，厦航还特地去掉了圆形修饰，以增加与德国汉莎的区别。

此外，厦航在各种活动中积极宣传自己的新商标，努力为客户提供高质量的服务，具有自己的独特性。故难以认定厦航使用被异议商标的行为具有故意借助德国汉莎的引证商标所承载的商誉致使消费者产生混淆，从而获取不正当利益的目的。

4.被异议商标的实际使用情况与实际混淆证据

在实际使用过程中，被异议商标与"厦门航空""XIAMENAIR"进行了相应的组合使用，使得消费者在看到厦航各种宣传标识的时候，不仅会记住被异议商标"　"的图形和颜色，而且会与企业字号"厦门航空"进行对应的识别记忆，为消费者区分被异议商标与引证商标提供了更加明确的指向性。而且，厦航在提供航空服务的过程中最显著的品牌特色是，每当飞机降落机场时，广播便会播放"人生路漫漫，白鹭常相伴"，这一标语不仅让消费者感到亲切，而且"白鹭"能让人立刻联想到厦航，联想到被异议商标"　"。从以上种种细节中我们可以看出，厦航从各个细节入手，将其品牌形象与文化植入在其宣传与服务当中，努力打造自己的品牌与特色、提升知名度。此外，异议人汉莎公司所提供的证据仅仅证明了引证商标的知名度，而并未证明被异议商标的使用造成了消费者的混淆。

综上所述，被异议商标为厦航委托设计公司创作的原创商标，并非复制、摹仿引证商标；被异议商标在外观、构图和颜色上具有显著性；被异议商标在使用过程中积累了较高的声誉；被异议人也不具有故意导致消费者产生混淆和误认的主观意图。被异议商标与引证商标不构成近似商标，不会导致消费者产生混淆，因而可以申请商标注册保护。

三、相关案例分析——三一集团与奔驰商标案

1989年,三一集团于湖南省设立,是一家主营机械制造的民营企业。三一集团自设立之初就十分重视知识产权保护。三一商标的设计者是湖南娄底市的一位老师,他创造的商标用3个"1"代表着三一集团的企业宗旨,即"创建一流企业、造就一流人才、做出一流贡献";且从构图上来看,三个"1"的顶部均冲出圆圈之外,象征着三一集团冲出中国、走向世界,蕴涵了独特的寓意和企业文化[①]。

然而,三一集团在刚开始申请注册商标时,就遭到了国际汽车业巨头戴姆勒·奔驰公司的起诉,诉称三一集团的商标仿冒奔驰公司的"三叉星"商标,构成商标侵权。法庭上,三一集团董事长陈述了"三一"商标的由来及其蕴含的精神,反驳了奔驰公司的控诉,最终双方达成和解,"三一"商标得以注册并沿用至今。商标注册风波之后,三一集团更加注重商标保护,在国内先后完成了45类全系列商标的注册。2006年,"三一"商标被认定为中国驰名商标;三一集团建立起了一套比较完善的商标保护体系。

三一重工商标　　　　奔驰商标

2003年,三一集团展开了全球化战略,在世界140多个国家和地区申请商标注册保护,三一集团注册的商标主要包括文字"SANY"商标、图形商标以及二者的组合。其中,文字商标的注册申请进展顺利,但只要涉及图形商标,这些注册申请就会遭到奔驰公司的全面异议。从已经作出的裁决来看,三一集团胜出的时候多一些。

2006年,三一集团在英国申请注册由文字"SANY"与"三一"图形组成的组合商标。奔驰公司于2008年5月向英国高等法院提起诉讼,提出了三项诉

---

① 黄艳.三一与奔驰的商标之战海外告捷[J].机械广场,2010(1):66-69.

品牌路漫漫，白鹭常相伴

讼请求："三一"商标与"三叉星"商标构成近似，造成消费者产生混淆；争议商标存在侵权和仿冒引证商标的嫌疑；三一集团借助奔驰品牌的优势进行发展，占据了不公平优势。面对奔驰的强势进攻，三一集团积极应对，收集整理了上千页资料，详细说明了"三一"商标的含义、来源、发展历程，用商标的独特内涵与原创性证明其不是摹仿、抄袭"三叉星"商标。此外，三一集团通过收集其在全球范围内的销售发票、会展证据、产品图片，证明其产品与商标一直在全球范围内被广泛使用、善意使用，并不存在利用奔驰商标的优势来获取不正当的竞争优势的动机与行为。庭审过程中，面对三一集团大量详细的证据，奔驰公司主动放弃了第一、二项认为三一集团抄袭其商标、故意造成消费者混淆的诉求，仅仅保留了第三项"三一集团利用奔驰商标的知名地位获取不正当的竞争优势"这一诉讼请求。

英国高等法院认为，三一集团并没有搭奔驰商标之便车的意图，其"三一"商标的创立有比较久远的历史与独特的企业文化意义。法院还认为，原告的第一项诉求也不成立，没有证据证明引证商标与争议商标构成近似，且造成了消费者的混淆。此外，三一集团采取了以攻为守的诉讼策略，以奔驰在一定年限内未使用注册商标为由提起反诉，要求奔驰公司撤销其未使用的商标的注册。这一主张虽然没有得到法院支持，但这一诉讼策略很好地扭转了诉讼的局面，展现了三一集团维护企业品牌的决心。

2009年10月，英国高等法院下发判决，认定三一集团没有不公平利用奔驰公司的优势，没有构成侵权。这场海外商标维权的胜利对三一集团具有极其重大的意义，至此，奔驰公司再也不能以相同的理由在英国法院对三一集团提起商标侵权诉讼，三一集团与奔驰公司的商标维权之争终于告一段落。这次诉讼的胜利，对中国企业走出国门、走向世界也具有重大影响。这是中国企业第一次作为被告方在国外赢得了知识产权诉讼，不仅改善了外国政府、企业、投资者对中国企业知识产权创新、维护与管理的认知，也为将来中国企业在走出去的过程中进行海外维权提供了借鉴。

这起案件被誉为中国知识产权"国际胜诉第一案"，中国企业要在国际市场上占有一席之地并得到发展，进而挤进世界强企的行列，必须制定自己的商标战略，重视商标的国际间注册，争创名牌，争创驰名商标，保持良好信誉，从而提高企业的竞争力和知名度，在国际市场建立不可模仿的品牌形象。

四、对企业的启示

(一)设计商标时,注重其原创性与显著性

厦航案中,厦航请了香港著名设计师陈幼坚老师进行设计,该商标具有独创性;三一集团案中,三一集团的商标也是请人原创,并赋予了其独特内涵与企业文化,具有独创性,为其开展全球战略打下了坚实的基础。中国企业想要走出国门,注册国际商标,必然会面临世界范围内的商标近似异议或者诉讼的风险。因此,在设计商标之初,企业需要独立设立或者委托他人设计原创商标,并且在设计这些商标时要做好充分的调查和准备,要特别注意与世界驰名商标相区别,尽可能减少因商标涉嫌近似而产生的纠纷,也不需要为解决这些纠纷付出巨大的时间与金钱代价。

(二)申请注册时,讲究注册策略

1.尽早在各个国家进行注册。由于知识产权保护的地域性限制,一个企业的注册商标要想在全球范围内得到保护的话,需要在相关国家分别进行注册。并且,根据注册在先原则,企业需要尽早在国外申请注册,以免被其他企业或者个人在外国进行恶意抢注,导致原来已经使用了一段时间、积累了相当商誉的商标无法进行全球范围内的推广使用。例如,青岛海信集团的商标"Hisense"被德国博世·西门子家用电器集团在德国恶意抢注,使得海信进入欧洲的计划全面受阻,最后不得不通过付出时间和金钱的成本受让收回商标所有权。又比如,联想的"Legend"商标在国内已经使用了 19 年,价值 200 亿元,但是在很多国家已经被注册,联想为了拓展海外业务,不得不将商标更换为"Lenovo",付出了巨大代价。

2.加强知识产权战略部署。有志于将来拓展海外业务的企业,在注册商标时,要进行知识产权的战略部署,不应当在遭遇异议或者被起诉之后才意识到商标防御与保护的重要性。企业进行战略部署,可以从以下几个方面入手:注册企业发展板块所涉及领域的商标、防御商标;注册联合商标;在多个国家申请注册商标,并注重商标的规范使用、后期监测与维护等。

(三)使用商标时,打造维护品牌

企业注册商标后,最好不要频繁更换,要坚持使用,并通过提供高质量的产品和服务来强化自身品牌,只有这样才能增强其知名度和影响,通过使用增强其显著性。例如,厦航通过"人生路漫漫,白鹭常相伴"的独特标语来加强自身的品牌形象,加强品牌与其所提供的航空服务的联系,从而与其商标、提供的服务、飞机的外观、工作人员的着装等一同构成了厦航在消费者心中的独特印象,不会与其他企业产生混淆。

企业在使用商标的过程中,要树立品牌意识,加强品牌维护。2017年5月17日,国家工商总局发布了《关于深入实施商标品牌战略 推进中国品牌建设的意见》,《意见》明确提出,全国工商和市场监管部门在"十三五"时期实施商标品牌战略的主要目标和任务,是推动我国从商标大国向商标强国转变,推动中国产品向中国品牌转变。由此可见,品牌不仅是一个企业重要的无形资产,其对于构建创新型国家也具有重大意义。企业需要树立品牌意识,通过提供优质的产品与服务树立起企业品牌,并不断地加强与维护。企业在维护自身品牌时,可能会遇到被侵权、被提起异议等各种问题,发现问题时要及时解决,在遇到专业问题时最好交给专业的机构去解决。专业机构具备专业的知识和丰富的经验,能够妥善地处理品牌纠纷,尽力将企业的风险或损失降到最低,有效维护企业品牌。

(四)发生纠纷后,做好两手准备

1.勇于维权,战略维权

企业走出国门,不管是面对恶意抢注还是国际知名品牌的知识产权维权,首先都要勇于维权,比如当老字号企业面对国外企业恶意抢注时,要勇于维护自身合法权益[①]。其次,要理性维权,企业要积极搜集各种证据,证明自己的商标具有独创性,并证明自己通过使用商标、加大宣传,已经具备一定的知名度和影响力,进一步增强了商标的显著性。再次,要战略维权,例如,三一集团案中,三一集团进行反诉,化被动为主动;又例如,厦航案中厦航一方面积极准备答辩,一方面主动联系汉莎,希望能达成和解。

---

① 张召国.扛起民族品牌的维权大旗——中华老字号王致和商标维权案的国际诉讼始末[J].中国审判,2009(5).

2. 抓住机会，争取和解

由于企业在国外的诉讼往往成本高、耗时长，因此，在很多情况下，和解是一个双赢的选择。厦航案中，双方之所以能够通过和解解决纠纷，主要由于以下因素：

首先，在厦航与汉莎关于厦航旧商标的诉讼或者异议中，厦航获得了大部分的胜利；厦航的发展历程，充分展现了厦航的实力和潜力，也彰显了厦航的规范运行，不存在混淆和贬损德国汉莎品牌形象的可能性，降低了汉莎品牌权益可能被侵害的顾虑。

其次，欧洲国家或多或少会存在对汉莎的品牌保护，如果只是一味地在每个国家进行驳回复审、异议答辩等救济程序，则耗时长、费用高且仍然可能出现部分国家败退的严重后果。

第三，新商标加大了与汉莎的区别，可以表明厦航并非恶意摹仿、抄袭汉莎的商标，厦航坚持原创品牌和维护自主品牌的态度和决心，赢得了德国汉莎航空公司的尊重。且厦航加入天合联盟的事实强有力地证明了厦航迈向国际的信心和决心，汉莎公司只是基于品牌保护本身的需求出发而维权，如果继续进行全球范围的围追堵截，汉莎也将面临巨大的时间和金钱成本。

第四，也是最关键的一点，基于航空服务的特性，消费者会施加较高的注意力，会认真感受和比较不同航空公司的区别，因此，两个商标的混淆误认可能性是可以通过一些使用宣传规范而杜绝的。

对于厦航和汉莎两家企业来说，无论谁获得最终胜利，无疑都是一场耗费巨大财力和精力的持久战。于是，和解的契机被厦航牢牢抓住并最终和解成功。厦航与德国汉莎航空公司商标之争持续了近5年，最终以和解告终，这对双方来说没有胜负之分，都是胜利者。德国汉莎维护了品牌尊严，避免了可能的市场混淆，达到了知识产权保护目的；厦航加速了新商标的法律保护进程，也减少了巨额的应对资金。

"张三疯",化繁为简

"张三疯",化繁为简

一、案件背景

厦门市鼓浪屿是国家 5A 级风景名胜区,福建"十佳"风景区之首,也是全国 35 个著名旅游景点之一,日均接待的游客上万人次。"张三疯奶茶店"系上诉人开设于厦门市鼓浪屿上的休闲饮料小店。该店以肥猫"张三疯"为设计元素,营造出精致、优雅的环境,用以诠释肥猫"张三疯"乐观积极的生活态度:爱自己、爱生活、爱家人。店内挂满肥猫"张三疯"的油画,墙壁上大大的留言板贴满了游客对肥猫"张三疯"的喜爱之言。镶着金边的大镜子、昏暗的灯光以及慵懒的音乐都在告诉进店的客人"生活本可以如此惬意"。店内的标语也独具特色,其中"三不一没有"的标语最为著名,即"不抽烟不打牌不接吻,没有表白别走"。店内使用的物品及其衍生产品奶茶、杯子、杯垫、邮票、明信片、徽章、记事本、卡包、钱包、T 恤、冰箱贴等均围绕懒猫"张三疯"生活的细节来设计。鉴于这些商品在设计上注重旅行中的便利和外观上的可爱讨巧,每件物品均获得了广大游客的热烈追捧。

"张三疯奶茶店"别具一格的装潢设计以及独特的经营理念吸引了大量的游客前来参观品尝,许多游客来到福建厦门,只为了寻找那只名叫"张三疯"的懒猫以及以其名字命名的奶茶店。"张三疯"憨厚可爱的肥猫形象亦通过游客的口耳相传,名声日积月累。而"张三疯奶茶店"经由上诉人的大力宣传和独特的经营模式,已经逐渐演变成鼓浪屿的特色文化之一,与鼓浪屿景区形成了不可分割的紧密联系。慕名"张三疯奶茶店"而来的游客,来到鼓浪屿必去喝杯"张三疯奶茶"。

大量的宣传使得"张三疯"这只肥猫的知名度越来越高,消费者一看到"张三疯"或者"张三疯猫"的形象就会联想到鼓浪屿上的那只猫以及鼓浪屿上的那家"张三疯奶茶店"。消费者对"张三疯"的理解已经不再局限于字面上,"张三疯"已成了鼓浪屿的一种文化象征。许多游客为一睹那只名叫"张三疯"猫的庐山真面目,不辞劳苦,远道而来。只要在百度、新浪等知名网站上输入"张三疯",就会有成千上万条关于"张三疯奶茶店"的搜索信息。在厦门大众点评网、厦门市口碑网、厦门小鱼网、百度空间、新浪博客等众多的网络社区都可以看到广大消费者对"张三疯奶茶店"的评论和介绍。海风出版社出版的《悠游厦门吃喝玩乐图》《走进鼓浪屿手绘自助旅游图》及海潮摄影艺术出版社出版的《感受百年前的鼓浪屿》等地图上均标注有"张三疯奶茶店",申请商标"张三疯及图"亦通过鼓浪屿游客的口耳相传,被越来越多的消费者熟知并喜爱。《厦门日报》《申江服务导报》《三湘都市报》等报纸杂志上多次刊登对"张三疯奶茶店"的相关专题介绍,许多媒体都竞相对"张三疯奶茶店"进行了深度报道,如土豆网、旅游卫视、海峡导报等。

二、案情简介

2009年6月11日,厦门三风企业有限管理公司(以下称三风公司)申请注册第7463386号" "商标,指定使用在第30类"咖啡饮料、茶、茶饮料、糖果、饼干、馅饼、方便面、玉米花、冰淇淋、调味品、豆浆"等商品上,该商标于2011年4月6日进入初审公告程序。

2011年7月,自然人涂××向商标局对第7463386号" "商标提起商标异议申请,称申请商标第7463386号" "商标与引证商标一第3500683号" "商标、引证商标二第7219177号" "构成了近似商标,且损害了历史文化遗产。商标局于2012年作出(2012)商标异字第60635号裁定,认为被异议商标与引证商标未构成近似,且异议人称被异议人抄袭、模仿其引证商标伤害民族感情、有害于历史文化遗产和社会主义道德风尚证据不足,故核准第7463386号" "商标的注册。

"张三疯",化繁为简

被异议商标	引证商标一	引证商标二
张三疯	张三豐	张三丰·太极神 ZHANGSANFENG TAIJISHEN

涂××不服商标局裁定,于2012年12月向商标评审委员会提出复审申请。2014年3月,商标评审委员会作出商标异议复审裁定,认为二者的显著识别部分"张三疯""张三豐"在呼叫、构成上相近,构成近似商标。而且,二者的指定使用商品在原材料、加工工艺、销售渠道、消费对象等方面较为接近,属于相同或类似商品,容易导致消费者产生混淆,故不予核准第7463386号"🐱"商标的注册。

三风公司不服异议复审裁定,于2014年5月向北京市第一中级人民法院提起行政诉讼,法院于2015年4月公开开庭审理。三风公司认为被异议商标为图文组合商标,使用的是原告独创的卡通猫图案;被异议商标名称与图案均为一只慵懒的猫,代表着鼓浪屿的休闲文化,与引证商标代表的武当创始人张三丰在含义上有着明显区别,具有极强的显著性,不致造成消费者误认。而且,"张三疯及图"商标经过被告的长期大量使用以及持续的广告宣传,已形成了较高的市场声誉,拥有相应的消费群体,故请求法院判令商标复审委员会重新作出裁定。但是,一审法院仍然维持了商标异议复审裁定。

三风公司不服,于2015年5月向北京市高级人民法院提起上诉。考虑到在异议复审阶段和一审中,商标评审委员会与一审法院均认为被异议商标与引证商标构成近似商标,因此,三风公司在二审中胜诉的可能性并不大,并且,涂××在异议程序过程中,还对三风公司涉及的相关经营类别进行抢注,基于自身在先权利"张三丰",其抢注的"张三疯"也获得通过,这更是极大地阻碍了三风公司对于"张三疯"品牌的保护与发展。鉴于此,在准备二审上诉的同时,三风公司的代理人也在积极寻求其他的解决途径,以便能更稳妥地保障三风公司的商标权,以及经营多年积累下来的名气和商誉。通过监测商标变动情况,三风公司的代理人发现,引证商标一、二已于2015年11月30日完成注销。得知此消息后,三风公司第一时间就向北京市第一中级人民法院提交了"引证商标已注销,权利障碍不复存在"这一重大事实变更的说明。2016年1月,涂××的律师来电,表示其有感于三风公司苦心经营"张三疯"品牌,对其进行了大量的积极正面的推广,其善意的经营行为不会对"张三丰"造成伤害,因此希望双方能够达成和解,并表示愿意将与"张三疯及图"近似的商标全部转让给三风公司。通过斡旋,涂××与三风公司最终达成和解,涂××将与"张三疯及图"近似的商标全部转让给了三风公司,最终三风公司在高院获胜,商评委重新裁定,"张三疯及图"商标历时8年获得核准注册,并且在其他相关类别的保护需求也得到了保证,形成了相对完整的品牌保护!

三、法理分析

(一)商标侵权的判断标准

我国《商标法》自1983年生效实施以来,于1993年、2001年、2013年分别进行了修改。其中,2013年8月的第三次修改对商标侵权的判断标准作了重大调整,对我国商标法理论的发展、完善以及司法实践的统一具有重大意义。

在判定是否构成商标侵权时,1982年、1993年和2001年的《商标法》均规定:"未经商标注册人的许可,在同一种商品或者类似商品上使用与其注册商标相同或者近似的商标的,属于侵犯注册商标专用权的行为。"从这一规定来看,要构成商标侵权,只需要满足"相似性"标准:商标相同或近似且商标适用的商品或服务相同或类似。长期以来,在判断是否构成商标侵权时,我国司法实践均采用《商标法》规定的"相似性"标准,这种标准实质上是一种"符号保护"模式,是当时计划经济下的产物,现已不能满足我国经济发展的需要。

2013年的《商标法》第57条将原来2001年《商标法》第52条第1项一分为二,规定了两种构成侵犯注册商标专用权的行为。其第1项规定,"未经商标注册人的许可,在同一种商品上使用与其注册商标相同的商标的";第2项规定,"未经商标注册人的许可,在同一种商品上使用与其注册商标近似的商标,或者在类似商品上使用与其注册商标相同或者近似的商标,容易导致混淆的"。根据该规定,第1项仅适用于商标相同、商品也相同的商标侵权行为,此种情况必定构成商标侵权,故无需判断是否有混淆可能性。第2项的规定则

"张三疯",化繁为简

适用于在同一种商品上使用近似商标,或者类似商品上使用相同或近似商标,且增加了混淆可能性要件。第 2 项可以理解为:在判断商标侵权时,以相似性为基础和前提,以混淆可能性为限定条件。至此,商标实践中采用的"混淆性近似标准"转变为"相似性+混淆可能性标准"。

根据这一标准,我们在进行商标侵权判断时,第一步要判断商标的相同或近似与商品的相同或类似,第二步是判断是否存在混淆可能性。如果商标和商品既不相同也不近似或类似,则直接判定不构成商标侵权,不再判断是否存在混淆可能性;如果商标和商品均相同,则直接判定为构成商标侵权,也不再判断是否存在混淆可能性。如果商标和商品有一者不相同但近似或者类似,则不一定构成商标侵权,还需要继续判断是否存在混淆可能性,只有同时具备相似性与混淆可能性,才构成商标侵权。[①]

有学者认为,"2013 年修正案第 57 条将混淆确立为商标侵权的判断标准,理清了相似性与混淆可能性的关系,使商标权的保护更加符合商标立法的本意,也更加符合商标司法中侵权认定的实际情况,具有重大的进步意义"。[②]

(二)商标近似的含义与实质内涵

商标局商标评审委员会认为:"商标近似是指商标文字的字形、读音、含义近似,商标图形的构图、着色、外观近似,或者文字和图形组合的整体排列组合方式及外观近似,立体图形的三维标志的形状和外观近似,颜色商标的颜色或者颜色组合近似,使用在同一种或者类似商标或者服务上易使相关公众对商品或者服务来源产生误认。"[③]

最高人民法院认为:"商标近似,是指被控侵权的商标与原告的注册商标相比较,其文字的字形、读音、含义或者图形的构图及颜色,或者其各要素组合后的整体结构相似,或者其立体形状、颜色组合相似,易使相关公众对商品或者服务的来源产生误认或者认为其来源与原告注册商标的商品或者服务有特定的联系。"

从上述定义中,我们可以看到,判断商标近似性的根本目的是避免近似商

---

① 单兴山.近似商标构成侵权的认定[J].家电科技,2012(3):36—38.
② 张今.商标法第三次修改的几个重大问题解读[J].中华商标,2013(11):17.
③ 中华人民共和国国家工商行政管理总局商标评审委员会.商标审查及审理标准[S].2005:52.

标用于相同或类似产品,从而避免消费者对产品产生混淆。避免混淆是判断商标相似性的实质内涵,也是《商标法》的最终目标。如果两个商标近似,但不至于造成混淆,则使用后申请注册的商标并不会侵犯在先注册商标的权利。比如,未注册商标经过长期使用已经具备了一定的市场知名度,消费者并不会将其与用于类似商品上的相似的注册商标相混淆,则在先使用的未注册商标仍然可以在原来的范围内继续使用。

(三)商标近似的判断标准

如何判定两商标构成近似,我国《商标法》中并没有具体规定,最高法院对此作出了相应的司法解释。《最高人民法院关于审理商标民事纠纷案件适用法律若干问题的解释》第10条规定,认定商标相同或近似按照以下原则进行:(一)以相关公众的一般注意力为标准;(二)既要进行对商标的整体比对,又要进行对商标主要部分的比对,比对应当在比对对象隔离的状态下分别进行;(三)判断商标是否近似,应当考虑请求保护注册商标的显著性和知名度。其中,"相关公众"包括但不以下列情形为限:(1)商标所标识的商品的生产者或者服务的提供者;(2)商标所标识的商品或者服务的消费者;(3)商标所标识的商品或服务在经销渠道中所涉及的经营者和相关人员等。[1] 相关公众的一般注意力是指有正常识别能力的消费者、销售者运用其一般知识与经验识别与区分商品来源的能力。

法发(2010)12号《最高人民法院关于审理商标授权确权行政案件若干问题的意见》第16条规定:人民法院认定商标是否近似,既要考虑商标标志构成要素及其整体的近似程度,也要考虑相关商标的显著性和知名度、所使用商品的关联程度等因素,以是否容易导致混淆作为判断标准。

由此可以看出,我们在判断商标是否近似时,要先对标识本身进行详细比对,再判断商品关联程度,接着判断商标的显著性与知名度,从实践角度证明共存易导致混淆,这样才会使具有较强显著性和知名度的商标在近似商标判断中发挥其最大功效。[2]

---

[1] 国家工商行政管理总局商标局,商标评审委员会.商标审查及审理标准[S].2005.54.

[2] 赵爱玲.商标近似如何认定[J].中国对外贸易,2009(1).

(四)商标相似性标准与混淆可能性标准的关系

2013年的修正案实现了将原本内化于相似性标准的混淆可能性标准抽离出来的重大突破,但是却并未明确规定二者之间的关系。从世界各国或地区的商标法来看,商标侵权的判断标准有三种主要的立法例:一是混淆可能性吸收相似性的标准,以美国为代表;二是以混淆可能性内化于相似性的标准,以日本为代表;三是以相似性为基础而以混淆可能性为限定条件的标准,以欧盟为代表。

在美国,判断是否构成商标侵权主要的标准为是否会造成消费者对商品来源产生混淆,相似性仅仅是混淆可能性的测试因素之一。美国法院采用多因素测试法来衡量混淆可能性,不同的法院采用的测试因素又各不相同。这些因素中的核心因素包括,商品的类似性、商标的相似性、被控侵权人的主观心态、原告商标的强度(即显著性和知名度)和实际混淆的证据等。但是,不管是否为核心测试因素,它们都既不是商标侵权的必要条件,也不是商标侵权的充分条件。

在日本,商标侵权判断标准的法律规定主要体现在其《商标法》第37条第1项。从法条表述来看,日本采取的是"以是否在类似商品上使用近似商标"为基准判断是否成立商标侵权,而不考虑混淆可能性与否。但是,日本在司法实践中,通过小僧寿司商标侵权案等案例逐渐确立起了混淆性近似判断标准,即消费者对商品出处的混淆是认定构成近似商标的重要因素。

在欧洲,欧盟《商标法》规定,判断是否构成商标侵权时,首先要判断两商标是否近似,如果近似,再进一步判断是否存在混淆可能性。只有当两者同时满足时,才构成商标侵权。

从上述三种立法例来看,以美国为代表的第一种立法例与后两种立法例有较大差别。在判断是否构成商标侵权时,它直接以混淆可能性为标准,相似性只是其中的一个参考因素。这种立法例从商标法的根本目的出发,直接以是否影响商标通信功能的发挥为判断标准,具有逻辑上的自洽性,从理论上来说,其结果最为公平合理。但是,这种判断标准直接从混淆可能性的全部因素来进行,测试因素十分复杂,由于缺乏相似性的限制,操作起来难度最大,对法官的要求也最高。后两种立法例在商标侵权的判断标准上比较接近,均将相似性作为独立的判断标准,相比于第一种立法例,其共同的优点是在一定程度上简化了商标侵权判断。

四、案例分析

（一）"张三疯及图"案例分析

本案被诉裁定的作出日均处于2001年《商标法》施行期间，故本案应适用2001年《商标法》，根据"相似性"标准来进行审理。如果被异议商标和引证商标所适用的商品相似或相同，且被异议商标和引证商标本身相似或相同，则"张三疯及图"的注册会侵犯引证商标的合法权益。一审中，双方当事人对于类似商品的问题均无异议，故本案的焦点在于被异议商标与引证商标一、二是否构成近似商标。

法院认为，异议商标的显著识别部分"张三疯"，与引证商标一、二的显著识别部分"張三豊""张三丰"文字构成相近、呼叫相同。此外，三风公司提交的证据并不能证明"张三疯及图"已具有与引证商标"張三豊"相区别的知名度，故被异议商标与引证商标已构成使用在相似产品上的近似商标。如准许被异议商标注册则会侵犯引证商标的合法权益，故维持商标复审委员会的裁定。

本案中，法院判断的依据为2001年《商标法》第52条的规定，因此并未将混淆可能性作为一个单独的判断标准。如果"张三疯及图"案件发生在新《商标法》生效以后，本案的最终结果很可能会不同。如果适用2013年修订的《商标法》，即使被异议商标与引证商标构成近似商标，仍需要继续考察是否满足混淆可能性标准。"张三疯及图"与厦门鼓浪屿是紧密联系的，而"张三丰"则与武当、太极密切相关，虽然二者都用于第30类商品，但"张三疯"因其独特的创意和商家的大力宣传，已经在消费者中产生了较大的影响，积累了较大的名气和商誉，因此，两个商标并存并不会使普通消费者对商品来源产生混淆。

（二）相关案例分析

1."大白兔"与"吉祥兔"案

1986年12月30日，上海冠生园食品厂注册了第273338号"大白兔（whiterabbit）"商标，商标核定使用的商品为第30类糖、糖果等商品。后经商标总局核准，该商标注册人变更为冠生园公司，诉讼期间，该商标处于保护期。

"张三疯",化繁为简

另外,1993年7月20日,国家工商行政管理总局商标字(1993)第37号文认定"大白兔(whiterabbit)"为驰名商标。

2013年9月,杭州来扬公司的委托代理人在公证人员的见证下,在浙江省杭州市下沙杭州恒创公寓右侧的"华联超市(元成店)"购买了花露水一瓶、吉祥兔奶糖一包。该商店由杨××经营,该奶糖的外观形态表现为:前后包装上部均使用一只奔跑状的白兔图形及"吉祥兔"和"luckyrabbit"字样,该图案及文字组合占据包装的约1/2面积;右上角均使用"吉祥兔"商标。

2014年7月,冠生园公司向杭州市中级人民法院提起诉讼,认为杨××出售吉祥兔奶糖的行为侵犯了其"大白兔"的商标权,并出具了公证书。其认为杨××以营利为目的销售与冠生园公司注册的"大白兔"商标近似商标的产品,足以使公众产生误认和混淆,对冠生园公司的经济利益和商业信誉造成了损害,要求被告杨××立即停止侵犯冠生园注册的"大白兔"商标专用权的行为,并赔偿冠生园3万元的经济损失。杨××答辩称,其在经营的小超市中卖吉祥兔奶糖只是进行了销售行为,不应当承担侵权责任,且目前能够联系到供货商。

浙江省杭州市中级人民法院认为,本案首先需要解决的问题是杨××是否实施了侵犯冠生园公司商标权的行为。由于本案被控侵权商品注册商标"大白兔"所核准使用的商品类别均为第30类,故判断本案被控侵权商品是否侵权的关键在于,判断"吉祥兔"文字及图形与"大白兔"文字及图形是否构成相同或近似。

由于本案被控侵权行为发生在2013年9月,故应适用2001年修正的《商标法》。本案中,原告所享有专用权的"大白兔"商标与被控侵权商品"吉祥兔"标识在整体上均是由图形、汉字、英文字母组成。首先,在图形部分,"大白兔"商标所使用的是"蘑菇+白兔"图案,"吉祥兔"标识所使用的是"带花瓣图案的椭圆+梯形+白兔"图案,二者在构图上、背景图案的形状、颜色上、白兔的体形、运动状态等方面均存在显著的区别。其次,在汉字部分,根据一般消费者的习惯,汉字是商标中易于呼叫、识别和记忆的部分。本案注册商标所使用的是"大白兔"文字,被控侵权商品使用的是"吉祥兔"文字,二者在字形、读音、含义上均存在显著区别,相关公众易于进行区分。再次,在英文字母部分,注册商标所使用的是"whiterabbit",被控侵权商品使用的是"luckyrabbit",二者在字形、读音、含义上亦均存在显著区别。

综上,由于两商标在图形、汉字、英文字母方面均存在显著区别,各要素结合后在整体结构上亦存在显著区别,因此,在隔离观察的状态下,相关公众施以一般注意力即可以区分两个商标,不易对二者产生混淆。故,两商标并不构成近似商标。

本案与"张三疯及图"案类似,争议商标与引证商标均用于第30类商品,其侵权行为均发生在《商标法》修改前,故法院均采取了近似性判断标准。从本案中,我们可以总结出法院判断商标是否近似的方式:先对商标的各要素进行分别对比,对两商标的图形、中文文字、英文字母在颜色、背景、形状上比较其相似性;然后,以一般公众的注意力为标准,在隔离状态下进行整体对比。

2."鼎豐真及图"案

原告鼎丰真食品公司拥有第211312号"鼎豐真及图"商标(简称引证商标一)和第10188410号"鼎豐真及图"商标(简称引证商标二)的专用权;拥有第3141863号"鼎豐真"商标(简称引证商标三)的独占许可使用权。2009年4月,引证商标一被认定为糕点商品类的驰名商标。上述三个引证商标均核定使用于第30类南糖、糕点、面包、咖啡饮料等商品。被告丰迪食品公司为第6117383号"元鼎丰"商标(简称争议商标一)的专用权人,该商标使用于第30类商品。2011年,被告开始在其生产的糕点、月饼、元宵等产品上使用争议商标二("元鼎豐"商标)和争议商标三("元鼎豐及图"商标),并对其产品进行广告宣传。

2011年4月,原告针对争议商标一向商标评审委员会提出争议注册申请,商标评审委员会作出了对争议商标一予以维持的裁定。原告不服,提起行政诉讼。经二审终审,法院认定争议商标一与引证商标一、三属于在类似商品上的近似商标,裁判撤销商标评审委员会的裁定,责令其重新作出裁定。但截至本案受理之日,商标评审委员会尚未作出新的裁定。

引证商标一	引证商标二	引证商标三	争议商标一
		鼎豐真	元鼎丰

原告针对被告使用争议商标二、三的行为向法院提起民事诉讼,法院认为,引证商标与争议商标核定使用的商品在功能用途、消费对象等方面趋同,

属于类似商品,故本案关键在于争议商标二、三与三枚引证商标是否构成近似商标。本案中,争议商标二、三与三枚引证商标均包含"鼎豐"二字,差别仅在于争议商标在"鼎豐"二字前增加了一个"元"字,引证商标在其后增加了一个"真"字。虽然争议商标与引证商标文字组合中的每个字都有其具体的含义,但是作为文字组合的"元鼎豐"与"鼎豐真"均无确切含义。由于之前行政诉讼的生效判决已经认定争议商标一与引证商标构成类似商品上的近似商标,而变形后的争议商标二、三与引证商标在字形、构图等方面更为近似,更容易造成消费者混淆。因此,争议商标二、三与引证商标构成在类似商品上的近似商标。

被告抗辩称"豐"与"丰"系同一个字,只是繁体字和简体字的差别,因此,争议商标二是对争议商标一的合理使用。而且,"元鼎豐"为其法定代表人的亲属所创,已被认定为吉林老字号和非物质文化遗产。法院认为,商标所有权人使用其注册商标专用权,应当严格按照注册的字形、构图来使用,不得随意变更,被告将注册的"元鼎丰"商标自行变更为"元鼎豐"进行使用,实属不当。此外,被告未能提供充分的证据证明"元鼎豐"的创制来源,获得老字号称号及非物质保护文化遗产的荣誉并不能证明其使用争议商标二、争议商标三的合理性。因此,法院认为丰迪食品公司的行为构成了商标侵权。

本案中,法官在判断是否构成商标侵权时仍采用相似性判断标准,并没有把混淆可能性作为一个单独的判断标准,而是仅仅把它作为判断是否构成商标近似的要素之一。在文字和图形组合的商标中,原则上文字要素处于支配地位,如果争议商标与引证商标在文字上非常相似,则易于引起消费者混淆,从而构成商标近似。此外,商标所有权人在享有独占使用权时应当注意,不得随意变更注册商标的使用形式、范围,繁体字和简体字不得随意更换。因此,企业在申请注册商标时,应当提前做好相应规划,根据需要注册联合商标,免除后顾之忧。

3."涮霸2000及图"案

2006年,原告沈××申请注册以"涮霸2000"为标志的商标,于2009年核准注册,该商标核定使用商品为第30类、番茄酱、酸辣酱、调味品。2002年,沈××申请了"包装袋(涮霸)"的外观设计专利并获得授权。1996年,沈××与王××合资成立了天津市津东源顺酱菜厂,主要生产调料食品。2002年,王××成立东源顺公司,仍为二人合作经营。后沈××解除了与东源顺公司的许可合同,将"包装袋(涮霸)"的外观设计专利用于自己经营的天津市玉杰食品厂。案外人天津市津东源顺酱菜厂为"贝爽"文字、拼音及图的商标持有人,核定使用于第 30 类商品,后该商标转让给了东源顺公司。案外人王××为东源顺公司法定代表人,王××于 2002、2007、2015 年分别获得了"包装袋(涮霸)""包装袋(涮霸 B 型)""包装袋(东源顺涮霸)"的外观设计专利。2015年 7 月,东源顺公司及其法定代表人王××与被告长虹公司签订了协议,约定共同经营"贝爽""东源顺"系列产品,东源顺公司将其享有的商标权、外观设计作品许可给长虹公司使用。

长虹公司生产的涮羊肉调料包装袋采用了王××2015 年的外观设计,正面左部的主要部分为"涮霸"二字,左上角有"贝爽"商标。原告认为,长虹公司生产该调料的包装袋上使用了"涮霸"二字,侵犯了其享有的"涮霸 2000"注册商标专用权。被告认为,其与东源顺公司合作,包装袋系东源顺公司提供,且被控侵权商品包装袋上使用的"涮霸"二字为竖排排列,而原告注册商标标志中的"涮霸"为横排排列,排列方式不同,不构成侵权。

涮霸2000

一审法院认为,长虹公司侵犯了原告沈××的商标权。第一,长虹公司并未提交证据证明其使用的包装袋为东源顺公司提供。第二,争议商标与引证商标均使用于第 30 类调味品商品,属于类似商品。第三,"涮霸 2000"中"涮霸"二字是主要文字部分,具有一定的显著性,"涮霸"与"涮霸 2000"属于近似标志;第四,长虹公司与沈××均在天津市从事经营活动,消费群体相似。综上,长虹公司的行为可能会引起相关消费者的混淆。

长虹公司不服,提起上诉,并提交了新的证据材料:东源顺公司出具的《证明》一份,用以证明包装袋由东源顺公司提供,而长虹公司只负责生产调料商品。另外,长虹公司申请二审法院向工商局调取之前沈××申请注册"涮霸"商标被驳回的通知书,用以证明"涮霸"缺乏显著性。

二审法院认为,本案争议焦点为:被告长虹公司是否侵犯了原告沈××的注册商标专用权。根据 2013 年《商标法》第 57 条第 2 款的规定,法院在判定是否构成商标侵权时,采取"相似性+混淆可能性标准"。二审法院认同一审法院关于商标近似性的分析,认为二商标用于类似商品,且二者主要文字部分近似。本案的关键在于长虹公司对"涮霸"标志的使用是否容易造成消费者混淆。在进行商标混淆性判断时,我们应综合考虑以下要素:涉案商标的显著性和知名度、被控侵权人的主观心态、被控侵权标志的使用情况以及消费者的认知等。

(1)"涮霸2000"注册商标的显著性及知名度

法院认为,商标的显著性越大,其造成消费者混淆的可能性越大。本案中,"涮霸2000"由汉字"涮霸"和数字"2000"组成,与"涮霸"相比,"2000"并无特别含义,不具备固有显著性,该商标起主要标识的是"涮霸"二字。根据法院已查明事实,2004年,沈××申请注册"涮霸"商标被商标局驳回,理由为该商标直接表示了指定商品的使用特点,缺乏显著性。通过上述事实可以看出,即使"涮霸2000"整体被注册为商标,其主要识别部分"涮霸"二字并不具有显著性。此外,根据对"涮霸2000"注册商标的使用持续时间、地域范围、产品销量、广告宣传以及相关公众对该品牌的知晓程度等方面进行调查,现有证据不足以证明"涮霸2000"注册商标拥有较高的市场知名度。

(2)长虹公司使用被控侵权标志的主观心态

通过前述分析,"涮霸"本身缺乏显著性,"涮霸2000"商标的市场知名度不高,而被控侵权产品包装袋左上角有明显的"贝爽"文字、拼音及图标识,具有一定的独特性。而且,长虹公司使用"涮霸"包装袋经过王××及东源顺公司的许可,故难以认定其使用"涮霸"标识的行为具有故意借助"涮霸2000"商标所承载的商誉致使消费者产生混淆,从而获取不正当利益的目的。

(3)沈××对"涮霸2000"的禁用权能否延伸至"涮霸"文字

本案中,沈××在"涮霸"二字后附加了同样不具有显著识别性的数字"2000"才取得涉案注册商标,现沈××以其未获注册的标志禁止他人使用,有违商标注册与保护制度的目的。

综上所述,法院认为,被控侵权产品存在贝爽商标、"涮霸"以及企业名称等多个标志,且"涮霸"缺乏显著性。显著性是商标权利范围的关键[①]。消费者在购买时,更多的是依靠"贝爽"商标来区分商品来源,并不会因为包装袋上有"涮霸"字样而对商品来源产生混淆,故长虹公司的行为不构成侵权。本案中,法官很好地运用了2013年《商标法》中规定的混淆性判断标准,相比于之前的近似性判断标准,其判决结果更为公平合理。

---

① 黄晖.驰名商标和著名商标的法律保护[M].法律出版社,2001.11.

五、启示

"张三疯及图"一案中,依据之前的经验,在商评委、法院一审接连失利的情况下,三风公司在二审中的胜算并不大,但通过和解,三风公司成功保护了其苦心经营的"张三疯"商标,我们从中可以获得一些启示。

(一)和解是解决问题的有效手段

在遇到商标权纠纷时,企业应当穷尽各种手段,维护自身权益。企业商标权受到侵害时,可以通过商标异议、异议复审、一审诉讼、二审上诉等方式来积极维护自身合法权益。然而,诉讼并不一定是解决问题的最佳途径。当诉讼策略难以成功时,企业不一定非得在法庭上讨回公道,和解、协商、调解也是解决问题的有效手段。例如,本案中,法院所适用的旧法以及之前的判例对三风公司不利,三风公司一方面做好了上诉的准备,另一方面也积极收集各种信息,争取能够在法庭外和解,这样对双方都更为有利。

"张三疯及图"案中,双方能够达成和解,主要是由于以下因素:

第一,引证商标一、二已被注销,因此"张三疯及图"的使用就不会导致消费者的混淆,涂××的商标注册异议就失去了理论基础。即使涂××坚持主张"张三疯及图"的使用侵犯了其在先权利,也只能是针对三风公司在引证商标注销之前的使用行为提出异议,而无权对引证商标注销之后的使用行为提出异议。因此,在二审上诉中,涂××胜诉的可能性并不是很大,这是他愿意和解的重要原因。

第二,根据以往的司法实践结果,在《商标法》修订以前,司法实践中法院采用"混淆性近似标准"来判断是否构成商标侵权。本案被诉裁定的作出日均处于2001年《商标法》施行期间,故本案应适用2001年《商标法》,根据混淆性近似标准来进行审理,因此,二审法院认定"张三疯及图"与引证商标构成近似的可能性是比较大的。三风公司通过和解,可以避免被法院判定为构成近似商标,从而构成侵权的法律风险,避免其苦心经营的"张三疯及图"商标被禁止使用。

第三,三风公司在经营的过程中,坚持维护自主品牌,依靠自己独特的品牌文化与特色产品吸引消费者,从未试图使消费者对其产品与异议人的产品

"张三疯":化繁为简

产生混淆,从未借引证商标积累的商誉来达到获取不正当利益的目的。因此,三风公司并没有侵犯引证商标的恶意,这是双方能够达成和解的重要因素。

第四,"张三疯"异议程序期间,涂××在三风公司经营的相应类别直接抢注"张三疯"商标,阻扰三风公司品牌发展的行为,也是值得商榷的,有违反诚实信用之嫌疑,若双方就该批抢注事宜进行新一轮的异议程序较量,双方也将疲于应对,任何一方都没有绝对的胜诉把握,而且这场争议持续了五年之久,双方都为此耗费了大量的财力物力。在这种情况下,和解对双方都是有利的,通过和解可以使三风公司免于诉累,将更多的金钱和精力用在发展生产和企业经营上,同时,也有利于维护企业形象。涂××也避免在新的异议程序中应对消耗,毕竟其注销的行为和转战其他行业的事实也是客观存在并且对案件有重大影响的,长久消耗本就不利于他新的企业发展。

(二)充分发挥知识产权服务机构的作用

在企业商标维权过程中,知识产权服务机构的作用尤其重要。本案中,合道公司对促成双方达成和解起到了关键性作用。在案件进行到终审并且三风公司已经连输两个程序的严峻情况下,正是由于三风公司的代理人合道公司及时发现了引证商标已经被注销,并且涂××正在经营新的产业,因而"张三疯"商标注册的权利障碍已不复存在,才给了三风公司与涂××进行和解的最大筹码,从而成功化解了"张三疯"的商标危机。此外,合道公司起到的重要作用还在于充分分析了双方的情势和心理,积极促进双方进行沟通、达成和解,实现双赢。

这充分说明,企业在维护商标权益、解决商标纠纷的时候,应该寻求专业机构的帮助,专业问题需要交给专业的机构来解决。知识产权服务机构具备专业的知识、专业的人才,以及丰富的商标管理经验与维权经验,能够更迅速、有效地帮助企业找到最适合的争议解决路径,能够运用更专业的方式帮助企业维护其权益。

(三)注重品牌的维护和管理

综观上诉案例,我们可以得出,企业应当重视自身品牌的打造、维护与管理。企业在申请注册商标时,就要树立品牌意识,根据自身需要申请注册联合商标,为防止日后发生商标权纠纷而免除后顾之忧。在后续的经营中,企业要通过提高产品和服务的质量、扩大推广宣传等方式打造企业品牌,并要加强品牌维护与管理。

品牌的打造、维护与管理是一个持续的过程,贯穿企业成立到经营的各个阶段,并与企业的兴盛密切相关。此外,由于知识产权具有很强的专业性,因此,品牌的打造与维护需要交给专业的机构。知识产权服务机构拥有专业的知识与人员、丰富的实践经验,可以更好地帮助企业实现品牌的日常管理、解决商标纠纷、维护企业商标权与品牌形象。

(四)运用最新最有效的法律武器

企业需要及时了解与自身经营相关领域的法律修正情况,运用最新最有效的法律武器维护自身合法权益。在今后的类似案件中,企业要积极运用新《商标法》第 57 条第 2 款的规定维护自身的商标权益,请求法院充分考虑商标的混淆可能性,结合商标的显著性与知名度、被告的主观意图、商标使用的地域等因素进行综合评判。

2016 年 12 月 30 日,国务院发布了《"十三五"国家知识产权保护和运用规划》,知识产权规划首次被列入国家重点专项规划。国家越来越重视保护知识产权,这有助于更好地保护知识产权所有人的合法权益,更好地发挥知识产权制度对于激励创新的保障作用。在这样的时代背景下,企业应该加强对知识产权的重视,加深对相关法律、政策的了解,积极运用法律手段,请专业的代理机构帮助自己维护知识产权,为企业的健康持续发展保驾护航。

小心！通用名称！

一、案情介绍

（一）沉着应诉

2008年4月23日，厦门茶叶进出口有限公司（以下简称"厦茶公司"）收到一纸应诉通知书：沐川县一枝春茶厂向厦门市中级人民法院起诉，控告厦茶公司侵犯了其"一枝春"商标专用权，要求厦茶公司立即停止侵权，赔偿其经济损失人民币100万元。早在1960年，厦茶公司就申请注册了第34067号"一枝春及图"商标直至1980年，持续拥有"一枝春及图"注册商标专用权20年。1982年，《中华人民共和国商标法》（以下简称《商标法》）颁布，第8条第1款第5项明确规定：商标不得使用本商品的通用名称和图形，考虑到"一枝春"本就是乌龙茶产品的通用名称，在和同行业其他经营者协商的背景下，厦茶公司为维护行业利益而自愿放弃了第34067号"一枝春及图"商标的专用权。现如今，一个注册资本仅30万元人民币、销售量只有几百吨、销售范围只及周边几个县市的茶叶企业，却要求远在几千里之外，注册资本8000万元人民币，使用"一枝春"茶叶通用名称达半个世纪的企业因所谓的侵权赔偿经济损失100万元，这其中起心动念，显露出明显的贪念和恶意，厦门茶叶进出口有限公司岂能"束手就擒"？

2008年5月20日，厦茶公司对沐川县一枝春茶厂第632938号"一枝春及图"商标（以下简称争议商标）向国家工商行政管理总局商标评审委员会（简称商评委）提出撤销注册申请，2008年6月4日，商评委受理了该申请。

厦茶公司随即于 2008 年 6 月 23 日向厦门市中级人民法院申请中止审理,理由为:案件诉争的"一枝春"商标原系厦茶公司早在上世纪五六十年代注册并使用的商标,且一直在茶叶领域里长期、大量、广泛的使用,是福建地区乌龙茶的一种通用名称,厦茶公司已向商评委提出撤销诉争商标的申请,且商评委受理了申请,由于商评委的裁决结果可能将影响案件的审理,请求中止诉讼。厦门市中级人民法院于 2008 年 6 月 24 日裁定中止诉讼。

(二)申请撤销争议商标

2008 年 5 月 20 日,厦茶公司对沐川县一枝春茶厂第 632938 号"一枝春及图"商标(以下简称争议商标)向国家工商行政管理总局商标评审委员会(简称商评委)提出撤销注册申请,2008 年 6 月 4 日,商评委受理了该申请。

厦茶公司向商评委提出的撤销理由有两点:1."一枝春"自 20 世纪 50 年代起即在乌龙茶上使用,1992 年以前就已成为乌龙茶产品的通用名称;2.被申请人明知"一枝春"是茶叶行业内乌龙茶产品的通用名称,却申请注册本案争议商标,其行为不仅严重妨碍了他人正常使用"一枝春"乌龙茶产品通用名称,从而排斥了同行业其他经营者包括厦茶公司公平参与竞争,根据《商标法》第 41 条第 1 款的规定,请求商标评审委员会依法撤销第 632938 号"一枝春及图"商标的注册,以维护法律的尊严,保护厦茶公司及其他同行业者的合法权益。

被申请人沐川县一枝春茶厂答辩主要理由是包括《茶百科》《茶叶鉴赏》《中国茶文化大辞典》等许多具有科学性和权威性的文献著作都没有将"一枝春"当作乌龙茶产品的通用名称。申请人并没有充分证据证明"一枝春"在 1992 年以前就已经成为乌龙茶产品的通用名称。原被告之间的争议商标具有一定显著性、便于区别,经被申请人大量投入、宣传和使用,已具有较高知名度和市场影响力。申请人是中国茶叶流通协会常务理事单位,与中国茶叶流通协会存在特殊关系,中国茶叶流通协会出具证明有失客观公正。

2009 年 11 月 30 日,商标评审委员会作出裁定,认为:第 632938 号"一枝春及图"商标(简称争议商标)指定使用在茶叶商品上可以起到标识商品来源的作用,不属于《商标法》第 11 条第 1 款第 1 项所指的通用名称。此外,厦茶公司所诉沐川县一枝春茶厂的恶意证据不足,未得到支持。据此,依据《商标法》第 43 条的规定,争议商标予以维持。

(三)一审

2010年1月18日,厦茶公司不服商标评审委员会的裁定,向北京市第一中级人民法院提起行政诉讼。2010年5月19日,案件公开开庭进行了审理。

原告提出的相关事实和理由包括:

1.原告通过中国茶叶流通协会和福建省茶叶协会出具证明证实"一枝春"和铁观音、大红袍、佛手等并列是青茶(乌龙茶)下一个产品名称,主要在福建安溪、同安等闽南地区生产。除原告厦门茶叶进出口有限公司自1960年起生产至今的"海堤"一枝春乌龙茶外,同行业中,泉州市茶叶加工厂1956年就生产有"玉女峰牌"一枝春、福建省安溪茶厂有限公司生产有"凤山"一枝春、广东省深圳市半天佛名茶有限公司生产有"半天佛"一枝春。可见,以上企业均表明了对"一枝春"属于通用名称认可。

因此,"一枝春"作为产品名称在半个多世纪的使用过程中完全达到了公知公用程度,完全符合约定俗成通用名称这一标准。被告认为"申请人提交证据无法认定'一枝春'在我国南方乌龙茶产区已被广泛使用,已成为公知公用通用名称"是对证据分析不足,对事实认识不清得出的错误结论。

2.第三人沐川县一枝春茶厂在答辩中已经承认:一枝春是"拼配茶(色种)中一个产品名称",被告认为"不属于《商标法》第11条第1款第1项所指通用名称"是对法律认识不透彻。

乌龙茶通常可以分为铁观音、色种和乌龙茶三个品种,除了铁观音和乌龙茶以外,其他的品种均归于色种。第三人沐川县一枝春茶厂在答辩中承认:一枝春是"拼配茶(色种)中一个产品名称",属于乌龙茶产品名称,可以认定为通用名称,属于乌龙茶中拼配茶(色种)产品名称,也可以认定为通用名称。因此,第三人间接承认"一枝春"是乌龙茶一个产品名称。被告坚持认为"争议商标不属于《商标法》第11条第1款第1项所指通用名称"是对法律认识不透彻的表现。

3."一枝春"是乌龙茶产品通用名称,第三人却将它注册成为绿茶的一个商标,这不仅容易妨碍福建、广东等南方地区茶叶厂家正当使用"一枝春"通用名称权利,还容易引起消费者的误解和混淆。

"一枝春"是乌龙茶产品通用名称,第三人沐川县一枝春茶厂却将其注册成商标加以独占。其不合理垄断"一枝春"标志的行为,必将妨碍他人将"一枝春"作为通用名称正常使用,甚至严重阻碍"一枝春"产品延续。如今,这种妨碍已经在现实生活中得到体现。第三人这种利用不合理商标权行垄断之实的行为如果不予以制止,撤销其不合理商标权,此种行为必将愈演愈烈,最终严重阻挠乌龙茶产业发展。

原告于1960年至1980年曾将通用名称"一枝春"注册成商标并使用。1982年《商标法》颁布以后,在和同行业其他经营者协商的背景下,原告为维护行业利益而自愿放弃了第34067号"一枝春及图"商标专用权。现在,第三人沐川县一枝春茶厂却再次将"一枝春"注册成商标并使用在绿茶上。原告认为,第三人不顾乌龙茶行业利益而将"一枝春"注册成商标并使用在绿茶上的行为,必将引起消费者的误认与混淆。消费者很可能为购买"一枝春"乌龙茶却错误地购买了标识"一枝春"的绿茶,从而侵犯了消费者利益。

北京市第一中级人民法院认为:本案争议焦点是被告认定"一枝春"不属于《商标法》第11条第1款第1项规定中通用名称是否正确。

根据法律规定,通用名称包括法定通用名称和约定俗成通用名称。如果相关公众普遍认为某一类商品可以被某一名称所代表,那就应当认定这个名称属于约定俗成通用名称。早在20世纪50年代以前,"一枝春"就已经被福建省茶庄当作是一种中低端乌龙茶商品名称。从此以后,这个名称不仅仅被茶叶业者使用,还得到了国家及地方茶叶行业协会认可,已成为一种约定俗成的乌龙茶通用名称。此外,"一枝春"茶叶不仅在国内市场非常畅销,更是被大量出口到东南亚等地区,如果这个名称被一枝春茶厂作为商标垄断使用,很容易造成这类产品在国内外市场消失,由此而产生严重的不良影响。因此,争议商标注册违反了《商标法》第11条第1款第1项规定。被诉裁定维持争议商标主要证据不足,依法予以撤销。

(四)二审

原审第三人一枝春茶厂不服一审判决,向北京市高级人民法院提起上诉,请求撤销原审判决、维持被诉裁定。其主要上诉理由为:在案证据不能证明"一枝春"为通用名称,原审判决认定错误。

商标评审委员会、厦茶公司均服从原审判决。

北京市高级人民法院认为:本案二审审理的焦点是:原审判决认定"一枝春"属于《商标法》第11条第1款第1项规定中的约定俗成的通用名称是否正确。

综合厦茶公司在商标评审期间、诉讼期间提交的证据,其可以证明:福建省为我国乌龙茶的主要产地之一,色种为闽南乌龙茶的一种,可以由某种原料单独制成,也可以由几个品种混合制成。厦茶公司的前身在1960年至1980年曾经享有"一枝春及图"注册商标专用权,争议商标申请注册之前,包括厦茶公司、安溪县虎邱乡茶叶加工公司、安溪茶厂、漳州市茶叶公司等当地茶叶企业已将"一枝春"作为低端色种乌龙茶的商品名称使用,商品销售范围主要为华南沿海地区,并出口日本、东南亚等地。由此可以认定,在争议商标申请注册之前,"一枝春"已经成为相关茶叶市场中约定俗成的属于色种乌龙茶的一种商品通用名称,并且一直沿用至争议商标核准注册之后。虽然一枝春茶厂从文献不具有专业性、出版时间在争议商标申请注册之后、相关证明出具的单位与厦茶公司存在利害关系等方面对厦茶公司的证据提出质疑,但是并不能推翻前述结论,且一枝春茶厂的相关证据亦不能证明其相关的上述主张。商标评审委员会的相关认定不妥。虽然原审判决在事实表述上存在不周延之处,但是认定结论并无不当,应当予以维持。一枝春茶厂的上诉理由不成立,法院对其上诉主张不予支持。

(五)小结

厦门茶叶进出口有限公司和沐川县一枝春茶厂关于"一枝春"商标争议历经商标撤销申请、一审、二审,最终法院判决支持厦茶公司相关主张,商评委也因此作出最终裁定:争议商标予以撤销。

(六)案外案:"一枝春"商标异议

2014年,曾候芳申请在第30类"茶、茶饮料"等商品上注册"一枝春"商标。厦茶公司随即提出商标异议申请,认为被异议人在第30类申请注册"一枝春"商标,损害了异议人自身的合法权益,严重妨碍了他人正常使用这一通用名称,排斥了同行业的公平竞争,同时也容易造成不良影响。

2016年,国家商标局认为:异议人提供的证据可以证明:在被异议商标申请注册之前,"一枝春"已经成为相关茶叶市场中约定俗成的属于色种乌龙茶的一种商品通用名称,并且一直沿用至今,故被异议商标指定使用在"茶、茶饮料"商品上,构成《商标法》第11条第1款第1项所规定不得作为商标注册之情形。因此,商标局决定:"一枝春"商标在"茶、茶饮料"商品上不予注册,在其余商品上准予注册。

二、法理分析

(一)通用名称的概念

1.商标、商品名称与通用名称

商标和商品名称作为同在消费市场中所使用的具有不同功能的商品标识,其一,前者表彰特定商品的来源,是商品与生产者之间的桥梁,后者则表明商品的具体种类;其二,商标权具有排他性,商品名称尤其是通用名称则属于公共领域范畴,为某一行业及社会公众所共同使用,不具有排他性;其三,前者因具有显著性而无法直接描述商品的功能及特性等,而后者则能够表明该商品的功能及特性等。商标和商品名称虽具有以上不同但并非绝对,二者在一定条件之下可以相互转化。例如,商品名称可以通过使用获得显著性后作为商标注册,商标也可能因为使用不当而丧失显著性——商标的通用化——变为该类商品的通用名称。

商品名称,是指用以区别其他商品而使用在本商品上的称号,可分为通用名称和特有名称。所谓商品的通用名称,是指为国家或者某一行业所共用的,反映一类商品与另一类商品之间根本区别的规范化称谓。① 相对通用名称是对同一类产品的一般性称呼,特有名称是表明某种商品的产地、性能、成分等性质的名称,具有显著的区别性特征,因而具有一定的经济利益,法律对其进行保护。

《商标法》意义上的通用名称,意涵某类商品的独特品质,作用在于识别商品属性与类型,具有公共性,并不具备商标的功能。更具体地说,通用名称是指在某一行业内普遍使用,已为交易者所公认的表示特定商品称谓或者商品属性的文字。② 美国法院曾指出,通用名称是被广泛使用于一类产品的名称,与商标不同,因为缺乏显著性,它并不能识别产品来源,只是明确公共语汇配置给产品的类或属。

---

① 黄晖.商标法[M].法律出版社,2004.
② 徐棣枫,解亘,李友根.知识产权法——制度·理论·案例·问题[M].科学出版社,2011.

2.界定通用名称的意义

商品的通用名称之所以禁用为本商品的商标,一方面是因为通用名称不能区别不同经营者,另一方面则是防止通用名称被垄断使用。通用名称认定的作用在于明确语词意义的背后厘定资源的所属,防止公共利益受到侵害,规范商标使用,保障市场交易和竞争中的公平秩序,最终达到保护消费者利益的目的。

从《商标法》第11条的规定可以看出,显著性是商标的根本属性,如果一个商标不具有显著性,即使获准注册,也无法获得法律保护,因其不能起到表明商品来源的作用,他人使用该不具有显著性的商标时,就有可能造成混淆,误导消费者。商品通用名称不具有区别商品或服务来源的功能,缺乏商标所应当具备的最本质属性,即显著性。而另一方面,商品通用名称的作用也就决定了它的通用性特点,意即为行业及消费者所公知并共同使用。如果允许个别经营者独占某一商品的通用名称,将使其他经营者传达商品信息的渠道被不公平地阻断,也会增加消费者的搜索成本,而使垄断者获得不合理的溢价,这种情况显然应为法律所禁止。[①] 商品通用名称属于公共资源,如果将其作为商标注册,该通用名称将进入私有领域,实际上形成对该商品名称的独家垄断,侵犯了行业内其他生产、经营者的合法权益,同时损害了社会公共利益。综上所述,由于通用名称缺乏商标应该具有的显著性,且被个人垄断会对他人的正当使用造成妨碍,影响正常的经济活动秩序,因此,无论国际公约还是世界各国国内立法,都禁止将通用名称作为商标注册。

商标纠纷案件很大一部分都涉及专有商标和通用名称之间的性质争论,法院的审判往往都是以界定通用名称为基础而进行的。我国《商标法实施条例》明文规定:"注册商标中含有本商品的通用名称,或者直接表示商品的质量、原料、功能、用途及其他特点的,注册商标专用权人无权禁止他人的正当使用。"从这样的规定中可以看出,当某一商标因除通用名称部分之外具有其他显著部分而获准注册,或是在申请注册时具有显著性而后因不当使用而通用化,他人对该通用名称也可以进行合理使用。[②]

通用名称的认定实际上涉及行业内部的利益博弈与划分,私人领域与公

---

① 吴新华.商品通用名称辨析——第1509704号"优盘"商标争议办案札记[J].中华商标,2007(10).

② 彭学龙.商标显著性传统理论评析[J].电子知识产权,2006(2).

共领域之间的灰色区域往往成为了许多商家的可钻之空。以"一枝春"案为例,如果"一枝春"被法院认定其符合商标注册条件,沐川县一枝春茶厂则无疑会获得商标专有使用权,其可从中获得的经济利益非常可观。如果"一枝春"被法院认定为通用名称,就需要进入下一个逻辑层次,如上文所述,考虑其显著性程度:若"一枝春"不具有显著性,该"商标"因其公共属性应当受到撤销;若"一枝春"具有一定的显著性,根据《商标法》的相关规定,商标不会被撤销,但对于其中的通用名称这一部分,商标权人不得禁止他人正当使用,该行业的其他生产者和经营者都可以根据在茶叶销售过程之中的特殊工艺及原料而使用"一枝春"一词,对其带来的经济利益进行共享。

(二)认定通用名称的基本规则

1.主要意义标准

"主要意义原则"起源于美国,主要用于判定商标通用化的情况。在1984年,美国国会将"主要意义原则"法典化,确立了主要意义测试方法为判断商标名称通用化的主要证据。主要意义原则,指判断一个经过市场行销的注册商标,其商标名称在消费大众心中的认识,究竟是商品的通用名称,抑或是商品来源的名称。如是前者,则表示该商标名称已不具备商标功能,进入公共领域;如是后者,表示该商标名称仍具有显著性,受到《商标法》的保护。所谓主要意义,指消费者心目中认识该商标的主要意义,而非部分意义,因此,商标权利人如欲主张其商标未通用化,必须证明其商标在消费者心目中的主要意义并非商品名称,而是标明商品的来源,并以多数消费者之共识为依据。[①] 例如,进行消费者市场调查,结果显示有75%的消费者认为商标已经成为通用名称,即达到主要意义的标准。我国《商标法》以及有关的司法解释并未使用"主要意义标准"这个名词,使用的是"相关公众的通常认知"。即在判定标志是否属于约定俗成的通用名称时,以相关公众的心理认知为准,当市场中绝大部分的相关公众认为某标志属于一类商品的普通名称,此标志便应当被认定为通用名称。《关于审理商标授权确权行政案件若干问题的意见》第5条也规定,"人民法院在审理商标授权确权行政案件时,应当根据诉争商标指定使用商品的相关公众的通常认识,从整体上对商标是否具有显著特性进行审查判

---

① 邓振球.商标通用化之理论与实物[J].科技法学论坛,2008(1):13.

断。"因此,我国《商标法》归根到底采用的也是"主要意义标准"。但我国所采用的"相关公众的主要意义原则"与美国立法确定的"主要意义原则"并不完全相同。美国法中的"主要意义原则"本质上是"消费者的主要意义原则",即其认知主体是消费者,而我国法律中的相关公众的范围不仅仅包括消费者,下文将细细讨论。

  商标作为企业最重要的无形资产,其价值主要是由商标在消费者心目中的声誉所决定的。那么,判断被异议商标是具有显著性还是通用性,最主要的判断主体即是经营者的上帝——产品的消费者。标识对于绝大多数的消费者而言,其首要意义是辨识商品和服务,若标识具有显著性,可以注册为商标。但相关公众绝不仅仅只包括消费者。

  而美国将主要意义标准的相关公众仅仅定义为消费者,是因为其主要意义标准针对的是商标沦为通用名称的情况。[①] 商标的通用化现象发生在注册商标的使用过程中,此时判断商标是否仍具有显著性,必然要以商品对应的消费者的主观认知为依据。在通用化的情况下,法官考量的重点是消费者购买商品接触商标时,是否已无商标之认识,而仅联想到该商品的通用名称,还是直接想到该商品之生产来源。[②]

  商标在注册阶段和撤销阶段对通用名称的认定会有所不同。在商标注册阶段,认定通用名称最主要的目的是防止通用名称被注册,损害其他竞争者的利益。此时,通用名称的认知主体不仅包括商品的消费者,还包括同行业的其他经营者。一是因为通用名称时常涉及行业术语,消费者可能闻所未闻,但实际上它们已经被同行业的其他经营者们普遍作为通用名称使用。消费者无法将生僻的行业术语作为商品的种类名称看待,这种情况下必然要以其他经营者的主观认知为主要认定依据。二是因为在商标注册纠纷中,绝大多数被争议商标都内在地具有通用名称意义。如" 枝春"案中的被争议商标" 枝春"在纠纷发生前已经被投放市场,沐川县一枝春茶厂声称其一直将"一枝春"作为商标使用,而厦茶公司和其他经营者则是一直将其作为通用名称使用。此时,被争议商标"一枝春"便是典型的具有通用名称意义的商标,此类标志既具有通用性意义又具有显著性意义。所以,判定它们是否属于通用名称时,我们要考虑消费者的主观认知,还要考虑其他经营者的主观认知。《最高人民法院

---

  ① 杜颖.通用名称的商标权问题研究[J].法学家,2007(3):76.
  ② 邓振球.商标通用化之理论与实物[J].科技法学论坛,2008(1):13.

关于审理商标民事纠纷案件适用法律若干问题的解释》第 8 条规定,"《商标法》所称相关公众,是指与商标所标识的某类商品或者服务有关的消费者和与前述商品或者服务的营销有密切关系的其他经营者。"

探讨相关公众的具体内涵,是为了更好地理解主要意义标准的内在要求。主要意义标准是认定通用名称最重要的标准,它符合商标本质上是一种心理财产的理念。商标功能的施展对象指向消费者,商标的价值判定通常决定于消费者对商标的认知度、认可度。① 因此,消费者在相关公众中的地位绝对处于核心地位。然而,在商标注册阶段,我们要兼顾其他经营者的主观认知,避免公共领域被恶意压缩。但在商标发生通用化的场合,主要意义标准应仅指标志对于消费者的主要意义。

2.国家标准和行业标准

《中华人民共和国标准化法》将中国标准分为国家标准、行业标准、地方标准和企业标准四级。国务院标准化行政主管部门为制定国家标准的机构;国务院有关行政主管部门为制定行业标准的机构。前者是在全国范围内按照统一的技术要求所制定的标准;后者是指在没有国家标准时,但是又需要在某个行业范围内实施统一的技术要求的情况下,所制定的标准。行业标准不得与国家标准相抵触,国家标准公布实施后,与之对应的行业标准即行废止,同时,行业标准实施一定时间后会上升为国家标准。②

申请商标注册时,一般做法是先判断标识是否属于法定的通用名称,若国家标准和行业标准有规定,则商标局和法院应当直接认定其属于通用名称。《确权规则》作出如此规定,一是因为商标审查员个体知识的有限性,对于专业性强的行业名词,其知识结构是无法全面覆盖的;二是若依据主要意义原则,审查机关为搜集证据会花费大量的时间和金钱,不仅使商标注册的成本大幅度增加,而且会造成行政程序效率低下。总而言之,商标局在审查阶段直接适用主要意义原则并不是最经济的做法。国家标准和行业标准都是在全国范围内通行的,行业中的企业一般都会被要求采用这些标准,或是被推荐采用这些标准,而推荐性标准将来很可能会成为强制性标准。因此,我们可以作出相应的合理推定,国家标准和行业标准中规定的商品名称,其实际上已成为同行业经营者们普遍使用和公认的通用名称。在商标进行审查时,国家标准、行业标

---

① 邓宏光.商标法的理论基础[M].法律出版社,2008.
② 吴名,"百毒殺"和"百毒杀":商标与通用名称之辨[J].中华商标,2010(1).

准理论上可以为商标审查员提供比较准确的判断依据,继而为认定通用名称提供初步的判断。

依据国家标准和行业标准的认定结果是否具有绝对的效力?通用名称的认定标准最重要的是主要意义标准,认定通用名称本质上是对相关公众的主观认知进行的认定。国家标准和行业标准主要由标准化协会、检测中心、研究机构、行业协会及主要龙头企业负责,他们关心的仅仅是技术要求的实质内容,不会关注市场中具体使用的常用名称。国家标准和行业标准一般五年修改一次,时间上具有滞后性,无法及时客观地反映通用名称的变化。因此,如果有证据表明相关公众的认知结果与国家标准和行业标准不一致时,国家标准和行业标准认定通用名称的绝对性就要受到质疑。此时,主要意义标准的证明效力要高于国家标准和行业标准的证明效力。在此,笔者认为判定通用名称的顺序应为:(1)认定标志是否属于法定通用名称;(2)认定标志是否属于约定俗成的通用名称;(3)前两个认定结果不一致时,应依据后一个认定结果。

3.其他参考标准

司法解释规定被专业工具书、辞典列为商品名称的,可以作为认定约定俗成的通用名称的参考。专业工具书和辞典一定程度上反映了相关公众的认知,也引导着相关公众,同时它们交代了某些词语的起源、经过,对判定其是否属于通用名称有借鉴意义。但专业工具书和辞典受其编纂者的影响较大,不同的编纂者对有关内容会有不一样的理解,容易产生分歧,导致有些工具书和辞典缺乏权威性。因此,在诉讼中可以参考专业工具书和辞典的规定,但其作为证据的证明力较弱,只是众多辅助证据的一部分,不能成为认定的主要依据。

(三)认定通用名称的参考地域与时间

1.地域

通用名称是否具有地域性?这个问题的答案还没有定论,在司法实践中也没有形成统一的标准。一般而言有以下两种观点:

(1)通用名称的广泛性应遍及全国。这种观点得到了"水鸟被"一案的采纳。"水鸟被"是否能够被认定为一类被子的通用名称,是此案的焦点问题。事实上,近年来,在广东市场上出现了一种被经营者称为水鸟被的被子,因其质地轻柔而保暖性能佳受到了消费者的欢迎。一些消费者随着商家也就将这一类被子称为水鸟被。但法院在审理过程中认为,第一,并无证据显示消费者已普遍认同水鸟被是一类被子的名称,其所指的商品类型并不明确,不能为多数消费者所知悉。第二,在认定水鸟被是否属商品的通用名称时,不能受到地域的局限,应当在全国范围内予以考量。广东的市场情况当然不能说明问题。《商标法》是全国性立法,注册商标的效力及至全国,因此应当从全国范围的市场情况与消费者认知进行认定,否则,若将认定范围局限在某一地区而使得各地对同一标识或名称的认定结果不同,将会出现同一个商标在各地受保护不一致的情况,将会损害法律的统一性与可预期性,进而损害到市场的有序竞争和消费者利益。并无证据显示其他地区消费者也将此类被子统称为水鸟被。

(2)通用名称的认定不能拘泥于全国范围。通用名称的属性之一是广泛性,然对于广泛性的范围而言是否意味着通用名称的认定范围广至全国,则未尽然,应当针对个案中不同的综合因素进行一定程度的区别对待。此种观点认为,将通用名称的认定限制在全国范围这个框架之下太过于绝对,在很多情形之下,某类商品所面对的并非全国市场,而是针对某一地域的人文、气候、环境等而生产销售的商品,其受众(或早期受众)主要就是这一地区之内的消费者,而全国其他地区的消费者并不了解此类产品。若在审查某一商标是否为通用名称时考虑到全国大部分消费者并不将此类商品如此称呼而不认为其是通用名称,应当进入公有领域的标识和名称被截留在私有领域,导致该地区同行业内的商家无法对商品进行正常的描述与称呼,商标权人因垄断而取得溢价,即通过许可等途径取得超出商标实际的区别、表彰功能的商标利益。因此,对于具有地域特色的商品,如前文所述,针对某一地域的人文、气候、环境等特点而生产销售的商品,如果某一名称能够让该地区的消费者明确地对应到此类商品,并可以与其他类别的商品相区分,即使全国大部分消费者并不认同,也应当将其认定为此类商品的通用名称。

为了更好地理解广泛性的特征,则需要准确把握"部分区域"范围大小的上下限,否则必然会因为概念模糊、界限不清而导致第三人滥用通用名称的概念,进而损害商标注册人的合法权益。因此,不能抽象地认定,须要结合具体的消费对象和群体来判断。

"一枝春"商标争议行政纠纷一案中,北京市一中院的法官认为,一枝春属于对添香加味乌龙茶这一拼配茶品的称谓。虽然一枝春茶叶的市场流通范围并非全国,而是以我国南方和东南亚国家为主,但法官认为对通用名称的认定不能离开具体的消费群体而抽象地进行认定,因此,其广泛性并不能局限在全国范围这一标准之下。一枝春茶品起源于福建,流行于南方沿海各省,并获得经营者与消费者的广泛认可,无论是行业内部还是社会各界,都将此类添香加味乌龙茶称为一枝春,这一情况已经有近十年,说明了这一名称被市场及消费者所广泛地使用,已经进入到了公有领域。据此,应当认定南方茶叶行业使用一枝春这一客观情况满足了其广泛性的事实构成,虽未及全国,但属于至少南方茶叶行业普遍共同使用的茶品名称。综上所述,"一枝春"案中,对于消费者认知的看法,法院认为在认定通用名称广泛性特征时,其地域范围并不考虑是否在全国范围内广泛使用,而是只要在相关地区范围内受到消费者的认可,就可以认为其具有广泛性特征而被认定为通用名称;但若仅为企业或商家所区域性使用,并不导致其获得广泛性,终极标准仍是消费者认知。

除了法律制度上受到影响外,全球化给通用名称的认定也带来了新的问题。全球化受到信息技术等新技术发展的极大推动,在一定程度上甚至可以看作新技术的产物,而信息化不仅推动了全球化进程,而且引起了更为深刻的变革,首先是新产品对传统产品的冲击,其次是新的交流媒介以及相应的思维方式的出现。全球化不但带来了新的商品和服务,也带来了新的文化;可以说,人类的日常经济生活日益依赖于信息的创造、传播、分配与利用。而国际互联网这一现代信息技术的典型代表的出现,更是大大缩小了空间对人类活动的约束,使得资源、思想与行动可以通过网络在全球范围内迅速传播。在这样的商标环境之下,相关的国家标准、行业标准会受到相应的影响,而消费者认知受到的影响则更是潜移默化。全球化使得通用名称的认定更加复杂,这些新的问题是目前急需解决的。例如,"盲公饼"案就涉及了不同法域对商标制度的影响,更重要的是地域对通用名称认定的影响,关键问题是,在港澳地区作为商品通用名称的"盲公饼"能否在大陆被认定为通用名称。本案给出了一种解决思路,在认定是否为通用名称时,从以下几个方面进行考虑:1.在同一法域内是有多家厂家生产此商品还是一家厂家;2.在消费者的认识里,此混合名称是否能够特指某厂家生产的产品;3.商品名称能够区别于一般的描述性语词,比如苹果、电灯等。在本案中,"盲公"牌盲公饼属于商品和来源混合的情况。"盲公"二字不属于一般的描述性词汇,具有自身的独特性,易于辨认。同时在中国大陆,香记公司不能对"内陆存在其他厂家合法地生产销售盲公饼"做出举证,表明内地目前只有合记公司一家生产销售"盲公"牌盲公饼。

同时在广东地区及内地,人们对"盲公"牌盲公饼的认知直接与合记公司相联系,由此足以证明"盲公"牌盲公饼属于特有名称而非通用名称。由于通用名称认定对相关行业及消费者的重要意义,如何更好地解决不同法域商标制度的衔接及其对通用名称认定的影响,成为一个重要的议题,总体的要求就是掌握好"平衡"与"弹性"。

2.时间

(1)商标的通用化

商标的通用化,也称为商标淡化或商标退化,是指商标自身显著性的逐步退化乃至完全丧失。商标发生通用化成为通用名称是一种间接削弱商标显著性的方式。商标通用化的最终后果是使消费者将原本具有一定知名度的商标误认为是该类商品的通用名称,使得该商标彻底丧失其显著性与识别力。[①]需要注意的是,通用名称的范围不是一成不变,而是动态发展的,因此,通用名称的认定结果也会随时间推移而发生转变。在商标的使用和宣传过程中,尤其是取得了较高的知名度之后,或是由于主观上的使用不当、怠于行使权利,或是由于客观情形的改变、他人的通用化行为,等等,导致该商标逐渐丧失其显著性,直至消费者再也无法将该商标与特定商品的来源相联系,成为这一类商品的通用名称,原本的商标权人就此丧失了商标专用权。

商标的通用化往往是这样发生的:一种相对较新的产品类型出现在市场上交易,此时该类别商品尚未有统一、规范的商品名称,即并未形成该类别商品的通用名称,市场上的大多数消费者并不熟悉和了解,则该类别商品中最早的那个商标或知名度最大的那个商标就很有可能被消费者或商家用来指代该类别的商品,基于便利与宣传的目的,商标逐渐被大多数消费者认为是商品名称,最终被通用化为该类商品的通用名称。以"阿司匹林"为例,一般消费者都会认为阿司匹林是一类普通的解热镇痛药的通用名称。然而,出现于1899年的这种药物,阿司匹林是它的商标。这种新药出现时并没有相关的名称,于是,商家开始采用阿司匹林(Aspirin)为其命名,并将其作为该药品的商标。阿司匹林的作用如此之大、临床效果如此之好,因而被医学工作者和病患所广泛知悉,后来市场上出现的类似药品也就被称为是阿司匹林,事实上成为该类药品的通用名称。阿司匹林已应用百年,成为医药史上三大经典药物之一,至

[①] 梁勇.防止商标被淡化为商品的通用名称[J].中华商标,2010(3).

今,它仍是世界上应用最广泛的解热、镇痛和抗炎药,也是作为比较和评价其他药物的标准制剂。从这个例子中可以看出,使用商标作为商品名称虽然广告的宣传效果较好,在一定时期内有助于推动商品在市场上的流通,提高消费者的接纳程度,但长此以往的结果就是商标与特定商品的联系逐渐削弱,消费者将其视作商品名称而非商标,最终该商标沦为该类商品的通用名称。

在我国,还有很多企业由于缺少商标管理意识,以致在辛苦经营而企业略有起色并逐步开始进行市场扩张的时期,因为商标纠纷的阻碍而无法继续推广品牌,面临发展甚至生存的危机。而有些企业在发展初期,把重心完全放在研发和推广上,甚至并没有意识到商标注册,标识的选取等都是仅仅考虑到便于商业推广而进行的,这样的现实为企业的发展埋下隐患,当企业生产的产品获得了一定的社会知名度,在市场竞争中影响较大时,便会很容易与行业内的竞争者发生商标争议。因此,初期的商标保护与管理可以使企业避免在日后利益受到损失。[1]

对于发生通用化的商标而言,如果除通用名称外,该商标还具有其他显著性特征的组成部分,则商标的部分通用化并不导致商标整体丧失显著性,因此,为保护商标权人的合法权益,该商标不应予以撤销。同时,为了保护社会公共利益,商标权人不得阻止他人对通用名称部分进行正当使用。[2] 这一思路体现在对"雪花"商标的处理过程中。"雪花粉"是一种类型的面粉约定俗成的通用名称,人们将形状、材质类似雪花的这一类面粉都称为雪花粉,其已无法识别商品来源。争议的"雪花"商标由文字、该文字汉语拼音的首写字母"XH"以及图形组成,雪花粉被称为通用名称并不导致该商标丧失显著性,因此,其商标专用权应予整体保护。但雪花二字不得排除他人合理使用。

三、案例分析

众所周知,在 2007 年至 2013 年之间,有一种红茶被大家逐渐认知为红茶中的极品,这款红茶名为"金骏眉",卖价从几千元到几万元一斤。无疑,"金骏眉"代表着巨大的经济价值。然而,金骏眉的创始者武夷山桐木关村正山茶业

---

[1] 徐琳.从"鲁锦"商标侵权案看商标通用名称的判定及其合理使用[J].理论界,2010(12).

[2] 陈晓峰.地域特点的商品通用名称的特点和分析[J].中华商标,2011(5).

输3 我的品牌

公司和创制金骏眉的原正山茶叶公司茶师梁骏德的公司桐木茶叶公司为了"金骏眉"商标的归属之争也较真了6年之久,在权利一直没有归属之际,这个诱人的香饽饽也被整个武夷山甚至整个福建茶产业毫无顾忌地拿来使用,使得"全国范围内相关公众的通常认识"即为福建省红茶的一个品种,逐渐泛化为公知公用的通用名称。2013年12月12日,北京市高级人民法院对"金骏眉"商标案作出终审判决,最终认定"金骏眉"为茶叶的通用名称,不予核准注册。

对于"金骏眉"这个称呼应当如何认定的问题,原告和被告双方观点都有一定的合理性,那么,法院在判定的时候考量了哪些因素以及最后将"金骏眉"认定为通用名称的标准是什么,是需要我们进行思考的问题。关于商品通用名称认定时间基点问题,在最高人民法院《关于审理商标授权确权行政案件若干问题的意见》中,其对商品通用名称的认定具有一定的弹性,将随着时间变化的客观事实作为衡量通用名称认定的重要依据。因此,"商标申请注册时"和"商标核准注册时"两个时间基点非常关键。而在这两个时间点之间的市场动态发展,将直接关系到通用名称的定性。一二审法院之所以判决的结论不同,很大一个原因是二审过程中桐木茶叶公司又向北京市高级人民法院提交了新的证据,从多个不同的角度展现了公众对"金骏眉"这三个字的认知情况,更有力地说明了"金骏眉"已经成为红茶的一个品种并被相关公众所熟知。

"金骏眉"被判定为茶叶的通用名称,此结果带来的是全盘皆输的结局:其一,对武夷山桐木关村的茶叶企业而言,象征桐木关村人集体智慧结晶的"金骏眉"品牌,本可以作为高端茶品牌注册成商标,为武夷山桐木关村的茶叶企业所共享,但"金骏眉"作为茶叶的通用名称的结局,则意味着它不能被注册商标,"金骏眉"将既不能代表武夷山红茶,更不能代表武夷山桐木关村的红茶,其将不过就是一种红茶,而不再意味着它是一种好茶。其二,对于桐木关之外的其他茶企,同样也是输家,虽然大家都可以光明正大地使用"金骏眉"名称,再没有"正宗"和"山寨"一说,但随着没有主人的"金骏眉"被滥用,曾经被定位为高端红茶的"金骏眉"逐渐会被泛"滥"至无法居高而归于平庸,注定了最终没有人可以通过它获取利益。其三,对消费者而言,识别商标就是识别商品的提供者,相信商品的提供者在商标的约束下能长久保证商品的相应质量,保证品牌的知名度和美誉度的稳步提升,选择品牌即是选择产品的质量和好的口碑，消费者的利益也正是在这一过程中得到保障。当"金骏眉"不再作为一种标示高品质的产品品牌而成为一种茶叶的通用名称时，它将被泛滥使用而没有品牌约束，那么，消费者几乎将无法再买到纯正的金骏眉。

可见，不是每个通用名称的判定都是好的局面，"一枝春"茶叶通用名称的判定，阻止了外围业者的品牌垄断，保障了乌龙茶产业的大众利益；但"金骏眉"茶叶通用名称的判定，却毁掉了一方行业志士付出巨大努力和心血创造的一个金字品牌。商标通用名称的泛化既有商标本身、垄断经营等原因，也有权利人使用及管理不当的原因，更有竞争对手等第三方的作用。值得警惕的是，商标名称成为通用名称之后，有可能遭受类似"优盘""金骏眉"一样的被撤销商标注册或不予注册的后果。即使保留商标注册，也会因对方主张合理使用而在商标保护上受到极大限制。

鲜活的例证告诫人们，一定要精心打造和培育品牌，防止被泛化使用至无法控制的状态，让打造品牌的所有努力带给企业真正的和最大的利益回报。

四、启示

商标是宝贵的无形资产，在市场竞争中，商标对一个企业来说是非常重要的。而企业要想创出自己的品牌，也并非轻而易举，需要进行大量的投入，包括人力及物力上的投入，换句话说，每一个品牌的背后是企业心血的结晶。因此，在处理某些显著性不断下降的商标时，需要全方位地考虑和平衡各方利益，应该考虑采取比较合理、科学的办法。

（一）选用显著性强的标识

如前文所述，商标显著性过低是引起商标退化的重要因素之一。显著性过低的商标标识的含义与所指商品的功能、用途太过接近，很容易被一般公众误认为商品的通用名称。而且显著性过低的商标很可能会被他人以合理使用为抗辩，使用在自己的商品上。因此，在选用商标时，要尽可能选择显著性强的标识，尽量选用组合标识，标识与所指产品直接要有联系，至少要能使消费者联想到所指商品，但这种联系不能过于粗暴、直接，不能直接表现商品的功能、用途、材质等特征。

(二)商标权人要合理使用商标,完善对商标的管理

即便是显著性相当强的商标,如果商标权人使用不当,缺乏管理,同样有可能使商标失去商标价值。在合理使用方面,商标与商品名称应尽量联合使用,避免直接以商标名称代替商品名称进行销售或广告宣传,同时要清晰标注商标的已注册标志。加强对商标的追踪管理,一方面要时刻注意行业内的市场动态,一旦发现竞争对手有恶意混同商标与商品通用名称的行为,或者消费者将商标当作商品名称使用的趋势时,要及时加以制止或发布声明,尽快消除商标退化的隐患;另一方面要时刻关注行政公文和刊物或字典对商标的错误使用,一旦发现,应当尽快函请更正。这种积极的管理是商标权利人作为的表现,可以尽可能地降低产生主观过错的可能,使商标权利人在可能的商标退化判定中处于更为有利的地位。

(三)积极主张救济权利

商标权人一旦发现他人有侵犯自己商标权利的行为,在书面通知无效时,要及时提起侵权之诉,将对方的不当行为和导致商标退化的可能性扼杀在摇篮中。根据《商标法》第 41 条的规定,如果自争议商标注册之日起 5 年内,权利人不请求商标评审委员会裁定撤销该争议商标,别人则可能合法、稳定地获得该争议商标的注册;驰名商标所有人只有在别人恶意注册时,提出撤销争议商标的请求才不受 5 年的时间限制。因此,权利人在法律规定的时间内应及时主张权利。

"金桥"宏图，我赢了！

"金桥"宏图，我赢了！

　　商标是企业参与市场竞争的重要武器，它不但是企业所生产的商品的标志，也关系到企业的发展。现代企业要想在多变的市场环境中发展壮大，除了要不断提高所生产产品本身的质量、加强企业、公司的内部管理运营之外，还有十分重要的一条，即必须加强企业商标管理工作，只有加强商标的管理和推广、宣传，获得知识产权法律的保护，同时获得消费者的认可，才能使自己的产品在市场上站稳脚跟，防止他人侵犯合法取得的法律权利和长期投入所建立的品牌认知度，以期在日后的市场发展中获得口碑、评价等多方面的支持。福建厦门烟草工业有限责任公司的"金桥"商标经过长年的使用，使该商标自身拥有了一定的显著性，从而成功申请注册商标的案例就是一个很好的例子。

一、"金桥"商标的前世今生

　　改革开放初期，经国家卫计委特许批准，并在厦门卷烟厂与雷诺士烟草公司协作推出"骆驼牌"（CAMEL）卷烟来料加工项目先期取得成功的基础之上，由各方一同合资发起设立了"华美卷烟厂"，该厂是国内首家生产烟草制品的中外合资经营企业，公司的综合经济经营指数曾在全国的烟草企业中居于榜首，曾作为改革开放的前沿阵地而闻名于中国商业界，党和国家领导人曾多次到访，考察华美卷烟厂的生产与建设进程，并且先后有国内共计100多家烟厂总计5万多人次曾前来参观学习，均对华美烟厂先进的生产设备以及管理模式给予了高度的评价。在设立烟厂之后，华美开始着手推出自己的品牌商标以更好地适应市场竞争，据当时的华美人士介绍，起初"金桥"商标原定为文

输了我的品牌

字"金门桥"(美国旧金山一地名),然而,在向国家工商总局商标局申请商标注册的过程中,获悉国家新立法即将规定县级以上地名和公众知晓的外国地名不允许注册成为商标名称,因此,华美卷烟厂拟将商标名改为文字"金桥"二字,在提交董事会会议探讨时,中方董事一致认为取"金桥"二字寓意更加深刻、含义更加广泛,较"金门桥"更有国际意义和显著性,于是,"金桥"商标的创设就此完成。1988年7月,华美卷烟厂同步向国家商标局申请注册"金桥"商标和"金桥+GOLDEN BRIDGE"文字商标,并于1989年获得注册(注册号:349968、349969)。至此,1988年10月28日,由华美合资公司自主研发并申请商标注册的混合型卷烟品牌"金桥"就此诞生。

在获得商标注册许可之后,中国烟草总公司为促进品牌发展,联合厦门分公司在经济特区——"鹭岛厦门"召开面向全国范围的订货推销会,然而,由于对新产品的销售前景顾虑重重,在当时除了厦门烟草分公司外,只有大连烟草分公司率先订购了一车(约1500箱)"金桥"卷烟。为此,时任大连市烟草分公司销售部副主任的王卫东先生专门召开了大连市"金桥"卷烟经销商联合座谈会,采取了一系列行之有效的营销手段,在大连商界很好地推销了"金桥"卷烟。然而,好销量和好口碑不仅仅是靠推销和宣传就能够得到的,由于"金桥"产品自身的质量品质优良,在市场上有很大的优势,口感比当时市场上流行的"良友""双喜"等品牌还要好,且由于混合卷烟的生产方式又使得其价格更低,于是,"金桥"卷烟在大连市场一炮而红,成为该市的热卖商品,并由此带动了省内沈阳市等地的市场;在此后短短的不到3个月时间内,"金桥"卷烟又再次迅速畅销于天津、北京等京津冀地区市场,从而打开了整个华北地区市场,并开始逐渐延伸至全国各地的市场,产品更是一度出现供不应求的现象。到1989年,中国烟草总公司评选全国最畅销牌号,"金桥"当仁不让地接过该牌号。由此,"金桥"品牌名扬全国,并先后获得了诸如"全国29个名优香烟品牌""全国优质卷烟产品"等奖项和称号,产品畅销东北、华北、华南等地区20多个省市,成为中国混合型卷烟产品的知名品牌。对于当年"金桥"品牌的成长经历和盛极一时的辉煌销量,经历过的消费者和业内外人士均有很深刻的记忆,由于产品的内、外在质量均极为优异,口感优良,口碑更是经口口相传而不断提高,但囿于政策原因,"金桥"卷烟含出口在内每年被严格限制在5万箱内,造成了市场上供不应求的现象,当时真可谓是一"桥"难求,很多外地到厦门旅游的人,都会带上一两条"金桥"烟回去送人,以为幸事;还曾经有到外地

"金桥"宏图,我赢了!

办事的当地人问对方需要带什么礼物,对方回答说:"你什么都不要带,如果可以的话,帮我带几条'金桥'烟来就行!""金桥"商标简洁大气,以红白两大纯色块为底色,红白两色以1:2上下布局,整体视觉效果极为和谐,比例匀称协调,下方的印制图案为美国旧金山的金门大桥,山海背景下,桥后船帆点点,海鸥任天翔,背面图案和正面的相互呼应,大体一致,唯一的区别是"金桥"两个繁体字被翻译成英文"GOLDEN BRIDGE"(意译),取"'金桥'将成为中外经济发展合作和友谊交流的沟通之桥"的意思,具有深刻的内涵和美好的寓意。该商标采用了当时还比较少见的凹版印刷,如果用放大镜仔细观察或用手接触,可以看见或感觉到商标文字边缘的锯齿状凹槽,整体的立体感强,正因如此,该商标的制作成本高昂,不易被仿造,这也是市场上很少见到假冒的"金桥"卷烟的主要原因之一。然而,"金桥"商标的成功,还是让许多不法厂商看到了"商机"和"利益",也使得后来的某些卷烟产品在商标上竞相模仿,如当时的广西某烟厂生产的"柳江桥"牌卷烟,其商标与"金桥"商标图案极其相似,构成侵权,为此,华美卷烟有限公司还向国家工商总局商标局提出过异议,最终,国家工商总局责令该厂停止生产"柳江桥"牌卷烟,并责令销毁侵权商品。

由于各种各样的原因,"金桥"卷烟的产量和价格均被严格限制,因此错过了国内卷烟产业发展的最佳时机。随着90年代中期国内各品牌混合型卷烟如雨后春笋般迅速发展,"金桥"原有的优势不再明显,逐渐风光不再,市场份额有所萎缩。随着1999年,日烟收购雷诺士烟草,自此,日烟成为华美的股东之一。"金桥"商标及卷烟产品被进一步雪藏,就这样直到2004年9月,厦门卷烟厂收购了华美卷烟的所有外方股权,华美卷烟成为了厦门卷烟厂的"金桥"卷烟生产中心,"金桥"品牌这才最终一同回归厦烟麾下。

"金桥"商标回归后,福建中烟工业有限责任公司制定了"一优一特"双品牌发展的策略,决定做强做大原有特色产品"金桥"卷烟,并在2006年成功研制出"国际金桥"卷烟产品,该产品的焦油含量仅12mg,兼具混合型卷烟和中式烤烟的双重特点,口感醇厚,外包装精美。但与此同时,其商标也做了大幅改动,以适应新的市场消费者及竞争环境,新商标图案以金色为背景,两个相交成横8字的平面世界地图各二分之一为图案,寓意"国际眼光"(世界地图寓意国际,横着的8类似用望远镜放眼世界),表面菱形的凹凸底纹采用特殊的"金属印制工艺"制成,在纸质上呈现出特有的贵金属质感,整个商标外观雍容华贵,时尚典雅。①

二、"金桥"商标驳回复审案情简介

在"金桥"品牌经过近 20 年的使用与推广后,厦门烟草工业有限责任公司(以下简称厦烟)于 2006 年 9 月 30 日向国家商标局申请注册第 34 类"金桥＋GOLDEN BRIDGE＋图形"( )商标和"图形"( )商标,申请于 2008 年 10 月 18 日被驳回,驳回理由均为:"该商标的图形部分为世界地图,不能为个人独有,作为商标不具有显著性"。

厦烟不服,于 2008 年 10 月 30 日就两个商标提交驳回复审申请,复审理由如下:

首先,申请人申请注册的两商标通过长期广泛宣传和使用,已具备了很强的显著性,应可以作为商标注册。相关法律依据为《商标法》第 11 条,其中规定:

下列标志不得作为商标注册:(一)仅有本商品的通用名称、图形、型号的;(二)仅仅直接表示商品的质量、主要原料、功能、用途、重量、数量及其他特点的;(三)缺乏显著特征的。前款所列标志经过使用取得显著特征,并便于识别的,可以作为商标注册。

显然,商标局驳回理由是依据此条款第(三)点驳回的。然而,申请人申请注册的两商标却有品牌创立和使用的历程。

先来看"金桥＋GOLDEN BRIDGE＋图形"( )商标:"金桥＋GOLDEN BRIDGE＋图形"商标是组合商标,组成商标的每个元素都分别具有显著性。首先,消费者基于一般的认知规律,易将文字作为商标的主要识别部分,即该商标的中文"金桥"和英文"GOLDEN BRIDGE",也即该商标的中文呼叫和英文呼叫,而"金桥"和英文"GOLDEN BRIDGE"文字早已在 1989 年由申请人控股企业华美卷烟有限公司获得专用权(申请号:349968、

---

① 见黄瑞如。"金桥"卷烟的前世今生.http://www.etmoc.com/culture/looklist.asp?id=6841,2009-01-07.

"金桥"宏图，我赢了！

349969)，现该商标的专用权已随着企业的改制转至厦烟名下，无疑，"金桥"和英文"GOLDEN BRIDGE"经过近20年的使用已具备了很强的显著性；而该组合商标的图形部分通过与文字组合进行了长期广泛的宣传和使用，也已具备了很强的显著性。综合来看，该组合商标的组合使用，图形经与显著性极强的"金桥"和英文"GOLDEN BRIDGE"合并使用并广泛宣传和推广后，应属于《商标法》第11条规定所列"经过使用取得显著特征，并便于识别的"的范畴，应当"可以作为商标注册"。

厦烟申请注册的"金桥＋GOLDEN BRIDGE＋图形"组合商标是由申请人独特的创意构思而成，立意为国际金桥、世界眼光。其在提出该组合商标注册申请时也经过了细致的查询，并没发现图形部分有近似的注册或申请先例，而且图形也不属于《商标法》第10条所列不得作为商标使用的绝对禁止的标志之列。申请人长期以来非常注重品牌的培养与运作，该组合商标作为申请人打造有国际特色的高档混合型香烟的领导品牌，倾注了申请人大量的心血，从产品问世到广告宣传再到产品推广，该组合商标的广泛使用已为广大公众所熟知，完全具备了商标的使用显著性，即能够在相关公众当中起到区别商品或服务的作用，一般公众只要施以一般注意力就能轻易分辨该组合品牌是申请人生产的香烟品牌，根本不会造成一般公众的误认误购，应该视为符合《商标法》要求的可使用、可注册商标。

"图形"（）商标与"金桥＋GOLDEN BRIDGE＋图形"（）商标是同时推出的同一系列两种不同使用方式的商标，单纯的图形商标是为了在香烟的包装和品牌的宣传上能够灵活运用和表达简洁。而两商标都经过了大量的使用、宣传和推广，应属于《商标法》第11条规定所列"经过使用取得显著特征，并便于识别的"的范畴，应当"可以作为商标注册"。

本案中比较关键的焦点是，申请人在2006年改变了商标的图形，即由原来的"文字＋英文"改变为"文字＋英文＋图形"以及"图形"的商标，这些商标虽是新创造的，但其名称没有变化，仍为"金桥"，仅仅是在寓意上跟上时代的步伐，意在拥有世界眼光，这是申请人为该商标订立的长期规划和品牌战略，是"金桥"商标复兴的重要环节，"金桥"商标在经过改革开放初期的长期使用后以其品质赢得了消费者的青睐，而在对该商标拥有权利的企业改制之后，"金桥"商标不管从形式上还是实质上都会发生一些变化，这是无可厚非的，也

输了我的品牌

是企业发展自身的新品牌战略所必需的,世界是在不断变动、不断创新的,商标的传承也理应如此,申请人为"金桥"商标的经营投入应当是《商标法》和市场保护的对象,而作为商标传承的"金桥"新标承载着金桥人的梦想与荣耀,在新时代继续发展金桥的愿景是值得称赞的。也正是如此,申请人为"新金桥"商标制定的发展计划中有许多前期的准备工作和宣传工作,而非是直接使用在产品包装上进行销售,其主观意图即有虑于《烟草专卖法》中所规定的烟草销售必须注册商标,否则将会受到处罚而进行前期准备工作。为此,申请人提交了大量的两商标使用证据,包括在展会、宣传、车身等活动和物件上的长期使用,例如,冠名赞助厦门一年一度的国际马拉松赛事上的宣传和使用,以及在福建、大连等地的户外广告上的使用,使商标具有了较大知名度和美誉度。

其次,国家商标局在商标审查时,有类似情形予以注册的前例。

国家商标局在商标确权审查中,有很多含"地图"图形的组合商标被核准注册的先例:

(1)我们来看下面四例商标注册(国内):

注册号:1719004	注册号:3607820	注册号:3708633	注册号:4331353
类别:34类	类别:42类	类别:26类	类别:39类
使用商品:烟草;香烟;香烟过滤嘴;卷烟纸等	服务项目:质量体系认证;质量评估	使用商品:鞋扣;服装扣;鞋钩;背带钩扣等	服务项目:旅行陪伴;观光旅游;旅游安排;旅游预订等
申请人:东方联合烟草有限公司 ORIENTAL UNION TOBACCO COMPANY LIMITED	申请人:惠州市铭基企业管理咨询服务有限公司	申请人:佛山市三水致成五金制品有限公司	申请人:云南海外旅游总公司
核准注册时间:2002-02-21	核准注册时间:2005-11-14	核准注册时间:2006-03-21	核准注册时间:2008-04-21

(2)外国企业商标在我国申请商标注册或商标领土延伸保护,也不乏"地图"商标被核准注册的情形,见下三例:

"金桥"宏图,我赢了!

注册号:1764959	注册号:G757802	注册号:G797237
类别:35类	类别:11类	类别:3类
服务项目:有关软件和硬件的推销(替他人)等	使用商品:污水处理装置;废气净化过滤装置等	使用商品:化妆制品;眼睑膏;洗衣粉;家用合成清洁用品等
申请人:格罗必公司(美国)GLOBIX CORPORATION	申请人:ORGANIC POWER LIMITED(英国)	申请人:FEDERATION INTERNATIONALE DE FOOTBALL ASSOCIATION(瑞士)
核准注册时间:2002-05-07	核准注册时间:2000-11-07	核准注册时间:2002-05-17

从上面几个例子可以看到,含有地图的商标注册有很多的在先前例,不仅我国有,外国也有,这就告诉我们,商标只要能有效起到商品或服务来源的目标指示性,能方便相关公众的辨识和区别,就可以准许注册。

以上商标使用地图的情形与申请人两商标的申请情形大同小异,都获得了审查通过。在同等的审查尺度下,申请人申请注册两商标应予核准注册。

最后,申请人是福建省乃至全国范围内知名的烟草工业生产企业,名列中国制造业500强,同时,申请人一直以来非常重视商标的创立与法律保护,其主要产品"金桥""石狮""七匹狼"等卷烟均入选中国国家烟草专卖局首批公布的"百牌号"名录,"石狮"系列卷烟更是被列入全国36个名优卷烟之列,并荣获"中国驰名商标"的称号。申请注册金桥"图形"商标是商标所有人厦烟对于"金桥"品牌战略发展的关键环节和策略,是在商标知识产权领域内开发和保护自身经过推广所得的无形资产的重要举措,应该得到商评委的肯定和支持。

可见,商标的注册与商标的使用密切关联,倘若以上两商标没有经过长期大量的使用和宣传这个非常重要的过程,是很难在驳回复审的程序中获得核准注册的。

本案的处理结果:厦烟获得图形( )商标注册。

三、关于本案的法理分析

本案的核心争议焦点就在于对《商标法》第 11 条内容的理解与把握。如前所述，商标局认为，该申请商标组成部分中含有世界地图，不能为个人所有，作为商标不具有显著性。我们可以客观地看到，该图形确实是将世界地图的平铺图用两个相连的圆弧形边界限定出来而得到的，只要是看过世界地图的人都会轻易识别出来，这是由于地理上的变化需要经过漫长的时间推移，人的寿命与地理变化的推移时间相比相当于沧海一粟，因此，在世界地图被绘制出来之后，至今世界地图的整体框架都和该商标图形中所展示的一样，没有什么变化，因此，该商标图形是世界地图这一点毋庸置疑。

第二点理由则有些牵强，将世界地图作为商标的组成部分并不能算是将世界地图图形据为己有，这在著作权上属于可模仿的合理使用，在创造一个商标图案的时候使用一些公用领域的图形是应当被允许的，否则，创意在被作出之前都需要对使用的非他人知识产权部分作出是否能够使用的判断和斟酌，是不利于对于创造的保护的，退一万步讲，《商标法》并未规定世界地图等独一无二的图形不能作为商标组成部分，况且，《物权法》上讲的所有权是对有形（体）物的，而知识产权是一种无形权利，我们说获得商标权仅指获得与商标排他使用的权利，而非对商标图形获得物权，世界地图是全人类共同的知识与文化构成，是一种超然于物的知识体系载体，拥有使用世界地图图形的商标使用权便是将世界地图归个人所有，这种说法难免有失偏颇。

第三点则是本争议的核心焦点，也是决定本商标能否申请注册成功的关键因素，单从图形本身的显著性来看，其确实够不上《商标法》所规定的显著性要求以与其他商标相区别，这是客观方面的、不可改变的那一方面问题。图形本身确是世界地图，像前述提及的也有许多公司拿世界地图图案申请商标被核准注册的情况，这样一来当两个或两个以上拥有基本相同图案的商标出现时确实有可能给消费者和一般公众造成混淆，彼此难以区别，但《商标法》第 11 条第 2 款也同时给出了一个例外情况，那就是前述不具有显著性特征的商标经过使用获得显著性的，可以获得注册。也即本案关键在于该申请注册的图形商标是否有该款规定的情形，若有，则可依据该款做出决定，若无则根据客观因素即可判断出不予注册是正确的。

那么,何为商标经过使用获得显著性?如何认定商标已具有显著性?本案中,申请人提供的证据材料能否证明或说明其商标已经过使用获得显著性?

《商标法》中规定的显著性原则,规定于《商标法》第9条所述及的"申请注册的商标,应当有显著特征,便于识别",意即申请注册的商标,应当相比于已经存在的商标有其特殊的、显著的区别于他人商标的特征,便于消费者和其他相关人员识别。传统的商标法理论,存在自身显著性和取得显著性两种学说,其中取得显著性原则便是对商标经过使用取得显著性最好的说明。取得显著性也称为"显著性的市场拟制",是指本来不具备显著性的商业性标识通过所有权人或实际使用人长期作为商标使用而被市场、消费者及行业认可为具有区别商品来源和出处的能力或者特性,因此获得显著性的一种情况。首先,显著性是商标这一法律概念的内在属性,它内在地决定了商标的实效性基础,可以说,没有显著性的标识就只是一种语言符号,而绝不能称其为商标。作为商标标识的文字、图形、颜色及其组合等通用的一般性要素,在被商事主体从词库中选择并创制为商标之前,是并不具有标示并区分产品来源的功能的。诸如"MAZDA"(马自达)、"CANON"(佳能)、"SAMSUNG"(三星)之类的臆造商标,在没有被马自达汽车公司、佳能电子设备公司和三星通信公司选用之前,是不具备商标的属性的。其次,显著性是一个需要结合具体语境来进行分析的法律概念,就特定商品或服务的相关领域来说,例如,"金丝"不能被用来指定食品领域的特定商品"肉松饼","Apple"不能指定食品领域的商品"新鲜苹果","JAGUAR"(捷豹)不能指定为动物品种"美洲豹"。对相应商品而言,此类标识均为指定商品整体或部分的通用名称,而不具有任何显著性。然而,"Apple"却在计算机和移动通信设备领域有效存在并且具有较强显著性,"捷豹"在商业实践中则是"汽车"上的商标。因此,脱离商标存在的语境是无法辨明其显著性的。再次,显著性是存在于一种动态发展的过程当中的。"商标的显著性"实际上是一个程度强弱问题,既可能从无到有,发展壮大,也可能反过来从有到无,比如,商标因3年内未实际使用而被撤销的情况,这一切是由商标权人的使用与否以及是否因使用使得该商标在相关领域的知名度提升所决定的,因此,商标发生侵权的可能性也会在此过程中相应地不断变化。

从上述描述中可以看出,一些商标具有其自身的显著性,可以直接注册为注册商标进行使用,然而,一些臆造或本身不具有显著性的商标则需要经过使用来获得显著性,在很多情况下,商标是经过创造新的词汇、图形或者二者的组合形成的,并在后来的使用过程中慢慢地被消费者所接受并具有识别度与显著特征。因此,我们可以看到,在商标经过使用获得显著性之后,其商业价值大大提高了,并且商标权归属于开发它、使用它的人所有,这就为本不具有显著性的商标图案可以作为商标申请注册提供了理论支撑,本案需要讨论的正是这个问题。

商标的显著性是否能够被区分出来,判断权并不主观地仅存在于商标所有权人手中,而是由消费者在实际消费过程中以经验、口碑等一系列因素综合考量之后进行判断。因此,需要结合消费者认知心理活动来研究商标的显著性,而从认知心理学的视角看,消费者对商标的认知并不是如立法者想象的那么直观和简单。"当有了关于商标的概念后,消费者对外界刺激的接受和判断还受到认知环境等因素的影响,同时,群体认知的变化和趋同也会导致商标显著性在市场中的变化。"因此,要了解一个商标是否经过使用被公众所认可、所熟知应当站在消费者角度看问题,才能客观把握认知尺度,做出正确的判断。

判断这一客观因素的重要内容就是商标只有在相关公众中具有了一定的知名度,才有可能被当作指示来源的标志而区别于其他商品提供者,从而获得显著性,因此,获得显著性与知名度有着天然的联系。

商标知名度概念

商标知名度是指某一商标在特定商品或服务领域及相关公众中的知晓程度。商标的知名度不是先天就本身具有的,更不是与生俱来的。商标的知名度是商标权利人经大量的使用、推广和宣传后获得的。在侵犯商标专用权的案件中,判定被告是否构成侵权,或者酌定被告的赔偿数额时,权利人商标的知名度是极为重要的判断基础之一。

商标知名度的认定

由于商标知名度属于社会评价的概念范畴,具有无形且动态变化的特点,很难直接进行自证,而需要通过产品的销量、在市场中的份额等证据综合佐证认定。在诉讼中,商标权利人(即原告方)往往需要提交大量的证据材料,对某些证据的举证如有不慎,就会对知名程度的认定产生误差,从而影响对案件的定性或定量。由举证的难度也能看出商标知名度一旦被法庭采信将会对案件审理起到关键作用。

"金桥"宏图,我赢了!

判断商标显著性有一个总的原则,即商标与商品和服务本身的联系越密切,显著性越弱,反过来,显著性就越强。如前文所述的"苹果"与"电子设备行业"。以文字商标为例,使用在洁具上的"HEGLL"(恒洁),即属于具有显著性的例子,其字面含义主要是指该洁具的清洁能力可以使得该洁具做到长久的清洁,消费者一般不会将其同特定的出处联系在一起,这样经过长期使用之后消费者自然而然地将恒洁与卫浴商品联系在一起,就可以认定其经过使用具有了显著性。

《商标法》第11条规定:"缺乏显著特征的标志经过使用取得显著特征,并便于识别的,可以作为商标注册。"也就是说,不具备内在显著性的文字或图形,在特定情况下,经过长时间、大范围的使用,进而被认可,使得消费者可能会逐渐意识到这些标志就是指代某种商品或服务,例如"蒙牛""伊利""American Standard"(美国标准),它们并不是一个普通的词语,而可以像一个商标一样起到指明特定出处的作用。如果我们继续以该标志不具有显著性,拒绝给其注册,那么,其他人就可以自由地使用这些标志,就会损害权利人在该商标上投入的成本。对相关消费者而言,这实际上是一种不负责任的做法,会导致消费者更加陷入混淆之中。

我们从中可以看到,是否使用并使商标具有知名度是商标是否获得显著性的根本判断因素,申请人提供的证据材料2中有"金桥"品牌的产品中心,对品牌进行了详细介绍,企业画册中也有相应的烟标故事,讲述了烟标的成长与发展,并提供了厦烟迄今为止为金桥申请的系列商标列表,共93件,包括图形、英文字母、中文文字及其组合等,充分说明了对该品牌商标的重视,以及户外广告发布、宣传推广、赞助体育赛事、赞助合同、国家烟草专卖局国烟生[1994]第12号《关于公布首批优等品卷烟牌号的通知》、国烟生[1997]第7号《关于公布1997-1998首批年度名优卷烟牌号的通知》与证据材料4中的"金桥"在福建省的户外广告、在大连的灯箱广告和电梯广告、广告礼品、展会、"大连啤酒节"、在大连、长春和青岛举办的"金桥"推介会、"金桥杯"体育文化系列活动、民族音乐会、老年艺术团活动、"金桥奖教助学基金"、赞助厦门国际马拉松赛、海峡两岸赛艇挑战赛、厦门"9.8"烟火晚会等都足以说明厦烟对该品牌的宣传、使用有很大的广度、深度,在相关市场确立了知名度,也即《商标法》中所说的显著性。

本案的焦点和对《商标法》传统的突破表现在对《商标法》第11条的把握

与适用上,在法律适用上存在的难度主要是认定商标经过使用获得显著性的界限划定,以及商标在名称不变的情况下进行传承所做的宣传工作不同于商品销售的抗辩,并以此来确定该商标是否能够适用该条而获得注册。其开创了标识经过使用、宣传而继承之前已建立商誉的知名商标,并获得显著性而能够获得注册的例子,为之后其他企业对商标的使用、推广等获得显著性的工作的开展提供了信心支撑。在形式上不具有固有显著性的商标经过使用、经营和宣传也能够获得注册,鼓励商业标识的所有人积极开发标识的品牌价值,注重品牌的传承发展,为使自身所拥有的品牌成为具有竞争力、显著性的商标而受到法律更好地保护,加大商标管理与保护力度,提高商标权利保护意识与品牌建设水平有着相当大的影响。

四、商标经过使用获得显著性案例:蒙牛"酸酸乳"侵权案

一审原告蒙牛乳业2006年提起诉讼,其诉称:蒙牛乳业自2000年起陆续推出了以"酸酸乳"进行命名的系列乳饮料产品。2002年,蒙牛乳业将"酸酸乳"申请商标注册因包含了"酸""乳"等味觉通用名词而未被核准注册。之后,蒙牛乳业使用"酸酸乳"进行了大量的宣传推广,并在市场上获得成功,占领了相关乳饮料市场的份额,与伊利"优酸乳"齐名,"酸酸乳"经过使用、推广已经具有很高的知名度,取得了后天的显著性,应当认定为驰名未注册商标,被告白雪公主乳业擅自使用构成侵犯商标专用权。

一审呼和浩特中级法院判决认为:蒙牛乳业从2000年起在其生产的乳液饮料上突出、广泛地使用"酸酸乳"商标,且已持续使用近6年时间。虽然该商标中带有"酸"和"乳"等表明产品特征和主要原料的词,但经原告对该商标的持续使用和对其宣传、推广费用投入的逐年增加,该商标已在实际使用中获得了较强的显著性……事实上已经达到了为相关公众广为知晓的程度,并享有了较高的声誉,虽然其商标注册申请尚未被国家工商行政管理总局商标局核准,但已符合《商标法》认定驰名商标的认定条件,应当被认定为驰名商标。

一审宣判后,被告虽提出上诉,但二审法院驳回了被告的上诉请求。[1]

---

[1] 见吴鹏彬.商标法第11条"经过使用取得显著特征"的理解与适用——以蒙牛"酸酸乳"案为例.http://www.debund.com/info/3713faf74c8f424eac90e5089adecc1f.

上述案例与本案的关系:同为经过使用获得显著性,不同在于蒙牛是在使用后获得显著性,之后被他人使用该名称造成侵权之诉,本案为经过使用的商标获得显著性后未被核准注册所引发的复审程序。是否具有显著性,不是一成不变的,比如,青岛的啤酒厂生产的啤酒,叫作"青岛啤酒",这样直接表述产品产地的标志是不具有显著性的,不能作为商标来使用,但是,因为长期的使用,人们看到这个标志不再会将其理解为产地而是联想到某一个特定的品牌、厂家,这个时候,这个标志就因为使用而取得了显著性,可以作为商标受到保护。

五、对企业商标管理策略的具体建议

就在2017年的5月17日,国家工商总局发布了《关于深入实施商标品牌战略 推进中国品牌建设的意见》。《意见》明确提出,全国工商和市场监管部门在"十三五"时期实施商标品牌战略的主要目标和任务,是推动我国从商标大国向商标强国转变,推动中国产品向中国品牌转变。[①] 我们从中可以看出国家对商标品牌战略的重视程度,另外,十三五规划首次将发展知识产权列入议题,更是说明在新时代知识产权发展的重要性,因此落实到每一个企业,都有义务对知识产权发展做出贡献,从企业自有商标的保护做起,首先是加强对企业所有的商标的注册,依法取得商标专用权,获得法律的保护。商标注册的目的就是为了获得商标专用权,由于商标专用权是由行政机关授予的,其程序性和合法性符合法律的规定,在纠纷中能够起到很好的证明作用,更好地取得司法保护的优势,从而保护商标所有人在市场上的合法权利。所以,企业在商品投入市场之前、至迟在投入之时就应当对商标进行注册申请,为商品进入市场提供牢固的法律保障和坚实后盾。目前,国外发达国家企业和国内大型企业大都采取此种方法,有的企业注册了许多与实际使用的商标相类似的商标以防他人搭便车、钻空子,由此建立了自己的"商标后备库"以求备用。这种保护商标权的超前意识,值得中小企业借鉴。同时,企业还应注重商标的国际注册,为自己的产品打入国际市场并占有一席之地奠定基础。当今世界飞速发展,网络与交通工具的方便使得国内外交流愈显频繁,中国的企业要想融入国

[①] 见"工商总局发布深入实施商标品牌战略意见". http://www.saic.gov.cn/xw/yw/zj/201705/t20170523_265319.html.

际市场经济的大潮必须有这种商标注册意识,如若未注重国际商标注册,在商标"走出去"战略中就会遇到瓶颈,这一点在华为和小米两个我国电子通信企业走向世界时在专利方面遇到两种截然不同的状态是很好的经验教训。其次要加强商标的宣传、推广。以商标为核心进行广告宣传,是能够最直接地提高商品的知名度,从而在长期的推广中获得显著性的前提,强化广告的宣传效果,可以起到画龙点睛的作用,在线下和线上两种渠道双管齐下。如我们所熟知的"王老吉",其成功经验就在于广告做得好。它的广告只是突出"红罐凉茶"和"怕上火喝王老吉"这一形象,使得红罐包装和广告台词在人们心中留下深刻的印象,朗朗上口,最终促使"王老吉"成为中国驰名商标并且与红罐这一特定外包装相互联系。最后要加强对自身商标专用权的保护。企业依法注册了商标,就取得了商标专用权。然而,这不代表企业就此能够一劳永逸,市场上商标侵权的行为仍然泛滥,如何保护商标专用权,就成为企业所面临的重要课题。目前,假冒商标的现象经常发生,不仅损害了消费者的利益,而且扰乱了市场秩序,严重的甚至涉嫌刑事犯罪。中国企业要想与外国商人竞争市场,必须重视企业商标专用权的管理,提高自身法律防范意识,一方面防止他人的侵权行为,另一方面也要守住自己的底线,绝不能以侵犯他人合法权利获得利益,提高企业法律意识,融入世界保护商标的大潮流,跟上主观价值观,在发生商标侵权纠纷之前就应当请专业知识产权代理机构为预防风险提出建议、做出预防措施,将风险控制在未然状态,这也是企业知识产权意识提高的表现,以此为中国从制造大国转型为创造大国、创新强国注入思想层面的强大力量。"新颁布的《商标法》,加大了商标专用权的保护力度,这为企业参与市场竞争、规范市场秩序提供了重要的保障。对企业自身来说,要依靠法律制度维护自身的合法权益,及时发现和制止他人侵犯自己商标专用权的行为。"[4]企业要利用好这样的契机,大力发展自身品牌战略,创造中国新一代的先进生产力,积土成山、汇流成海,为早日实现国家富强、民族振兴的中国梦贡献一份绵薄之力。

"共存",可以!

厦门国贸控股有限公司(以下简称:国贸控股)创立于1995年5月25日,厦门市商贸国有资产投资有限公司更名成立,注册资本10亿元人民币,是厦门市国资委直属十大国有企业集团,拥有厦门国贸集团股份有限公司(以下简称:国贸集团)、厦门信达股份有限公司等全资或控股子公司,系"中国最大1000家企业集团""中国企业500强企业""中国服务业500强""中国进出口额最大百强企业""中国服务业百强企业""全国守合同重信用企业""福建企业集团100强""厦门企业100强"。

一、"国贸"商标案件经过

(一)案情概况

2012年5月24日,国贸控股将已经使用多年的""商标(以下简称:申请商标)在第35类至第45类共11个类别上进行申请注册,但因国贸控股的控股子公司——国贸集团早在多年前就已经获得第35类至第45类"国贸"商标(以下简称:引证商标一)与"ITG"(以下简称:引证商标二)的核准注册,根据"在先注册原则"以及"国贸"与"国贸控股"属于近似商标的事实,2013年3月18日,国家商标局陆续就上述11件商标下发《驳回通知书》,驳回理由为:该商标中文部分与厦门国贸集团股份有限公司在类似服务项目上已注册的"国贸"以及"ITG"商标近似。

(二)具体经过

国贸控股将已经使用多年的申请商标在第 35 类至第 45 类共 11 个类别上进行申请注册,商标局将其全部驳回。基于该情况,国贸控股就上述申请商标向国家工商行政管理总局商标评审委员会申请复审。

申请人委托厦门合道联合知识产权事务有限公司作为其代理人提出:

1.申请商标与引证商标一从商标整体表现形式和主要部分来看,都有着显著区别,以相关公众的一般注意力为标准,不会造成混淆误认,不应判为近似商标。国家工商行政管理总局商标局及商标评审委员会于 2005 年 12 月联合颁布的《商标审查标准》第三部分——商标相同、近似的审查中规定:商标近似是指商标文字的字形、读音、含义近似,商标图形的构图、着色、外观近似,或者文字和图形组合的整体排列组合方式和外观近似,立体商标的三维标志的形状和外观近似,颜色商标的颜色或者颜色组合近似,使用在同一种或类似商品或者服务上易使相关公众对商品或服务的来源产生误认。

(1)引证商标一已经被淡化,失去了原有的商标内涵,逐渐演变成固有商业形态或者通用名称。商标淡化是指未经权利人许可,将与知名商标相同或相似的文字图形及其组合在其他不相同或不相似的商品或服务上使用,从而减少、削弱该商标的识别性和显著性,损害、玷污其商誉的行为。其中商标淡化的最主要的表现形式为退化,退化是指对商标的不当使用,使驰名商标成为商品的通用名称,彻底丧失识别性,不再具有区别功能的行为。退化无疑是淡化中最严重的一种,商标权人彻底丧失了自己曾经拥有的商标。近几年来,国内外因退化导致商标淡化的案例不胜枚举,如 Aspirin、Cellphone、Thermos 都曾经是他人的注册商标,现在已经退化为阿司匹林、透明玻璃纸和保温杯的通用名称,而国内的"U 盘"名称也是商标因退化丧失显著性而成为通用名称的经典案例。引证商标一"国贸"原为中国国际贸易中心有限公司的字号,但随着改革开放的全面推行,越来越多的沿海城市乃至内陆城市都加大对外贸易的开放程度,因此在我国,仅国资背景的"国贸"公司就多达数十家,如厦门国贸集团股份有限公司、厦门国贸控股有限公司、浙江省国贸集团有限公司、安徽省国贸集团控股有限公司、宜昌国贸大厦集团有限公司、吉林国贸集团有限公司、长春国贸集团有限公司等,而以"国贸"二字出现的酒店、商业楼盘更是数不胜数,如北京国贸大酒店、厦门国贸天琴湾、西湖国贸中心、宜昌国贸大

"共存",可以!

厦等;根据百度百科对"国贸"词条的解释,国贸是指国际贸易的简称(International Trade),指不同国家(和/或地区)之间的商品和劳务的交换活动。国际贸易是商品和劳务的国家转移。国际贸易也叫世界贸易。国际贸易是由进口贸易和出口贸易两部分组成,故有时也称为进出口贸易。由此可见,"国贸"二字已经渐渐成为一种固有的商业形态或者通用名称,根据《商标法》的规定,申请注册的商标必须具有显著性,那么,商标局以丧失显著性的商标作为引证商标来驳回申请商标的申请行为明显有失偏颇。

(2)申请人是全国知名的国有企业,申请商标具有极高的显著性和行业知名度。申请人创立于1995年,于2006年5月25日由厦门市商贸国有资产投资有限公司更名成立,注册资本10亿元人民币,是厦门市国资委直属十大国有企业集团,拥有厦门国贸集团股份有限公司(上市公司)、厦门信达股份有限公司(上市公司)、中国厦门国际经济技术合作公司、厦门国贸金融中心有限公司、厦门恒一创业投资管理有限公司、厦门美岁商业投资管理有限公司等全资或控股子公司。截止到2012年,申请人先后荣获"中国最大1000家企业集团""中国企业500强企业""中国服务业500强""中国进出口额最大百强企业""中国服务业百强企业""全国守合同重信用企业""福建企业集团100强""厦门企业100强"等称号。申请商标具有独创性和显著性,经过多年使用,已经具备极高的知名度。申请人自成立以来,就聘请专业公司设计企业标识,申请商标是由中文"国贸控股"英文"ITG Holding"以及图形化的"H"组成,其中风格化的图形取意"Holding"英文首字"H"与中文书法字"一"结合而成。Holding寓意"把握关键",暗指控股公司的使命和地位,永争第一、团结一致、一心一意、一诺千金等。以汉字书法来表现的"一"呈现身后的文化感和哲学意味,更象征国贸控股"昂首阔步、大步求发展"的企业精神与愿景。"一"和"H"构成稳固向上的结构,代表国贸控股旗下厦门国贸集团股份有限公司和厦门信达股份有限公司"一体两翼"的经营架构。2012年,申请人向福建省版权局申请版权登记,并获得核准。综上,申请商标是由申请人独立设计并一直使用的,对申请人具有特殊的含义和极其重要的意义,申请商标一直是申请人企业品牌的象征和信誉的保障,经过申请人企业的长期使用和广泛的宣传,申请商标的显著性和易于识别性使得申请商标与申请人企业之间建立起一种独特与唯一的联系,申请人企业正以其良好的品质和值得信赖的商品质量赢得越来越多的消费者和相关公众的信赖和支持,广大的消费者一看到申请复审商标，便自然将其与申请人企业联系在一起，申请复审商标是申请人企业形象的代言。

（3）从整体表现形式进行对比，依据前述审查标准，将申请商标与引证商标一列表如下进行直观比对，判断两商标本身是否近似。

申请商标	引证商标一
国贸控股 ITG Holding 及图	国贸
国贸控股 ITG Holding	国贸

按照《商标审查标准》的规定，遵循以相关公众的一般注意力为标准，采取整体对比观察与比对主要部分的方法的原则来进行比较：首先，从商标的整体来看，申请商标为中文、英文、图形组合商标，经过图形化处理的字母"H"与英文部分中"Holding"之间的对应关系，是申请商标不可分割的一部分，也就是说，无论是申请人在使用申请商标或者相关公众在识别申请商标时，都不会将风格化的字母"H"、中文"国贸控股"以及英文"ITG Holding"单独进行认读，而是以各要素的整体组合形式进行使用或识记，可以肯定的是，中文"国贸控股"并非申请商标唯一或者主要的识别部分；而引证商标一的整体表现形式就是简单的"国贸"，没有经过任何的设计或者美化，相关公众对其的直接认知即为中文"国贸"。由此可见，在申请商标中，"H"的变形必然要与申请商标的中文部分"国贸控股"、英文部分"ITG Holding"结合在一起，以组合商标的形式向相关公众展示；而引证商标一则是以单一的纯文字进行展示，两商标在整体表现形式上的区别就显而易见。以相关公众的一般注意力，两商标的整体表现形式是完全不同的，我们有理由相信，相关公众不会对两商标所标识的服务来源产生混淆误认。综上所述，引证商标一已经被淡化成通用名称，失去了原有的显著性，而申请商标经过多年的使用，已经和申请人建立起独特且唯一的联系，相关公众在辨识申请商标与引证商标一时，能够对两商标进行有效的区别，故两商标不应当被认定为近似商标。

2.申请商标与引证商标二区别明显，且申请人与其所有权人之间存在隶属关系，申请商标与引证商标二共同存在，并不会引起相关公众的混淆误认。

（1）申请商标与引证商标二区别明显，依据前述审查标准，将申请商标与引证商标二列表如下进行直观比对，判断两商标本身是否近似。

"共存",可以!

申请商标	引证商标二
国贸控股 ITG Holding 及图	ITG

申请商标和引证商标二虽都包含"ITG"的英文,但考虑到引证商标二的"ITG"英文与左侧的图形已经形成有机的融合,因此,相关公众在识别该商标的时候,极容易因为左侧的图形部分,而将引证商标二认读为"CITG""OITG"或者"ITG",而这种认读的可能性也在《中国商标网》以及商标局的登记档案内得到体现,如与引证商标二相同的其他商标在《中国商标网》上也有登记为"OITG",可见,"ITG"已和左侧图形形成了整体的组合,而非单独的"ITG"形式,且厦门国贸集团股份有限公司的引证商标二已经获得"中国驰名商标"认定,这就意味着"ITG"商标的整体形象已经深入人心,相关公众在辨识引证商标二时,并不会仅仅识记引证商标二中的"ITG"部分;而申请商标中的"ITG"部分为达到与引证商标二有效区分的目的,在ITG的左侧和下方分别增加了风格化的字母"H"和英文"Holding",其中"Holding"译为"控股",与"ITG"使用直接反映申请人的经营内容,而左侧的风格化"H"则取意"Holding"的首字母,无论是风格化的"H""ITG"还是"Holding",其均不能以单独的形式出现,而是将中文、英文、图形的整体组合形式向公众展示。那么,申请商标与引证商标二在商标整体上的区别明显。

(2)厦门国贸集团股份有限公司为申请人控股子公司。引证商标二的所有权人为厦门国贸集团股份有限公司,如上文所述,申请人旗下拥有厦门国贸集团股份有限公司等全资或者控股子公司;根据从厦门市政府、厦门市国资委的批复、厦门工商局出具的《企业出资证明》、厦门国贸集团股份有限公司年报等材料均能证明厦门国贸集团股份有限公司为申请人的控股子公司,二者之间存在隶属关系。因此,相关公众并不会因为申请人与厦门国贸集团股份有限公司为不同的企业主体,而对申请商标和引证商标二标识的服务来源产生混淆误认。

(3)厦门国贸集团股份有限公司允许申请人共存与"OITG""ITG"商标近似的申请商标。我国《商标法》采用注册取得注册商标权原则,没有注册的商标无法取得商标专用权,如此就排除了那些没有注册的商标与他人已经注册的商标相同或者近似的合法性。商标权归根结底为私权，申请商标与引证商标之间是否存在冲突主要是私权纠纷，应当由当事人通过法律程序主张，在驳回复审案件中，如果在先或注册商标权人明示同意或默许他人相抵触商标与之共存，则推定相抵触商标具有识别性，除非违背强制性规定或者明显存在混淆之虞，《商标法》应当无需禁止其继续使用。根据申请人与厦门国贸集团股份有限公司之间签订的《允许厦门国贸控股有限公司申请注册包含"ITG"内容的商标共存协议》，厦门国贸集团股份有限公司已经以明示的方式同意申请人申请注册包含"国贸"与"ITG"内容的商标，且厦门国贸集团股份有限公司也愿意在贵委的主持下，与申请人达成申请商标和引证商标二共存的协议，使得其消除申请商标获得核准注册的障碍。

(4) 申请商标与引证商标二共存并不会引起消费者的混淆误认。《商标法》并非仅保护商标权人的利益，同时还保护消费者的利益，而《商标法》的立法宗旨也旨在维护市场秩序，促进经济发展。因此，只要是无过错使用相抵触商标就不会产生市场混淆或已经消除市场混淆并获取足够的识别性，那么，商标共存就具有正当性；如上文所述，申请商标中的"国贸控股"是申请人企业名称的简称，这无形中将商标标识的服务来源与申请人形成了唯一的联系；其次，厦门国贸集团股份有限公司的"ITG"商标已经获得"中国驰名商标"认定，即"ITG"商标在市场具有极高的知名度和显著性，因此，相关公众在辨识两商标标识的服务来源时，是可以有效进行区分的，并不会产生混淆误认；再次，如上文所述，申请人与厦门国贸集团股份有限公司存在隶属关系，且两个主体都属于在行业内实力极强的企业，因此，无论是申请人还是厦门国贸集团股份有限公司，其提供的服务品质和服务质量都可以得到保障，这也就意味着注册申请商标的行为并不属于《商标法》打击的恶意注册"傍名牌"行为，不属于"傍名牌"行为，也就不会存在消费者因误认误购导致严重后果的发生，即消除了市场混淆并获取了足够的识别性。最后，申请人使用申请商标多年，且在市场上形成了一定的知名度和影响力，一旦申请商标无法获得注册，势必对申请人的日常经营活动产生严重的影响。

(5) 商标共存不引起混淆误认，共存双方共同发展的在先案例。我国大陆商标共存现象非常普遍，共存原因也很多样，如因历史原因产生"张小泉""泥人张"商标；但现阶段共存原因更多的是集中在不同主体的商标均达到知名程度，一旦撤销任何一方的商标，均会给经济发展带来严重的影响，如"七匹狼"

服装和"七匹狼"香烟、"九牧王"服装和"九牧"洁具,而更具代表性的是中国移动公司的商标与国美电器的商标,中国移动公司主张其是著名的移动通信服务提供商,而北京国美电器有限公司也是知名大型电器连锁销售企业,二者的企业及品牌具有极高的知名度、美誉度,以相关公众一般注意力来看能够区分商标背后的不同经营主体。如上文所述,申请人和厦门国贸集团股份有限公司均属于国有大型企业,其各自的商标在实际使用中均具有极高的知名度和美誉度,相关公众施以一般注意力,就能够有效地区分两商标背后不同的经营主体。既然有在先的共存案例存在,那么,在审理申请商标与引证商标二的区别时,应当充分考虑申请人与厦门国贸集团股份有限公司的企业知名度和企业实力,给予公正裁决。

综上所述,引证商标一因被多重主体广泛使用,已实际被淡化成通用名称,即已经失去"国贸"商标固有的显著性,而申请商标经过多年使用,已和申请人形成了唯一联系,以相关公众的一般注意力为标准,不会造成混淆误认,不应将其申请商标与引证商标一判为近似商标;且因申请人与厦门国贸集团股份有限公司之间的隶属关系,以及厦门国贸集团股份有限公司允许与申请人共存"ITG"商标,那么,阻碍申请商标获得核准的障碍业已消除,故商标局的驳回决定失之偏颇。

(三)案件结果

2014年11月17日,随着商评字[2014]第0000078964号关于第10965627号"国贸控股 ITG Holding 及图"驳回复审决定书的下发:鉴于引证商标二、三所有人(国贸集团)已出具书面声明,同意申请商标在其指定商品上在中国与其引证商标共存,并经过公证,因此,申请商标与引证商标二、三已不存在权利冲突,决定申请商标在指定的服务予以初步审定公告。而在之前的第36类第10966310号及第37类第10966391号"国贸控股 ITG Holding 及图"商标驳回复审决定书也提及:(国贸集团)已出具书面声明,同意申请商标在其指定商品上在中国与其引证商标共存,并经过公证,因此,申请商标与引证商标已不存在权利冲突,决定申请商标在指定的服务予以初步审定公告。截止到2016年6月,国贸控股获得相应类别的"国贸控股 ITG Holding 及图"商标的核准注册。

二、相关理论研究

(一)基本概念

1.商标共存

关于商标共存,世界知识产权组织将商标共存定义为两家不同的企业在商品或服务上使用相似或者相同的商标,而并不必然相互妨碍其商业活动。国内部分专家学者给出的认为商标共存是指两个或两个以上的自然人、法人或其他社会组织分别使用多个具有相同或相似商标标志的商标,但不必然造成消费者混淆或者商标淡化的情形。由上述定义可以看出,虽然各方在商标共存的定义时用词或者指向有所不同,但是整体上均围绕"不必然混淆"这一重点。商标之所以会出现"共存"现象,是由于商标作为一种识别符号,其构成要素相对确定且数量有限,通过不同主体的排列组合,必然会出现相同和近似的商标符号。而商标权本身就是一种私权利,权利主体为了避免,或者说是回避商标近似带来的损失,往往会在其认为不会造成混淆的范围内签订双方或者多方的"商标共存协议"。而所谓的"商标共存协议",国际商标协会(INTA)给出的定义是:由双方或多方就近似商标能避免混淆可能性共存达成的协议,允许当事人间为商标和平共存设定规则。对于"商标共存协议",各国政府由于其具体法律实践和理念的不同,而持有不同的态度。就普通法系的国家而言,它们将商标共存协议看作是权利主体处理私权利的一种行为,对其予以认可。

但是对我国来说,"共存协议"经历了不认可到有条件认可的动态发展过程,这也体现了我国近年来市场发展的总趋势。从早期来看,我国的市场经济发展相对缓慢,企业主体对商标的重视程度不足,商标数量少,相同或者近似的可能性较低。在此种情况下,国家工商总局商标局作为商标的行政管理部门,为最大限度地对商标的在先性和独创性进行保护,而对商标共存协议持反对态度。也正是因为如此,在我国国内市场经济起步的初期,商标局保护和维护了一批老字号商标,促进了国内知识产权事业的发展和起步,同时,也让民众看到了商标所带来的经济价值,从侧面有效提升了民众对商标的认知和重视程度。但是,随着我国市场经济的进一步发展,这种坚决反对的态度已经不

"共存",可以!

能够满足当前的市场发展状况。经过 90 年代的市场经济初期到目前的市场经济高速稳定多元化发展时期,商标的注册和使用量空前提高,商标资源的有限性凸显。为了保证市场的发展,在如今的商标非诉案件中,对商标共存协议的态度也从早先的反对转为有条件的认可。而这种认可的前提,往往需综合考虑商标实际使用的具体商品、地域性、善意等情况,且要根据商标显著性、知名度等情况再进行进一步的判断。商标共存协议目前在司法实践中的适用,最先应当提到的是商标驳回复审案件。根据最新《商标法》的规定,驳回复审案件中的商标绝大多数是因与他人的在先商标构成相同或者近似。因此,部分主体就会选择商标共存协议对驳回进行复审申请。就目前的司法现状来看,在驳回复审案件中,有条件的认可商标共存协议已经得到了一定程度的适用。在审理案件时,商标局综合考虑商标使用的商品、使用的地域、商标的独创性和知名度等情况,对能够证明商标是在诚实信用的基础上的善意的共存协议予以认可,以达到效率且兼顾公平的审理原则。但是,对于一些特殊行业,例如,关系到相关公众身体健康等行业,对商标共存的认可程度就相对偏低,甚至持反对态度。这一做法也是通过行政手段干预市场发展,以维护广大公众的公共利益和市场的有序发展。另外,在异议、无效宣告等双方当事人之间的商标非诉案件和相关的行政案件中,商标局、商标评审委员会及法院的态度则更为谨慎。如果一方当事人提出异议或无效宣告,另一方提出双方在先签订的商标共存协议予以抗辩时,审理机关不仅会根据商标的具体情况进行判断,同时还将以双方提交的证据以及在实际中一般相关公众的认识为要素进行综合判断。对于抗辩方提供的商标共存协议,如果抗辩方不能举出更有利的证据证明其善意使用的基础,审理机关往往对该共存协议不予认可。综上所述,从商标发展和司法实践来看,我国对商标共存的认可仍存在很多问题和发展空间。在司法实践中,应当适当运用共存协议的效力,有效保护商标权利人的合法利益并充分维护市场发展和消费者的相关权益。

2.通用名称

根据《中华人民共和国商标法配套规定(第 4 版)》中的定义,通用名称是指公众所熟知的商品的一般名称,用来区别不同种类的商品。

通用名称产生的主要途径[1]包括:通用名称来自于商品的主要材料,如米酒、鱼肝油;通用名称来自于商品的制作工艺;通用名称来自于商品的味道、气味和色彩外观等;通用名称来自于商品的地名;通用名称来自于方言等约定俗成的称呼,如盘尼西林等;通用名称来源于商标。

3.商标近似

商标近似是商标法上的一个概念,是指两商标文字的字形、读音、含义或者图形的构图、着色、外观近似,或者其文字和图形组合后的整体排列组合方式和外观近似,或者其三维标志的形状和外观近似,或者其颜色或者颜色组合近似,使用在同一种或者类似商品或者服务上易使相关公众对商品或者服务的来源产生误认。②对于这样的定义,笔者将商标近似的类型分为四类,分别是:相同商品近似商标,相同商品相同商标,类似商品近似商标,类似商品相同商标。本案中讨论的是相同或者近似商品的近似商标。确定了商标近似的定义,那么,下一个问题就是如何判断商标构成近似。在商标近似的判断中,大概含有三大因素:近似程度,商品关联程度,显著性。商标近似的主体乃是判断主体:相关公众③。其中商标的显著性判断是众多要素中重要的一环,知识产权法学界对商标显著性的研究大致可以分为三种观点:一是"构成要素说"④。该说主要从商标本身的文字、图形等构成要素诸方面进行综合考察,考察用来作为商标的文字、图形或其结合应当标新立异,立意新颖,选材独特,形体简洁、抽象。二是"识别能力说"⑤。该说主要从商标的功能出发,认为商标的显著性是把某企业与其他企业的相同或类似商品服务区分开的功能或属性,或是指"能够将这种商品或服务的提供者与其他同种或类似商品或服务的提供者加以区分的特性"。三是"认知联系说"⑥。该说从商标与商品服务之间的关系出发,认为商标的显著性就是使消费者在商标与商品服务之间建立特定联系的可能性。

商标的最大价值不在于其自身的创造性,而在于其背后蕴含的商誉。具有强大生命力的商标能够牢牢地将消费者和商品结合在一起,二者产生"1+1>2"的效果。反之,如果单纯强调消费者的认知或者商标的独特都不能涵盖商标显著性的全部。其次,商标的显著性在于消费者与商品服务之间的联系更加体现了显著性并非静态的,而是动态的。正所谓"三十年河东,三十年河西"。

商标是否会构成近似是实务中申请商标十分重要的考量因素,在繁多的商标中,有两类商标最容易构成近似,分别是纯中文商标和纯英文商标。关于中文商标的近似判断:

(1)一定会判定为近似商标的几种情况:完全相同;前加表示颜色或修饰性词、后加显著性弱的词。如:"金太阳"与"太阳"近似,"银太阳"与"太阳"近似,注意"金太阳"与"银太阳"不近似;几个汉字随意变换顺序,判定为近似商标。

(2)字数不同,近似标准有细微差别:一个汉字,这个汉字读音相同且字形相近,判定为近似商标,如:"千""芊";叠字与单字判定为近似商标,如"红""红红"。两个汉字,这两个汉字读音相同且字形相近的情况。若发生在首字,80%的可能性会判定为不近似,若情况发生在第二个字,80%的可能性会判定为近似。如"千记"与"芊记"一般判定为不近似。"千记"与"千纪"一般会判定为近似。若增加一个汉字改变了商标的整体含义,80%的可能性判定为不近似商标,若整体含义无差别或者只是程度上的差别,80%的可能性判定为近似商标。如"环拓"与"环拓人"一般判定为不近似,"环拓"与"环拓王"一般判定为近似。加虚词的情况:虚词主要有"斯""之""尔",虚词加在两个汉字之前,80%的可能性会判定为不近似,如"斯环拓"与"环拓"不近似,"环斯拓""环拓斯"与"环拓"近似。三个汉字,这三个汉字可能是增加一、两个汉字的情况:首字相同,在其他任意位置增加一个汉字,含义无差别的80%可能会判定为近似商标,含义有差别的60%可能会判定为近似商标。若增加的汉字在首字位置,一般不会判定近似。如"环拓人"与"环斯拓人"一般判定为近似,"环拓人"与"环球拓人"一般判定为不近似。也可能是读音相同且字形相近的情况:若发生在首字,一般判定为不近似,若情况发生在第二、三个字,判定为近似的可能性大。如:"红千研"与"虹千研"不近似,"红千研"与"红芊研""红千研"与"红千妍"近似。四个及四个以上汉字的情况:这里所说的四个汉字指的是四个不同的、有含义的实词。若四个汉字是由叠字组成,或者后两个字没有显著性,标准参照两个汉字。四个汉字都是有含义的实词:其中三个汉字完全相同,有一个汉字不同,若首字不同,则80%可能会判定为不近似;若首字相同,其他任意位置有一个汉字不同,则80%可能会判定为近似;若首字相同,其他任意位置有两个汉字不同,一般判定为不近似。四个汉字,若增加一个汉字,即使是增加首字,80%可能会判定为近似商标。

另一种是关于纯英文的审查情况:

(1)无含义英文的审查标准:两个无含义的英文商标,首字母不同,一般判定为不近似商标。三个不同字母组成的英文商标,首字母相同,其他字母变换顺序,20%~30%的审查员会判定为近似。如:如果是四个字母,判定为近似的概率会有所上升,大约有40%的审查员会判定为近似,如:五个以上字母,这种类型的差别，一般会判定为近似商标。

（2）变换一个字形相近的字母：字形相近的字母有：C与G、O与Q、I与L等。三个字母的英文，只有一个字母不同，且字形相近，若发生在首字母，80%的审查员会判定为不近似；若发生在后两位字母，则视表现形式的近似度有可能判定为近似商标。

（3）增加一个字母：三个字母组成的英文，若增加一个不同的字母，80%的审查员会判定为不近似；若增加一个重复的字母，80%的审查员会判定为近似。四个及四个以上的字母组成的无含义英文，若在末尾增加一个"S"或者增加一个重复的字母，80%的审查员会判定为近似。英文字母越多，近似商标所容纳的不同字母越多，针对具体情况审查员会依据英文的整体差别，在标准范围内做出主观判断。两个商标的第四位、第五位字母都不相同，但因为字母较多，整体看上去无太大差别，所以这两件商标为近似商标。

倘若是有含义英文的审查标准，那么，审查员在英文审查时首先要看它是否有含义，若有含义，要一并审查其中文翻译。有多个含义的优先审查其常用含义，同时审查其在金山词霸翻译中的第一含义。两个都有含义的英文，中文含义不同，字母差别不大，或者中文含义相同，字母差别很大，审查员一般判定为不近似。字母仅差一个，但是含义相差甚远，一般判定为不近似商标。英文含义相同，字母差别巨大，读音也不同，一般判定为不近似。英文的复数、不同时态、不同词性之间，判定为近似商标。英文的组合商标，其中一部分有含义，整体无含义，视为无含义的英文，无需翻译。如："panda"译为"熊猫"，"xpanda"无含义，则不翻译，近似判定标准参照无含义的英文审查标准。因为字体设计而使商标整体发生变化，突出某一部分的情况除外。如："x"大写，把商标分成了两个部分，此时应检索中文"熊猫"、英文"xpande""panda"，若"x"有设计，还需检索字头"x"。几个有含义的英文组合为一个英文单词的审查标准。几个有含义的英文组合起来，交换顺序，80%以上的审查员会判定为近似商标。如：(HAWK译为"鹰"，WOLF译为"狼"。)因为商标局设定的英文检索算法中，对空格没有设定忽略不计，也就是说，英文检索时，增减空格，检索结果会有些不同。所以，在检索此类型的英文商标时，应增加空格多检索一遍，以"hawkwolf"为例，应检索汉字"鹰狼"，英文"hawkwolf""hawk wolf"。如果几个有含义的英文组合在一起之后的中文含义不是常用词组，并且整体无明显差别，一般会判定为近似商标。

"共存",可以！

虽然都有含义,但中文含义不是常用词组,属于生硬的拼凑,容易使消费者混淆,审查员会判定为近似商标。而如果这两个商标稍作变化,增加一个空格,则变为了两个词组,60%的审查员会判定为不近似。由此可见,商标的表现形式,对商标审查结论的影响至关重要。

(二)商标共存相关理论

1.商标共存的定义

商标的基本功能在于识别商品或服务的来源,使消费者能够根据经验识牌购物。为保护商标的这种识别功能,《商标法》赋予商标所有人以商标权,禁止他人擅自在相同或类似的商品上使用与注册商标(或受法律保护的未注册商标)相同或近似的商标并造成消费者混淆的行为。商标权在很大程度上是一种独占权和排他权,意味在对特定标识的独占使用和对可能与其混淆的其他商标使用行为的排斥。但商标权并不意味着对相同或近似商标的垄断性占有和使用,而是一种受到限制的权利。基于此,由于近似商标之间并不必然具有混淆可能性,因此具有合法共存的空间;在先使用的商标与注册商标的共存是有效保护善意商标使用人利益的重要方式,有助于《商标法》的利益平衡,而通过商标共存协议所实现的商标共存则充分体现了商标权私权的特性,是对商标权人权利的尊重,有助于有效预防和解决商标纠纷;商标共存也是商标撤销期限设计的必然结果,有助于督促商标权人及时行使权利,保持商标权的稳定性。因此,在商标冲突大量存在的时代背景下,承认近似商标合法共存,规范商标共存秩序无疑是理性的制度选择。

商标共存制度源于美国判例法中的蒂罗斯—莱格特纳斯规则(Tea Rose-Rectanus Doctrine)。该规则认可在一个法域内,允许两个或两个以上的市场主体在各自的经营范围内,在相同的商品上使用相同的商标。该规则明确了一个标志的在先使用人并不能在其经营范围之外垄断该标志,以维护其他善意商标使用人的利益。商标共存制度发展到今天,其内涵和外延都有进一步发展。

国内学界对商标共存的概念提出了多种表述,具有代表性的观点如下：

一是合法说。这类观点认为商标共存指的是合法情形下的共存。例如,有学者提出："商标共存是指不同的市场主体在符合法律规定的情况下,对相同或近似商标进行使用而不存在混淆可能性的情形。"也有学者指出："商标共存是指相同或类似商品上近似商标的合法共存。"① 还有学者认为："商标共存是指使用在相同或类似商品或服务上的相同或近似商标,由于不存在混淆的可能性,或虽存在混淆可能性,但因存在商标侵权阻却事由而使商标合法共存的情形。"② 合法说中不同的观点,其差异主要体现在是否明确存在混淆可能性。

二是善意说,这种观点认为商标共存指的是善意使用的情形。例如,有学者认为,商标共存是指不同经营者在相同或类似商品上使用相同或近似商标,且不具有主观恶意的现象。类似观点还有,商标共存是两个不同的主体在同类商品或服务上善意地使用相同或近似的商标,不造成消费者混淆。善意说中,有的观点也认为应明确不造成消费者混淆。

三是客观要件说,这类观点主要是从某些或某个客观表象来定义商标共存。例如,有人认为,商标共存是指不同主体在相同或类似的商品或服务上使用相同或近似的商标。这种定义具有以下要素:一是主体不同;二是商标相同或近似;三是商标使用在相同或类似的商品或服务上。

商标共存具有广义和狭义之分,广义上的商标共存包括违法共存,也包括合法共存,这里探讨的商标共存并不泛指任何商标的共存,而是限定在相同或类似商品上的相同或近似的商标。之所以如此,是因为相同或近似商标之间存在潜在冲突的可能性,"商标共存"这一主题所研究的正是如何在这些具有冲突危险的商标上实现合法共存。而对于不相同也不相近似的商标,由于它们的合法共存无可置疑,无需纳入特殊讨论的范畴。因此,商标共存的法律评价是指合法共存应无疑义。

2.商标共存产生的原因

(1)商标标志资源的相对有限性和非物质性

根据我国新《商标法》第8条的规定,任何能够将自然人、法人或者其他组织的商品与他人的商品区别开的标识,包括文字、图形、字母、数字、三维标志、颜色组合和声音等,以及上述要素的组合,均可以作为商标申请注册。有的国家还将气味、动态标志等纳入到商标资源之中,这极大地丰富了商标标识的来源。从理论上讲,商标标识资源是无限的。但既满足商品或服务开发者使用商品或服务的特点,又能满足该商品或服务的市场习惯以及所蕴含的消费文

---

① 陈武.论近似商标共存制度[J].知识产权,2008(3):43—44.
② 李玉香、刘晓媛.构建我国商标共存制度的法律思考[J].知识产权,2012(11):61—63.

"共存"，可以！

化、形象鲜明、便于识别的商标十分难得。从商家趋利的本能角度看，其在选择商标的时候往往都选择那些突出商品或服务特点、迎合顾客喜好的标识，而这些标识的数量又是可穷尽的。商标作为一种标识符号并不像有形的财产一样具有有形的、具体的形态，商标具有非物质性。这种商标符号的非物质性决定了人们并不能像对有形财产那样进行实在的占有、控制，其只能被人们所认识和使用。这使得相同或者近似的商标有可能为不同的市场主体所善意地、持续地使用并被消费者所识别，形成各自的市场格局，从而使相同或者近似的商标在相同或者类似的商品上形成合法共存的状态。因此，由于作为商标外在表现形式的标识符号的非物质性特点，以及前述的标识符号资源的有限性，为商标共存提供了可能性，是商标共存产生的基础因素。

(2) 商标注册类别和使用地域的扩张

商标的使用不是一个静态的过程，从总体上看往往具有一定的扩张性，这种扩张既可能体现在商品类别上，也可能体现在商品涉及的地域上。首先，各国目前普遍采用商标分类注册制，我国亦是如此。根据我国《商标法》第22条、第23条的有关规定，所谓商标分类注册，是指商标注册申请人在提出商标注册申请时，应当按照规定的商品分类表填报使用商标的商品类别和商品名称。而且，注册商标需要在核定使用范围之外的商品上取得商标专用权的，应当另行提出注册申请。这种分类注册制度意味着市场上将会存在使用相同或近似商标的不同类别的商品或服务同时流通的现象。但随着企业生产销售规模的扩张，产品领域的不断扩展，就很可能产生商标冲突问题。商标的法律保护具有地域性。一个商标要想获得法律保护必须依法取得商标权，这是商标权的法定性决定的。而商标权的法定性又决定了商标的地域性，即商标在一国注册后仅在注册地国家有效，如果想要在其他国家获得保护，必须另行注册。在世界各国经济来往不是那么密切的年代，相同或近似商标在不同法域使用一般互不相干。但二战以后，随着世界经济全球化的迅猛发展，各国企业逐渐走上国际化的道路，其产品或服务的触角延伸到世界各地，这就使得原本在不同地域使用的相同或近似商标出现在了同一市场上，产生了商标共存案件。比如"鳄鱼案"，法国拉克斯特公司和新加坡鳄鱼国际公司，分别持有"鳄鱼"近似的图文结合商标，本来两家公司分别在欧洲市场和东南亚市场发展，但后来都进入了中国市场，因为商标冲突，两者展开了持久战，最终双方以商标共存的模式各自在中国市场并行发展。

(3) 商标权的私权属性

知识产权起源于封建社会国家或国王授予的特权,其并非起源于任何一种民事权利,也并非起源于任何一种财产权。但是,知识产权正是在这种看起来全不符合私权原则的环境下产生,并逐渐演变为今天绝大多数国家所普遍承认的一种私权、一种民事权利。[①] 因此,TRIPS 协议在序言中开宗明义地强调全体成员必须认识到知识产权是一种私权。商标权作为知识产权的一项重要类别,毫无疑问亦属于私权,根据私法的意思自治原则以及法无禁止即自由的原则,只要不违背法律的强制性规定,不损害消费者利益和公共利益,商标权人自然有权利根据其自身利益需求自由地处分商标权。绝大多数国家,商标法律制度允许商标所有人转让、许可他人使用商标。同理,商标共存也是权利人在意思自治的原则下对自己权利的处分。因此,商标权人有权通过商标共存协议等形式相互之间达成合意,从而使双方在市场经济活动中并行不悖地使用各自的商标。

(4) 世界上的多数国家采取商标权注册取得制度,即一般商标经过审查机构审查得以核准注册后才取得商标权,才能得到法律的充分保护。这种商标审查制度有利于保证商标审查标准和商标注册的统一性和一致性,避免近似商标在相同或者类似的商品上注册。另外,商标法律制度中还设置了核准注册前的异议程序,以及核准注册后的无效程序等机制,以避免或消除近似商标在相同或者类似的商品上注册的问题。理论上,不可能有两个相同或者近似的商标在相同或者类似的商品上通过商标审查被核准注册,或者即使被核准注册,也应通过无效程序使之丧失注册商标权。但现实中,商标审查人员由于主观过失或者检索能力等客观上的有限性所导致的相同或近似商标被核准注册于相同或类似商品或服务上的情形屡见不鲜。若商标所有人或者利害关系人在异议期间没有提出异议,在无效期间也没有提出无效请求,经过这些期间以后,商标所有人或利害关系人就无权提出异议或无效请求,也就有可能导致相同或者近似的商标实现共存。总之,商标审查注册多重而漫长的程序导致的过程性,蕴含了商标权利状态变化的可能性,加上商标审查人员无法完全克服的主观性和审查技术条件的局限性,商标共存的可能始终是存在的。

---

① 吴汉东.关于知识产权本体、主体与客体的重新认识[J].法学评论,2000(5):3—4.

3.商标共存的类型

根据商标共存对象的不同,其分为注册商标之间的共存、未注册商标与注册商标之间的共存。未注册商标之间的共存根据商标共存基础的不同,又分为法定共存和约定共存。商标的约定共存是指基于商标共存协议使两个以上的近似商标得以有序共存。商标共存协议是指两个以上主体约定在各自范围内使用近似商标,而互不构成商标侵权的协议。商标权益本质上属于私益,当事人有处分的权利。因此,签订商标共存协议被一些国家认可为解决近似商标纠纷的有效方式,成为国际主流认识。但共存协议的有效必须以不损害公共利益和其他权利人的合法权益为前提,这是由商标保护的公共利益属性所决定的。

4.商标共存的正当性

允许两个近似商标能够在相同或近似的商品上同时存在,其必须有法律上的正当性,这种正当性主要是指系争商标不构成商标混淆,符合利益平衡原则和公平原则,不违反社会公共利益等。通过对商标共存正当性的分析,可以从理论视角了解商标共存需要具备的前提和条件,从而为制度设计提供理性指引,确保法律制度的安排和运行真正服务于其价值和目标的实现。

利益平衡原则。商标法律制度具有知识产权法律制度的共同属性和特点,即在保障商标权人利益的同时,也要保障社会公共利益。社会公共利益在商标法律保护体系中既包含竞争者的利益,也包含相关消费者的利益。所以,《商标法》的宗旨从来都不仅仅是商标权的授予。商标保护的目的是实现商标所有者的利益、竞争者的利益与社会公众利益之间精妙的平衡。[1]《商标法》其公共利益属性决定了其对商标权的保护不能以牺牲消费者的利益、破坏正常的市场竞争秩序为代价。因此,在确定商标是否能够共存时,应考虑争议商标的使用历史、并存状况以及市场格局等因素判断涉案商标是否具有混淆可能性,从而判定商标共存。这有利于促进商标权利人与其他竞争者之间的利益平衡,使已经符合一定条件的近似商标能在法律或市场允许的范围内共存,有利于维护双方的正当利益和既有的市场秩序,[2]保护社会公众的消费选择利益,从而实现社会整体利益的最大化。另外,对于商标共存协议的审查,如

---

[1] 冯小青.商标利益平衡原理研究[J].长白学刊,2007(5):137-138.
[2] 黄淳、李震.商标共存的合目的性——从"鳄鱼"商标案谈起[J].法学,2012(7):48-49.

果商标权利人之间通过共存协议来垄断市场,损害竞争秩序,法院或其他审查部门也应当对其进行法律上的规制。

公平原则。商标标识不仅是一种垄断性资源,也具有竞争性属性。商标注册制度鼓励商标所有人采取商标注册的方式维护其商标权益,但并不意味着商标权人在核准注册范围内对商标标识要绝对垄断。有时,由于历史、经济或商业上的其他原因,其他商标权利人并未选择商标注册的方式来正当使用自己的商标。例如,若商标在先使用人未注册商标,而其他人抢先注册,获得了商标专用权,如果《商标法》给予注册商标较高的保护力度,禁止该商标在先使用人继续使用商标,在先使用人之前投入的创造性劳动就不能得到公平对待,已经形成的既有市场秩序就会被打破。这样,对该商标在先使用人及相关消费群体都是不公平的。从保护商标在先使用人投入的创造性劳动的价值,以及维护稳定、合法的市场秩序的角度出发,应当认可在先使用的商标继续在原有的范围使用。否则,如果因在后注册商标的合法性而对在先合法的商标作出违法性评价,那么,这对在先使用人是非常不公平的。

私权自由处分原则。私权处分原则主要体现在商标共存协议领域中。从国内外的一些司法实践中可以看出,法院在判定商标是否能够共存时,会适当考虑当事人之间签订的商标共存协议,这就是对私权自由处分原则的一种尊重。有人认为,《商标法》归根究底是保护商标权人私权的法律,若非严重影响公共利益,仍应以尊重权利人自行处分的自由为主。但如果某一产品涉及重大公共利益,如药品这样涉及公共健康的产品,一旦造成混淆,会给消费者造成无可挽回的损失,此时应当将公众利益放在首位,慎重对待共存协议。[①] 私权和公益之间应当坚持利益平衡原则,在不违反法律强制性规定,不损害消费者利益和社会公共利益的前提下,若商标权利人之间同意商标并存使用,法院判定商标共存并不违背商标法的宗旨和目的。

综上,从利益平衡和公平原则来看,商标共存具有其正当性基础。在某些范围内,因为《商标法》所具有的私权性和公益性,法律也适当认可私权的自由处分。在认定商标共存时,其判定标准需要结合主客观两个方面的要件,包括主观善意,客观要件包括排除混淆可能性、商标使用程度等。总之,商标共存要平衡保护商标权人、其他竞争者和社会公众的利益,维护正常的市场竞争秩

---

① 李婧.商标共存协议的效力问题研究[J].法制与社会,2013(12):23—24.

序,从而实现社会公共利益的最大化。

5.域外商标共存制度

(1)商标共存制度

美国《兰哈姆法》第 2 条(d)款规定,如果专利与商标局局长认为多个相同或近似商标在特定时间之前已经合法存在于市场上,并且如果受到使用方法、地点的限制后不会造成混淆、误认或者被骗的,或者根据法院判决,则这些相同或近似商标就可以合法地在商业中共同存在。上述规定承认了共存协议的效力,即如果在后的申请人能够征得在先申请人或者权利人的同意,而且商标主管机关(商标局)认为不会构成混淆的情况,是可以给予共存注册的;但是,如果商标主管机关(商标局)认为在二者同时使用时仍旧会造成二者的混淆,那么,即使是在后的申请人征得了在先申请人或者商标权人的认可,该商标注册申请也不会得到许可。可见,在商标审查中,美国将商标共存协议作为判定混淆可能性所需要考虑的因素,商标主管机关(商标局)认为在使用时不会构成混淆时才允许共存商标的注册。从美国的商标共存立法和实践来看,美国商标制度很早就认可了商标共存,并且将商标共存协议作为审查考虑的因素之一。美国的法律实践有个倾向是更为重视商标的社会性因素,注重消费者权益的保护,所以将是否会引起消费者的混淆作为衡量商标共存的重要标准。

在欧盟,设置有欧盟内部市场协调局,在申请时可以选择是在欧盟范围内的注册还是单个欧盟国家的注册;如果选择了整个欧盟范围内的注册,那么,商标申请人可以向内部市场协调局提起商标申请,则核准注册后商标可以在共同体的每个成员国得到保护,而不需要向每个国家分别提出申请。在欧共体时期,在商标申请的公告期间内,所有的在先权利人均可提出异议,在先权利人包括在先申请人和在先商标权人。如果五年内没有对该商标的申请提出异议,那么,该在先权利人就不能够再对该商标提出异议、无效或者反对该商标公用。欧洲的商标申请审查制度是形式审查制,即只要形式上合格即可给予商标注册。商标的混淆或者相似等主要靠在先的权利人自己的注意义务,通过各种途径监测商标公告及申请情况,及时提出异议或者无效。如果在长达五年的时间里,权利人都怠于保护自身的利益,并且不关注市场或者商标局的商标情况,则商标局认为可以收回在先权利人提起异议的权利。[①] 这样导

---

① 李玉香.知识产权法学概论[M].北京:知识产权出版社,2009.190.

致的结果就是,市场上会有相同或者相似的商标共存的现象。这种商标的共存,不是基于协议,也不是基于判决或者裁定,而是基于商标的审查制度而产生的共存。这样的制度,很显然是有一定缺陷的,因为形式的审查依靠在先权利人自己对自己商标的保护,在先权利人怠于行使权利即可产生近似或者相同的商标共存的结果,那么,它就无法管控或者兼顾商标在市场上可能引起混淆的问题,而且也无法排除恶意申请人的申请。这对市场的管理而言,存在很大程度的负面影响。然而,对于商标共存协议,作为欧共体继任者的欧盟一开始并不接纳这种由市场主体尤其是自由市场主体的私人之间签订的关于商标共存的协议。① 法律会采用严苛的标准来判定市场主体之间的私人协议无法成为衡量是否造成商标混淆的条件。但是,欧盟的态度也非一成不变,随着社会的发展,这种相似变得越来越多,世界其他国家和地区也在不断地认可共存协议的效力。虽然,在认定共存协议的效力时,会附加很多的条件诸如善意使用这样的标准,但是共存协议效力的认可也成为商标判例的主流。所以,在后来 SKY 一案中,内部市场协调局开始改变态度对商标共存协议进行审查,以表明其尝试认可商标共存协议具有一定排除混淆可能性的证据效力,并作为判定混淆可能性所考虑的因素,认为它是解决相关商标争议的一种途径。SKY 商标的使用不会削弱或破坏对方 SKYROCK 商标的显著性,使用方也不会从中得到好处。虽然,最终内部市场协调局直接从近似商标的显著性方面进行考察,并且抛开了商标共存协议的效力,但是这次的审查仍旧是一次值得肯定的尝试。

(2)域外对商标共存的规范

无论是直接规定商标共存还是间接承认商标共存,各国商标法在规定商标共存时无不注意对商标共存的规范,这主要表现在采取积极措施避免共存近似商标的混淆。毕竟相同或近似商标在大多数情况下都会造成混淆,即使在例外的情况下不会造成混淆,也离混淆仅一步之遥。如美国兰哈姆法要求,"在核准同时注册时,专利与商标局局长必须就各注册人的商标或商标使用的商品的使用方式或地点提出条件或限制"。

英国商标法也要求,"法庭或注册局长如果认为适当,可以对同时注册附加条件或限制"。日本商标法在规定商标先用权的同时,赋予了注册商标权人

---

① 梁小青.商标共存实现模式的境外实践[J].中华商标,2001(11):71-72.

"共存",可以!

要求先用权人附加适当区别标识的权利,以防先用权人的商品与注册商标权人的商品混淆;台湾地区"商标法"也有与日本商标法相同的规定。可见,在商标共存的法律问题上,一方面,法律应基于公平和利益平衡的理念最大限度地扩宽商标共存的空间;另一方面,法律应采取措施规范共存的近似商标的使用,将近似商标共存所造成的诸如混淆、不正当竞争、垄断等不利影响降至最低程度。这两方面缺一不可。缺乏前者,善意商标使用人的利益得不到保护,大量商标冲突得不到合理解决;而缺乏后者,商标共存也将使商标秩序混乱不堪。商标共存协议本身并不能产生商标共存的后果,真正的商标共存只有在两个近似商标均获得注册或其使用均获得法律的认可的情况下方能实现。但商标共存协议在实现商标共存上并非没有意义,这主要体现在其在排除混淆可能性方面的证据作用。整体而言,英美法系国家比大陆法系国家更加重视商标共存协议的效力。对商标共存协议在商标注册过程中的效力,美国保持"相对效力"模式。1988年美国《兰哈姆法》修订时,在第2条(d)项中增加了准予同时注册的相对条件,明确了"同意书"在商标注册中的相对效力:"商标注册申请人或商标权人得同意同时注册,即使新使用人之使用并未先于申请人或商标权人之申请日。惟主管机关如认为同时使用之注册有致混淆之虞者,仍得拒绝之。"与此相应,美国专利商标局制定的《商标审查程序手册》将"申请人与先前注册的商标的所有人之间的有效同意协议"作为与商标近似、商品类似等并列的审查混淆可能性的六大因素之一。在美国的商标注册审查、异议及撤销程序中,一方面,商标共存协议不具有使在后的近似商标获得注册的绝对效力;另一方面,商标共存协议可以作为排除混淆可能性的有力证据。实际上,美国在商标注册程序中十分重视商标共存协议,若存在商标共存协议,除非涉及重大公共利益,如医药器械或药品上的商标,申请注册的近似商标很少会被认定为与在先申请注册的商标存在混淆可能性而被驳回。

欧盟对商标共存协议在商标注册过程中的效力持一种纠结的摇摆状态。欧盟的一些法令承认商标共存协议在近似商标注册程序中的效力。如欧盟一号指令第4条第5款规定:"在适当的情况下,如果在先商标权人或其他在先权利人同意在后商标的注册,该商标无需被宣布无效(或者商标注册申请无需被驳回)。"但是OHIM(欧洲市场协调局)在商标注册实践中却完全忽略商标共存协议。在OMEGA/OMEGA案和COMPAIR/COMPARE案中,OHIM均拒绝适用看起来完全有效的共存协议。OHIM将混淆作为驳回近似商标注册的标准,并认为混淆既不受当事人之间私人协议的约束,也不受其影响。对这背后深层的原因,OHIM 的律师解释道:首先,欧洲的商标条例并没有规定在什么条件下可以剥夺在先权利人提起异议的资格;其次,政府机构不应评判私人协议,尤其是在商标异议案中,异议裁定所涉及的是公共利益而非仅限于当事人之间的利益。由于 OHIM 认为近似商标的注册涉及公共利益,其拒绝受到仅涉及私人利益的共存协议的影响就不足为怪。OHIM 这种完全不考虑共存协议的做法受到了众多的批评。最近,OHIM 对待商标共存协议的态度似乎有所转变。OHIM 最新发布的指导称:"之前在异议程序中认为当事人之间任何性质的民事协议(如合同)均与案件无关的做法不应再被遵循。"但即便如此,OHIM 对商标共存协议在商标注册程序中的适用仍持极不情愿的态度,如在 SKY 案中,OHIM 第一上诉委员会虽然审查了当事人之间的商标共存协议,但得出的结论是该协议的内容并不包括争议商标,于是将该协议搁置一边。但同样一份合同,法国法院却认为包含了争议商标。

三、本案具体法理分析

本案的基本思路为:首先判定申请商标与引证商标一、二之间是否构成在相同或者相似的商品或服务上使用相同或者近似的商标。根据《商标法》第 30 条和第 57 条的规定,在不违背《商标法》其他关于注册商标的强制性规定的情况下,同他人在同一种商品或者类似商品上已经注册的或者初步审定的商标相同或者近似的,注册申请也会由商标局驳回,不予公告。基于此,如果申请商标与引证商标一、二不构成在相同或者相似的商品或服务上使用相同或者近似的商标,则不用进一步探究关于商标共存的问题,商标局应核准注册申请商标。其次,如果以上理由不成立,则需要从商标共存的角度找到新的解决思路。

1.商标近似

在我国目前的法律框架之下,近似商标判断主要有两种方法:(1)客观标准,即采用在隔离状态下对商标进行整体和主要部分对比的方法判断两商标之间是否客观上构成近似;(2)主观标准(混淆可能性标准),即不仅需要判断两商标本身客观上是否构成近似,还要判断是否具有混淆可能性,也就是结合判断混淆可能性的各种因素,包括商标的知名度、显著性以及商品种类和相关

"共存",可以!

公众的注意力等方面来加以判断。目前,司法实践中,多采用第二种方式,逐步确定了判断混淆可能性的各种标准在判断商标是否构成近似中发挥了一定的作用。

首先,对商标是否构成近似进行判断。根据人类认识的一般规律性,消费者对商标的印象首先是通过其自身的视觉、听觉、味觉等器官和思想来感知的,就是我们通常所说的形、音、义。总的来说,如果两个商标在视觉、读音和含义三方面均可以认定为近似,则两商标确凿无疑构成近似;如果音、形、义均不近似,则两个商标根本不可能构成近似。如是某一方面或两个方面近似,则需具体判定。

其次,商标是用来识别商品来源的标志,因此,在判别商标是否近似时,其关键在于商标之间是否会产生商标所标示商品或服务来源的混淆或者可能产生混淆。关于认定混淆可能性应考虑的因素,1938年的美国侵权责任法总结以往法院的判例,在第729条中提出了混淆可能性的4个要素:①有关标记与有关商标或商号之间在外表、所用文字的发音、有关图画或设计的字面含义、指示上所存在的相似性程度;②行为人采用有关标记的意图;③在使用和上市方法上,行为人所提供的商品或服务与他人所提供的商品或服务之间的关系;④购买者有可能具有的谨慎程度。后来美国在第九巡回上诉法院 AMF v. Sleekcraft 中提出了判定混淆可能性的8个要素:商标的强度、商品的类似性、商标的近似性、实际混淆的证据、销售渠道、商品种类及消费者购买时的注意程度、被告选择商标的意图和产品扩展的可能性。总的来说,对于混淆可能性的判断,各国普遍采用"多因素检测方法"加以分析,基本上可以纳入4类共同的考虑因素:商标因素、商品因素、消费者因素、其他因素。在近似商标的判定中,结合判断混淆可能性的各个因素综合判断(如以相关公众的一般注意力为标准和考虑请求保护的商标的显著性和知名度),既符合我国目前的法律规范,也与学术理论中大部分学者的观点相契合,同时也有助于在实践中为具体案件涉及的近似商标的判断问题提供标准。

最后,对商标知名度的判断是衡量混淆可能性的重要标准之一。近似商标认定与注册商标的知名程度也密切相关。相关公众对一个商标的知晓程度,往往与该商标使用的持续时间、广告投入、所获荣誉和该商标标示商品所处的地域、市场份额以及售后服务等有关。知名程度高的商标往往蕴涵着更大的市场声誉,也能够明确地向消费者表达商品或者服务所具备的优良品质。

输了我的品牌

一些商标侵权者正是看到了知名度高的商标所具有的商业价值,总是想方设法地采用近似商标的方式,企图造成相关公众对两个近似商标和商品的误认,或者造成对他人商标的淡化、削弱,从中谋取利益。

在本案中,首先需要判定申请商标与引证商标一之间是否构成近似。申请商标与引证商标一从商标整体表现形式和主要部分来看,都有着显著区别,以相关公众的一般注意力为标准,不会造成混淆误认,不应判为近似商标。首先,引证商标一已经被淡化,失去了原有的商标内涵,逐渐演变成固有的商业形态或者通用名称。其次,申请人是全国知名的国有企业,申请商标具有极高的显著性和行业知名度。最后,从商标的客观形态来看,采取整体对比观察与比对主要部分的方法来进行比较:从商标的整体来看,申请商标为中文、英文、图形组合商标,经过图形化处理的字母"H"与英文部分中"Holding"之间的对应关系,是申请商标不可分割的一部分,也就是说,无论是申请人在使用申请商标或者相关公众在识别申请商标时,都不会将风格化的字母"H"、中文"国贸控股"以及英文"ITG Holding"单独进行认读,而是以各要素的整体组合形式进行使用或识记,可以肯定的是,中文"国贸控股"并非申请商标唯一或者主要的识别部分;而引证商标一的整体表现形式就是简单的"国贸",没有经过任何的设计或者美化,相关公众对其的直接认知即为中文"国贸"。由此可见,在申请商标中"H"的变形必然要与申请商标的中文部分"国贸控股"、英文部分"ITG Holding"结合在一起,以组合商标的形式向相关公众展示;而引证商标一则是以单一的纯文字进行展示,两商标在整体表现形式上的区别就显而易见。以相关公众的一般注意力,两商标的整体表现形式是完全不同的,我们有理由相信,相关公众不会对两商标所标识的服务来源产生混淆误认。

其次,需要判定申请商标与引证商标二是否构成近似。本案中,申请商标和引证商标二虽都包含"ITG"的英文,但考虑到引证商标二的"ITG"英文与左侧的图形已经形成有机的融合,因此,相关公众在识别该商标的时候,极容易因为左侧的图形部分,而将引证商标二认读为"CITG""OITG"或者"ITG",这种认读的可能性也在《中国商标网》以及商标局的登记档案内得到了体现,如与引证商标二相同的其他商标在《中国商标网》上也有登记为"OITG",可见,"ITG"已和左侧图形形成了整体的组合,而非单独的"ITG"形式,且厦门国贸集团股份有限公司的引证商标二已经获得"中国驰名商标"认定,这就意味着"ITG"商标的整体形象已经深入人心,相关公众在辨识引证商标二时,并

"共存",可以!

不会仅仅识记引证商标二中的"ITG"部分;而申请商标中的"ITG"部分为达到与引证商标二有效区分的目的,在ITG的左侧和下方分别增加了风格化的字母"H"和英文"Holding",其中"Holding"译为"控股",与"ITG"使用直接反映申请人的经营内容,而左侧的风格化"H"则取意"Holding"的首字母,无论是风格化的"H""ITG"还是"Holding",其均不能以单独的形式出现,而是将中文、英文、图形的整体组合形式向公众展示。那么,申请商标与引证商标二在商标整体上的区别明显。申请商标与引证商标二共存并不会引起消费者的混淆误认。《商标法》并非仅保护商标权人的利益,同时还保护消费者的利益,而《商标法》的立法宗旨也旨在维护市场秩序,促进经济发展。因此,只要是因无过错使用相抵触商标不会产生市场混淆或已经消除市场混淆并获取足够的识别性,那么,商标共存就具有正当性;如上文所述,申请商标中的"国贸控股"是申请人企业名称的简称,这无形中将商标标识的服务来源与申请人形成了唯一的联系。其次,厦门国贸集团股份有限公司的"ITG"商标已经获得"中国驰名商标"认定,即"ITG"商标在市场具有极高的知名度和显著性,因此,相关公众在辨识两商标标识的服务来源时,是可以有效进行区分的,并不会产生混淆误认。再次,如上文所述,申请人与厦门国贸集团股份有限公司存在隶属关系,且两个主体都属于在行业内实力极强的企业,因此,无论是申请人还是厦门国贸集团股份有限公司,其提供的服务品质和服务质量都可以得到保障,这也就意味着注册申请商标的行为并不属于《商标法》打击的恶意注册"傍名牌"的行为,不属于"傍名牌"行为,也就不会存在消费者因误认误购而导致严重后果的发生,即消除了市场混淆并获取足够的识别性。最后,申请人使用申请商标多年,且在市场上形成了一定的知名度和影响力,一旦申请商标无法获得注册,势必给申请人的日常经营活动带来严重的影响。

综上所述,申请商标与引证商标一、二之间并不近似也不会引起相关公众的混淆。所以,这就不存在在相同或相似的商品或服务上使用相同或近似的商标而不予核准注册的理由。

2.商标共存

厦门国贸集团股份有限公司为申请人控股子公司。引证商标二所有权人为厦门国贸集团股份有限公司,如上文所述,申请人旗下拥有厦门国贸集团股份有限公司等全资或者控股子公司;根据从厦门市政府、厦门市国资委的批复,厦门工商局出具的《企业出资证明》、厦门国贸集团股份有限公司年报等材料,均能证明厦门国贸集团股份有限公司为申请人的控股子公司,二者之间存在隶属关系。因此,相关公众并不会因为申请人与厦门国贸集团股份有限公司为不同的企业主体,而对申请商标和引证商标二标识的服务来源产生混淆误认。

厦门国贸集团股份有限公司允许申请人共存与"OITG""ITG"商标近似的申请商标。我国《商标法》采用注册取得注册商标权原则,没有注册的商标无法取得商标专用权,如此就排除了那些没有注册的商标与他人已经注册的商标相同或者近似的合法性。商标权归根结底为私权,申请商标与引证商标之间是否存在冲突主要是私权纠纷,应当由当事人通过法律程序主张,在驳回复审案件中,如果在先或注册商标权人明示同意或默许他人相抵触商标与之共存,则推定相抵触商标具有识别性,除非违背强制性规定或者明显存在混淆之虞,《商标法》应当无需禁止其继续使用。根据申请人与厦门国贸集团股份有限公司之间签订的《允许厦门国贸控股有限公司申请注册包含"ITG"内容的商标共存协议》,厦门国贸集团股份有限公司已经以明示的方式同意申请人申请注册包含"国贸"与"ITG"内容的商标,且厦门国贸集团股份有限公司也愿意在商评委的主持下,与申请人达成申请商标与引证商标二共存的协议,以消除申请商标获得核准注册的障碍。

总体来说,商标权为私权,商标局进行实质审查的第一个目的是保护商标权人的利益,防止他人注册与之近似的商标,让消费者误以为两申请人之间存在关联关系,借商标权人的知名度、社会影响力销售或提供商品或服务,损害商标权人的利益。国贸控股与国贸集团为母子关联公司,申请商标与引证商标共存于市场上并不会损害任何一方的利益。且国贸控股与国贸集团早已签订《允许厦门国贸控股有限公司申请注册包含"OITG""ITG"内容的商标共存协议》,并予以进行公证。国贸集团已以明示的方式同意国贸控股申请注册包含"ITG"与"OITG"内容的商标,这可以理解为国贸控股注册申请商标并不会对国贸集团的公司权益产生任何影响,那么,商标局保护在先商标权人的目的即可达到。商标局进行实质审查的第二个目的是为保护消费者的权利,避免相同或近似的商标共存于市场上而造成混淆误认,防止他人生产假冒伪劣产品以损害消费者的权益。基于善意使用原则,"善意"是指行为主体在行使权利和履行义务中主观上的积极的心理态度,它强调的基本原则是诚实信用、公平客观、不损人利己。善意原则是法律中的基本原则之一,是指协调当事人的

"共存",可以!

利益,从法理层面上保障社会活动的有序和稳定。国贸控股与国贸集团为母子关联公司,申请商标与引证商标共存于市场上并不会损害任何一方的利益,国贸控股是知名的国有大型企业,具有高度的社会责任感,提供值得信赖的服务一直是国贸控股孜孜以求的目标,国贸控股多年来的诚信经营活动不仅得到了政府部门的高度认可,也获得了消费者的广泛赞誉,申请商标是为自我市场经营活动使用的,并非刻意傍名牌,申请商标标识的服务并不会给消费者造成损害。因此,相关公众施以一般注意力,就可以对"国贸"与"国贸控股"标示的服务及服务的提供者进行有效区分,并不会产生《商标法》意义上的混淆误认,也能达到商标局实质审查商标的第二个目的。我国大陆商标共存现象非常普遍,共存原因也很多样,如因历史原因产生的"张小泉""泥人张"商标;但现阶段共存原因更多是集中在不同主体的商标均达到知名程度,一旦撤销任何一方的商标,均会给经济发展带来严重的影响,如"七匹狼"服装和"七匹狼"香烟、"九牧王"服装和"九牧"洁具,双方企业及品牌均具有极高的知名度、美誉度。以相关公众的一般注意力,能够区分商标背后的不同经营主体。那么,商标共存的合理化则回归到了《商标法》的立法宗旨——维护市场秩序,促进经济发展。国贸控股与国贸集团均属于国有大型企业,截止到2012年12月,国贸控股与国贸集团年营业收入分别为700亿元人民币、400亿元人民币,均已成为厦门经济的重要支柱,担负着厦门特区经济发展及增长的重大使命,一旦申请商标无法获得注册,势必给国贸控股的日常经营活动产生严重的影响,故为实现《商标法》促进经济发展的立法宗旨以及在先共存案例的事实依据,"国贸控股"与"国贸"商标的共存是顺应市场经济的发展,理应得到行政机关的依法支持。

四、相关案例

新加坡阁室亚洲有限公司与商标评审委员会商标申请驳回复审行政纠纷案

2011年3月15日,新加坡阁室亚洲私人有限公司向中国国家工商行政管理总局商标局(下称商标局)提出第9212657号"COURTS"商标(下称申请商标)的注册申请,指定使用在第35类货物展出、电视广告等服务上。2012年10月2日,新加坡阁室亚洲私人有限公司变更为新加坡阁室亚洲有限公司(下称阁室公司)。第4981422号"COUTTS"商标(下称引证商标一)的申请

输了我的品牌

注册日为2005年11月4日,于2009年7月7日获准注册,核定使用在第35类广告等服务上,专用期限至2019年7月6日,注册人为英国顾资银行公司。第801806号"COURTS"商标(下称引证商标二)的申请注册日为1994年3月12日,于1995年12月21日获准注册,核定使用在第35类商业管理和组织咨询等服务上,经续展,专用期限至今年12月20日,申请注册人为英国库特兹公共有限公司。2011年9月19日,商标局作出商标驳回通知,对申请商标予以驳回。阁室公司不服该决定,向国家工商行政管理总局商标评审委员会(下称商标评审委员会)申请复审。2013年8月19日,商标评审委员会作出商评字[2013]第36948号《关于第9212657号"COURTS"商标驳回复审决定书》(下称第36948号决定),认为:申请商标与引证商标一、引证商标二在文字构成、呼叫、含义等方面相近,不易区分,构成近似商标;申请商标指定使用的服务与引证商标一、引证商标二核定使用的服务属于类似服务。申请商标与引证商标一、引证商标二共存,容易导致消费者对服务来源产生混淆误认。据此,商标评审委员会决定:申请商标予以驳回。阁室公司不服商标评审委员会所做决定,向北京市第一中级人民法院提起行政诉讼。

北京市第一中级人民法院经审理认为:商标评审委员会的相关认定并无不当,因此,依照1990年10月1日起施行的《中华人民共和国行政诉讼法》第54条第1项之规定,判决:维持第36948号决定。阁室公司不服原审判决,向北京市高级人民法院提起上诉。二审期间,阁室公司补充提交了相关证据,其中包括:经公证认证的引证商标一的注册人出具的《共存同意函》及其中文译文,该公司明确表示同意该案申请商标的注册和使用,该公司将不主张申请商标的使用构成侵权,不会采取任何能使申请商标无效的行为;商标局出具的核准引证商标二转让给阁室公司的《商标转让证明》。北京市高级人民法院经审理认为,原审判决和第36948号决定并无不当,但基于二审时的实际状况,阁室公司的上诉请求应予支持,据此二审判决:一,撤销原审判决;二,撤销第36948号决定;三,商标评审委员会重新做出决定。

对于《商标法》的定位,实践中一直有两种不同的观点:一种观点强调《商标法》的立法宗旨不仅仅限于保护商标权利人的利益,同时也要顾及相关公众和消费者的利益,促进市场经济的发展;而另一种观点则认为,商标权是一种私权,作为主要以商标和商标权为调整对象的《商标法》,其着眼点更多的应当是商标权利人的利益,对于商标权之外的其他利益,则应交由其他法律规范予

"共存"，可以！

以调整。该问题看似是一个偏于理论的问题，但对《商标法》角色的定位，在较多案件中影响着裁判的结果，而争议最大的无疑就是在商标授权确权行政案件中，如何对待商标共存协议。自"良子"商标争议案、"UGG"商标申请驳回复审行政案后，人民法院逐渐采纳了当事人提交的商标共存协议，有条件地允许在后申请注册的商标与在先获准注册的商标共存。但是，该案的裁判只是代表了人民法院当时的一种比较主流的做法，与此同时，还有很多案件的裁判并未接纳商标共存协议，这就给商标注册申请人带来了诸多困惑。对于商标共存协议的效力问题，人民法院通常会考虑以下几个因素：

第一，是否属于相同商品上的相同商标。根据我国现行《商标法》第5条的规定："两个以上的自然人、法人或者其他组织可以共同向商标局申请注册同一商标，共同享有和行使该商标专用权。"如果准许在后的商标注册申请人在相同商品上申请注册与他人在先注册的完全相同的商标标志，其实质是允许两个以上的主体共同享有和行使一个商标标志的专用权，这等于以商标共存协议的形式实质性地替代了我国现行《商标法》已有专门规定的商标共有制度。而且，根据《与贸易有关的知识产权协议》（TRIPS协议）的相关规定，在同一种商品上的相同商标是推定存在混淆可能性的，我国《商标法》第57条第1项也规定"未经商标注册人的许可，在同一种商品上使用与其注册商标相同的商标的"行为，属于侵犯他人注册商标专用权的行为。因此，在我国现行《商标法》已就相关制度作出专门规定的情况下，即使在后申请的商标注册人与在先的引证商标的注册人已经就商标注册事宜达成了一致，也应当通过法律设定的途径落实，而不应当再以商标共存协议的形式另行申请注册商标，否则，我国现行《商标法》的相关条文规定将沦为一纸空文。

第二，商标共存协议的内容是否清晰具体。在认可商标权的私权属性、尊重商标权利人的意思表示的基础上，接受商标共存协议的另一个重要前提，就是共存协议的内容必须完整、清晰、准确、具体。我国现行《商标法》第22条第1款规定："商标注册申请人应当按规定的商品分类表填报使用商标的商品类别和商品名称，提出注册申请。"第24条规定："注册商标需要改变其标志的，应当重新提出注册申请。"第56条规定："注册商标的专用权，以核准注册的商标和核定使用的商品为限。"因此，在商标注册过程中，必须将具体的商标标志与具体的商品和服务联系起来，才能确定具体的商标标志上所承载的商标专用权。在将商标共存协议作为商标混淆误认与否判断考虑因素时，也必须具体审查共存协议的内容约定是否清晰具体。如果当事人虽然提交了商标共存协议,但其并未明确指明约定共存的商标标志及其指定使用的商品或服务,则不应认为当事人提交了符合要求的商标共存协议。

第三,商标标志之间是否存在差异。从目前的司法实践看,在人民法院接受商标共存协议的案例中,诉争商标与引证商标标志之间是存在一定差异的。如在"MAEDA"商标申请驳回复审行政案中,引证商标为"MAZDA"商标;"TITANX"商标申请驳回复审案中,引证商标为"TITAN"商标;"GARRETT"商标申请驳回复审案中,引证商标为"garrettcom"商标;"VINCE"商标申请驳回复审案中,引证商标为"VINCE CAMUTO 及图"商标;"M MARTINELLI 及图"商标申请驳回复审案中,引证商标为"A.MARINELLI"商标;"Testzym"商标申请驳回复审案中,引证商标为"Tenazym"商标。上述案例反映出,人民法院即使考虑商标共存协议,但在实际操作中还是力图确保相关共存的商标之间存在一定的区别。

第四,相关商标的实际使用情况。在考虑商标共存协议的同时,如果申请注册的商标,或者其注册申请人在先使用的关联商标已经在先使用,涉案的申请商标只是该关联商标的延伸注册,那么,其获准注册的概率就会相应地增大。如在"VINCE"商标申请驳回复审行政案中,二审法院在接受引证商标出具的同意书的同时进一步指出:"早在引证商标二申请注册日前的2003年,文斯公司就在第25类的游泳衣、帽子等商品上申请注册了第3448663号'文斯'商标,此次注册申请商标是在其原有'文斯'商标的基础上延伸注册。第3448663号'文斯'商标与引证商标二实际上已共存多年,这也是该案应当考虑的因素。"因此,除了提交商标共存协议外,如果当事人能够提供相关商标的使用情况,则将有助于商标的获准注册。

第五,是否涉及重大公共利益。在积水医疗株式会社诉商标评审委员会"Testzym"商标申请驳回复审行政案中,引证商标的注册人出具了同意申请商标注册的同意书,虽然二审法院指出:"根据意思自治的原则,除非涉及重大公共利益,商标权利人可依自己的意志对其商标权进行处分,商标授权行政机关或者人民法院对此应予尊重,不应不合理地干预。"在涉及重大公共利益的案件中,即使当事人提交了商标共存协议,人民法院仍然有可能会基于对公共利益的维护,而不考虑该共存协议的影响。但对于公共利益的把握,人民法院一般会从严掌握。该案中,对于申请商标在医用诊断制剂、临床或医学实验室诊断试剂、医药制剂、人用药、医用药物商品上的注册申请,二审法院认为:"在无证据表明同意书会对相关消费者利益造成损害,且申请商标与引证商标存在上述差异的基础上,同意书的内容应予尊重。"据此,二审法院判决撤销了一审判决和商标评审委员会的被诉决定,判令商标评审委员会重新做出决定。在人用药等商品上尚且如此,其他商品上的相关尺度也可以参照执行。

五、建议与借鉴

(一)抗辩方法建议

需要继续使用争议商标,可以使用几种常见的抗辩方法。

1.直接以不相同以及不相近似抗辩

根据《商标法》的规定,未经商标注册人的许可,在同一种商品或者类似商品上使用与其注册商标相同或者近似的商标的;销售侵犯注册商标专用权的商品的;未经商标注册人同意,更换其注册商标并将该更换商标的商品又投入市场的;伪造、擅自制造他人注册商标标识或者销售伪造、擅自制造的注册商标标识的;给他人的注册商标专用权造成其他损害的,上述行为均属侵犯注册商标专用权的行为。因此,被告抗辩时应当根据原告的具体主张进行抗辩。此处仅以未经商标注册人的许可,在同一种商品或者类似商品上使用与其注册商标相同或者近似的商标的主张为例进行抗辩。

首先,确定注册商标专用权的权利范围,应当以核准注册的商标和核定使用的商品为限,而不能以注册商标所有人实际使用的商标和该商标实际使用的商品为准。然后,确定被控侵权的具体对象,一是被控侵权的商标,二是被控侵权的商标所使用的商品。接下来将被控侵权对象与注册商标和该注册商标所核定使用的商品进行比较,认定被控侵权的商标与注册商标是否相同或者近似,以及被控侵权商标所使用的商品与该注册商标所核定使用的商品是否属于同一种类或者相类似。判断近似商标时所称的近似需要达到易造成混淆的程度,即将该商标使用在与注册商标核定使用的商品相同或者类似的商品上,普通消费者可能会对商品的来源产生错误的认识。比较时应当采用隔离观察、整体观察和要部观察的具体比较方法。经过上述比较,如果得出商标不相同或者不相近似或者产品不属于同一种商品或者类似商品,就可认定不构成侵权。

2.在先权利抗辩

《商标法》规定,申请商标注册不得损害他人现有的在先权利,也不得以不正当手段抢先注册他人已经使用并有一定影响的商标。因此,如果注册商标与被控侵权人的合法权利(如企业名称)相冲突,就可以以在先权利进行抗辩,主张自己不构成侵权。

3.合理使用抗辩

《商标法》规定,县级以上行政区划的地名或者公众知晓的外国地名,不得作为商标。但是,地名具有其他含义或者作为集体商标、证明商标组成部分的除外;已经注册的使用地名的商标继续有效。根据上述规定,含有县级以上地名的商标,在允许注册的同时又限制了商标权人的部分权利,即不能限制他人对地名的合理使用,只要不会造成相关公众混淆或误认就不构成侵权。

4.销售者合法来源抗辩

《商标法》规定,销售不知道是侵犯注册商标专用权的商品,能证明该商品是自己合法取得并说明提供者的,不承担赔偿责任。

在司法实务中为了证明产品具有合法来源,销售者通常会提供买卖合同、送货单、进货单、运输单据、发票、照片、录音、证人证言等证据。但是,这些证据通常会被商标权人以缺乏关联性为由否认证据的证明力,从而否认产品具有合法来源,特别是合同、送货单、进货单、发票未记载产品的商标或品牌内容时,更难以对证据的关联性予以统一。

在合法来源抗辩过程中还需要认定销售者是否知道或应当知道其销售的是侵权产品,对于这一消极事实,销售者实际上是无法举证证明的,而且法律也没有规定销售者有审查相关产品是否属侵权产品的义务。因此,在司法实践中,一般对销售者不知侵权的抗辩审查较宽松,反而对商标权人指控销售者知道或应当知道的审查较为严格。所以,判断销售者是否知情应结合案情进行分析。

5.诉讼时效抗辩

如果原告的诉讼超过了诉讼时效的规定,就可以提出诉讼时效抗辩,主张原告的诉讼请求不应得到支持。

6.撤销注册商标抗辩

根据《商标法》的规定,已经注册的商标,违反该法第10条、第11条、第12条规定的,或者是以欺骗手段或者其他不正当手段取得注册的,由商标局撤销该注册商标;其他单位或者个人可以请求商标评审委员会裁定撤销该注册商标。已经注册的商标,违反该法第13条、第15条、第16条、第31条规定的,自商标注册之日起五年内,商标所有人或者利害关系人可以请求商标评审委员会裁定撤销该注册商标。对恶意注册的,驰名商标所有人不受五年的时间限制。

因此,如果原告的商标符合上述情况,被告可向商标评审委员会提出撤销申请,以否定原告的商标权。一旦商标评审委员会受理撤销申请,被告可以据此向法院提出中止审理的申请,并附撤销申请的副本及证据。法院将根据撤销申请的理由和证据来决定是否中止审理。

7.描述性使用

对商品或服务的质量、原料、功能、用途、重量、数量等特点进行直接描述,并不是为了指示商品或服务的特定来源,即没有将该标志作为商标来使用。

描述性的标识本来并不具有作为商标所要求的显著性,只是由于商标权人的使用,建立起了该标识与特定主体之间的联系,即具有了"第二含义",描述性标识才具有了表明商品来源的识别作用,《商标法》才赋予其可以作为商标注册的地位。但是,该标识的固有含义、"第一含义"仍然存在,商标权人无权禁止他人在原有意义上使用该标识来描述自己商品的相关特点,这正是商标使用的"正当"性法理所在。

世界贸易组织的《与贸易有关的知识产权协议》(TRIPS协议)第17条规定:成员可规定商标权的有限例外,诸如对说明性词汇的合理使用之类,只要这种例外顾及了商标所有人及第三方的合法利益。根据美国有关法律,美国法院对商标的正当使用总结出了三个构成要素。一是非商标性使用,指被控侵权人不是将原告的描述性商标作为商标使用,即其使用该标识是为了描述其商品的特征,而非指示其商品的来源。它限于在该标识的原始描述性含义上使用,如果使用他人商标是用来指示商标权人或其商品的话,或者在比较广告中使用他人商标,则不属于正当使用原则调整的范畴。二是公平、善意的使用,正当使用要保护的是竞争者正当地描述其产品的权利,这种权利不因某描述性标识被他人注册为商标而受到损害。这个概念本身就要求对他人描述性商标的使用必须是出于对自己产品描述的必要,而且必须是合理且善意的使用。反之,如果使用人原本没有使用某描述性词汇,在他人将其注册为商标之后转而采用该标识,或者是使用了他人商标中与描述意义无关的那些特点,诸如字形、风格、颜色等,则可推定其有恶意。三是仅仅为了描述自己的商品或服务,即使用他人商标不是作为商标使用,而仅仅是用来描述自己商品的特点。我国商标法实施条例的规定主要涉及的是对产品的名称、主要原料等特点的描述,如果遇到对他人商标的使用,当然也能适用正当使用而得以豁免侵权责任。

8.指示性使用

指示自己商品或服务的用途和服务对象,而并非为了让消费者误认为自己提供的商品与服务来源于商标权人,这种使用不构成侵权。

9.被提及的合理使用

被提及的合理使用的意义在于,允许第三方合理地提及商标专用权人的产品或服务。它适用于只有运用某个商标才能对某一特定事物或服务作出恰当的描述这一情形。这一合理使用最初源自 New Kids on the Block v. News America Publishing,Inc.一案中。这种合理使用必须满足三个条件:如果不使用某商标,那么,特定的商品或服务就无法被描述;使用该商标对于特定的产品或服务的做出是合理的、必须的;使用该商标不得使消费者误认为该使用由商标人发起或者得到其支持。

10.非商业性使用

正常的评论、研究中使用该商标,这主要是指在平面媒体或其他媒体中引用该商标进行报道或客观评论。这种使用并非频繁为之,也没有搭便车的嫌疑,当属合理使用。滑稽模仿中合理使用,由于商标日渐成为当代社会渗透力极强的重要因素,许多作家和演员常常引用某些商标符号来针砭时弊,进行艺术创作。比如,前些年火爆的贺岁片《大腕》就借助许多知名品牌对社会现象进行讽刺。这种艺术化的使用,只要不对商家的名誉造成损害就属于合理使用的范畴。在字典中使用:此种使用应当尽到必要的注意义务,说明来源,不应使公众误认为该商标是通用名称,从而淡化该商标。如有此种情形发生,法律应赋予商标权人字典订正权,在下一次修订字典时予以更改说明,以求亡羊补牢之功效。只要不造成淡化,该使用一般不会造成侵权,当属合理使用。

11.分拆使用

正如本案中的商标是由多个部分组成,分拆使用就是将这组合而成的商标分解成多个部分使用。

"共存",可以!

(二)本案借鉴意义

本案系厦门市乃至福建省鲜有的商标共存案例,从《商标法》角度讲,它突破了原有关于"近似审查"及"注册在先"的相关原则,从《商标法》的立法宗旨和立法目的上阐述了商标共存的合理性,且获得了国家行政机关的认可和支持。随着企业集团化经营现象的普遍出现,母子关联企业共用一个商标的现象越来越多,普通的商标许可已无法满足企业日益发展的需要,而类似本案通过母子关联公司签订共存协议进行商标共存的现象也更能符合市场经济发展的需要,具有一定的合理性和市场倾向性,本案的成功也能成为后续案件获得法律支持提供必要的事实依据和借鉴意义。

输 3 我的品牌

"大唐世家"还姓"唐门地产"

大唐世家

随着市场经济的快速发展和企业公民商标意识的日益提升,商标注册量呈现井喷式爆发。根据国家工商总局2016年10月20日发布的2016年第三季度全国市场主体商标注册量统计数据显示,前三季度全国商标注册申请量264.9万件,比去年同期增长25.2%。越来越多有效商标的存在以及国人商标构思的传统思维,导致在后申请商标的难度越来越大,因此,以三年不使用为由提交撤销申请成为现阶段解决在先权利的主要途径之一,如何应对商标三年不使用的撤销申请至关重要。

一、案情的介绍

(一)"大唐世家"商标的注册、续展、转让

1.注册

(1)2001年6月8日,该商标由申请人的股东张富掌在第42类"住所(供膳寄宿处)、饭店、餐馆"等服务项目上申请注册。

(2)2004年3月11日核准注册,有效期至2014年3月10日。

2.续展

续展后,专用期限至2024年2月20日。

3.转让

2007年5月21日,该注册商标转让给陈嘉辉,2011年4月6日,申请人正式受让复审商标。

(二)"大唐世家"商标的撤销

2013年,唐利刚以商标连续三年未使用为由向国家商标局申请撤销1967658号(42类)"大唐世家"注册商标。

2014年,国家商标局以唐门地产连续三年未使用为理由,依法撤销"大唐世家"商标。

厦门唐门房地产有限公司于2014年4月22日收到商标局撤201308810《关于第1967658号"大唐世家"注册商标连续三年停止使用撤销申请的决定》。

申请人对此撤销决定不服,委托厦门合道联合知识产权事务有限公司提出撤销复审申请,请求国家行政管理总局商标评审委员会裁定驳回撤销申请,第1967658号"大唐世家"注册商标继续有效。

2015年7月27日,商标评审委员会作出商评字[2015]第0000047928号《关于第1967658号"大唐世家"商标撤销复审决定书》,最终复审商标予以维持。

(三)具体案情介绍

1.商标的背景——大唐世家,漂漂亮亮不是"盖"的

申请人"大唐世家"品牌来源于台湾,拥有多年的房地产开发经验,曾获得台湾建筑最高奖鲁班奖。1995年,申请人来到厦门,成立房地产公司,注册资金500万美金。经过十多年的努力,申请人已成为厦门一级房地产开发商,所开发的项目"大唐世家"成为福建著名房地产品牌。"大唐世家"以独特的创新理念、人性化的建筑规划、细腻的绿化景观赢得了市场的美誉,申请人的口号"大唐世家,漂漂亮亮不是'盖'的"被福建消费者所熟悉。目前,申请人的房地产项目涉足龙岩、泉州、福州、重庆、西安、太原、扬州,正从区域性公司发展成为全国性公司。

2.商标的权属情况——为申请人及其法定代表人和高级管理人员所持有

2001年6月8日,该商标由申请人的股东张富掌在第42类"住所(供膳寄宿处)、饭店、餐馆"等服务项目上申请注册,并于2004年3月11日核准注册,有效期至2014年3月10日。续展后,专用期限至2024年2月20日。2007年5月21日,该注册商标转让给陈嘉辉,2011年4月6日,申请人正式受让复审商标。

需要特别说明的是,复审商标原注册人张富掌当时实为申请人董事及总

输了我的品牌

经理(张富掌自1999年1月6日起就被选举为申请人公司董事及总经理),而陈嘉辉当时实为申请人公司执行董事、经理(2008年申请人企业法定代表人变更登记为陈嘉辉,同时陈嘉辉任职申请人公司执行董事、经理职位)。对于张富掌、陈嘉辉与申请人之间的关系有厦门市工商局提供的1999年及2008年的档案加以佐证。实践中,企业商标由公司法定代表人或者高级管理人员申请注册或者持有是一种常见的正常保护方式。因此,复审商标的申请注册和后续使用自始至终都是申请人公司的行为,该商标的合法权利一直为申请人及其法定代表人和高级管理人员所持有。

3. 商标核准使用的对象——"同安大唐酒店"项目

唐门地产之所以注册"大唐世家"商标,正是基于"同安大唐酒店"项目的投资开发,"同安大唐酒店"只是作为申请人房地产开发的临时项目名称,对外则以"大唐世家"进行商业运作和经营。"同安大唐酒店"项目规划以四星级酒店为主及其他配套为辅的综合楼宇,建筑面积125000 m^2,总投资达7 000万元。该酒店项目经厦门市同安区土地开发有限公司通过招拍挂的方式出让,申请人于2002年以1 200万人民币的总价取得该项目所用地块,并全额缴纳了该地块的土地费用。2002年11月20日,厦门市人民政府同意出让位于同安区同集路与324国道交叉路口西南端的国有土地24 760 m^2,作为申请人"同安大唐酒店"项目的建设用地,土地出让年限为40年,2003年经厦门市同安区国土资源与房地产管理局批准申请人取得该地块的建筑用地批准书。

4. 商标的撤销——连续三年未使用

2013年,唐利刚以"大唐世家"商标连续三年未使用为由向国家商标局提交撤销申请,2014年,国家商标局以唐门地产连续三年未使用为理由,依法撤销"大唐世家"商标,撤销理由为:"厦门唐门房地产有限公司提供的商标使用证据无效。唐利刚申请撤销第1967658号(42类)'大唐世家'注册商标的理由成立"。

唐门地产"大唐世家"商标在撤三阶段中,以"三年连续未使用"被商标局依法撤销,根据撤201308810号关于第1967658号"大唐世家"注册商标连续三年停止使用撤销申请的决定:撤销第1967658号"大唐世家"商标,予以公告;原第1967658号《商标注册证》作废。通过分析原有卷宗了解,唐门地产及原商标代理机构在进行撤三答辩阶段,一直主张其零散的使用证据,而该使用证据主要集中在第36类"商品房销售"及第37类"商品房建造"服务上,而被撤销商标核定使用的服务项目为第42类（现第43类）"住所（供膳寄宿处）、饭店、餐馆"，从法理角度来看，第36类、第37类与第43类的服务项目在理论上并无直接关联，这也导致第1967658号"大唐世家"商标在撤三阶段提供的证据无法获得国家商标局的认可，也最终获得了前文所述的撤销结果。

5.商标撤销的复审——合理不使用

厦门唐门房地产有限公司于2014年4月22日收到商标局撤201308810《关于第1967658号"大唐世家"注册商标连续三年停止使用撤销申请的决定》。申请人对此撤销决定不服，现依据《商标法》第54条的规定，委托厦门合道联合知识产权事务有限公司提出撤销复审申请，请求国家行政管理总局商标评审委员会裁定驳回撤销申请，第1967658号"大唐世家"注册商标继续有效。

（1）使用的情况——项目正一步步从计划走向现实

2005年3月24日，新浪网发布了关于申请人"大唐世家"项目入驻泉州的报道；

2013年8月12日，《房天下》发布关于"大唐世家"楼盘荣获品质别墅金奖的报道；

2014年1月13日，《房天下》发布关于"大唐世家"楼盘荣获十大标杆楼盘的报道；

2014年6月27日，在厦门市同安区祥平街道党工委、办事处的主办下以及同安区委宣传部的指导下，厦门晚报社出版了整版题为"蹄疾步稳 敢于担当 共同缔造 美丽祥平"的专题报道。其中，报社对"大唐商圈"及"同安大唐酒店"作了题为《同安大唐酒店 有望改写同安没有高档酒店的历史》的详细介绍，同时，该项目作为"祥平造城"规划的一部分，也受到了政府部门的高度重视。

（2）不使用的合理理由——政府拆迁未完成

由于该地块为非净土出让，征地拆迁工作是由同安区政府有关部门单位负责，该项目的征地拆迁工作当时仍在有序进行中，为促进该地块的拆迁工作顺利完成，从2002年开始，厦门市人民政府及相关部门也多次就"同安大唐酒店"地块征收事项发布通告。虽然该项目的征地拆迁工作尚未完成，但申请人在取得相关政府文件的批复后，对外已经着手进行"同安大唐酒店"的项目招商工作，复审商标"大唐世家"在此招商过程中已得到使用、宣传。因政府原因,截止到2013年9月22日,该地块仍未完成相应的拆迁工作,并无法交付唐门地产开工建设,导致"大唐酒店"项目无法正常运营,"大唐世家"商标在2010年9月22日至2013年9月21日期间的使用证据也无法予以提供。此非申请人的原因导致,而是因相关政府工作部门未能将该地块实际交付给申请人,导致"同安大唐酒店"无法兴建,致使复审商标未能使用,属于不可归责于申请人的正当理由。申请人也不断与当地政府进行交涉和协商,当地政府有望尽快完成该地块的征地拆迁工作并交付申请人使用。

(3)复审意见

第一,针对"事实证明第1967658号注册商标从未被使用"。

不论是从申请人的初衷还是从客观事实来看,申请人注册第1967658号"大唐世家"商标是有合理使用意图的。申请人一直具有使用意图且对复审商标已进行使用。

第二,针对"申请人提交的证据不符合《商标法》以及《商标法实施条例》所规定的不使用的正当理由"。

复审商标的申请注册及其后续使用自始至终都是申请人公司行为,该商标的合法权利一直为申请人及其法定代表人和高级管理人员所持有,并为申请人所用,而不是"2011年4月6日申请人才拥有复审商标的合法权利"。

第三,针对"申请人所提供的证据材料只提及'同安大唐酒店'字样,与复审商标'大唐世家'无关"。

"同安大唐酒店"只是作为申请人房地产开发临时项目名称,对外则以"大唐世家"进行商业运作和经营。厦门市同安区的相关政府为保证官方文件对该项目名称的连续性和稳定性,始终沿用"同安大唐酒店"作为项目名称,便于相关公众理解和领会文件精神、切实履行征地拆迁工作。这些文件和合同指向的便是复审商标"大唐世家"所欲使用的"同安大唐酒店"。

第四,针对"申请人提供的'厦门市同安区土地开发有限公司'的资质证明、土地出让证明、地块拆迁委托协议等均不能证明申请人使用了复审商标,也不能成为《商标法》以及《商标法实施条例》规定的不使用注册商标的正当理由"。

正是这些连续的官方文件证明形成了完整有效的证据链,成为构成申请人"未能实际使用复审商标,具有不可归责于申请人的正当理由"的有力支撑。

备受期待的"同安大唐酒店"项目正一步步从计划走向现实,同时,该项目作为"祥平造城"规划的一部分,也受到相关政府部分的高度重视,由此印证了

"同安大唐酒店"项目是客观存在的,厦门市相关政府部门发布的关于"同安大唐酒店"征地拆迁工作的一系列通话、通告、会议纪要和实施方案等也充分印证了申请人对于复审商标"大唐世家"的使用意图真实存在。

(4)维持决定

2015年7月27日,商标评审委员会作出商评字[2015]第0000047928号《关于第1967658号"大唐世家"商标撤销复审决定书》:复审商标权利人确有真实使用意图,复审商标在实际使用中也能够发挥标识商品不同来源作用情形的,可以认定对复审商标进行了真实、有效的商业使用,决定复审商标予以维持。

二、法理分析

商标要想获得保护,或者通过使用,或者通过注册,在我国是注册。但是,无论是何种保护模式,商标的生命力来自使用,因此,要想维持权利必须对其进行使用。在注册获得商标专用权的制度之下,容易导致取得后的闲置、囤积,即不重视商标的使用或者利用商标的注册谋取不正当的竞争优势。还有些"标客",专门以此为业。商标只有通过使用才能充分发挥识别商品或者服务来源的作用,因此,这种行为不仅使得商标的价值功能丧失,浪费有限的商标注册资源,也妨碍了其他的竞争者对相关商标的注册和使用。连续不使用撤销的制度正是为了应对注册取得制度不可避免的弊端,实现商标的价值,鼓励商标使用,防止商标投机,也有利于真正的使用者。

作为重要国际公约的《知识产权协定》第19条之一,规定了商标保护注册的使用要求:"如维持注册需要使用商标,则只有在至少连续三年不使用后方可注销注册,除非商标所有权人根据对商标使用存在的障碍说明正当理由。"欧共体《第一号商标指令》第10条规定:"如果自注册程序结束之日起五年内,注册商标未就其注册的商品或服务在有关成员国由其所有人进行真正使用,或该使用已连续中断五年的,除非有不使用的正当理由,该商标应受本指令规定的处罚。"根据上述国际公约和地区条约的要求,成员国分别在国内商标法中对连续不使用撤销制度进行了规定。如美国《兰哈姆法》第45条就规定,当基于不再继续使用意图而使商标使用中断,商标权利将被视为放弃。1994年的英国《商标法》46节第1条规定:"商标可以在如下情况下被撤销:(a)自注册程序结束之日起五年内,商标所有人或许可方没有在英国将商标真正使用于核准注册的关联的商品或服务上,除非存在不使用的正当理由;(b)在连续的五年内,这一使用已经被中断,并且对不使用没有正当理由。"日本《商标法》第50条第1款也规定:"商标权所有者,专用使用权所有者或者一般使用权所有者,连续三年以上于日本国内均未使用各指定商品的注册商标时,可就取消有关该指定商品的商标注册,请求审判。"

我国的法律依据是《商标法》第49条:商标注册人在使用注册商标的过程中,自行改变注册商标、注册人名义、地址或者其他注册事项的,由地方工商行政管理部门责令限期改正;期满不改正的,由商标局撤销其注册商标。注册商标成为其核定使用的商品的通用名称或者没有正当理由连续三年不使用的,任何单位或者个人都可以向商标局申请撤销该注册商标。商标局应当自收到申请之日起九个月内做出决定。有特殊情况需要延长的,经国务院工商行政管理部门批准,可以延长三个月。①

此外,《商标法实施条例》第67条的下列情形属于《商标法》第49条规定的正当理由:(一)不可抗力;(二)政府政策性限制;(三)破产清算;(四)其他不可归责于商标注册人的正当事由。②

根据该制度的规定,商标权人如果面临被撤销商标的诉讼时,如果其能够证明存在符合法律规定的使用商标的行为或有不使用存在正当的理由即可。在这样的两种抗辩中,绝大多数案件的商标权人主张对商标进行了使用,只有少数主张不使用存在正当理由。

在本案中,大唐世家可谓做了两个功课:一个是证明自己在指控的三年内不使用该商标是有正当理由的;另一个是证明自己使用了该商标,确有使用意图。这看似矛盾的证明,其实是通过证明自己的使用意图和使用行为来表达不使用的原因是不可归责于自己的,因而构成正当理由。再看商评委的决定:

---

① 详见《中华人民共和国商标法》第49条规定:"商标注册人在使用注册商标的过程中,自行改变注册商标、注册人名义、地址或者其他注册事项的,由地方工商行政管理部门责令限期改正;期满不改正的,由商标局撤销其注册商标。注册商标成为其核定使用的商品的通用名称或者没有正当理由连续三年不使用的,任何单位或者个人可以向商标局申请撤销该注册商标。商标局应当自收到申请之日起九个月内做出决定。有特殊情况需要延长的,经国务院工商行政管理部门批准,可以延长三个月。"

② 详见《中华人民共和国商标法实施条例》第67条规定:"下列情形属于商标法第49条规定的正当理由:(一)不可抗力;(二)政府政策性限制;(三)破产清算;(四)其他不可归责于商标注册人的正当事由。"

复审商标权利人确有真实使用意图,复审商标在实际使用中也能够发挥标识商品不同来源作用情形的,可以认定对复审商标进行了真实、有效的商业使用,决定复审商标予以维持。我们从中可以看出使用的重要性。下面,我们就先来谈谈商标的使用。

什么是连续不使用撤销制度中的"商标使用"行为呢?司法认定中并不统一,其至存在认定的误区。这些误区常常是因为僵化地理解法条的内涵,没能理解该条设计的目的和法理,也就是只注重商标使用的外在表现,而忽视或者淡化了主观使用的考量。基于实践中存在的问题,笔者认为,有必要厘清以下几点:首先是使用的外在表现和主观使用目的之间的关系;其次是应怎样判断主观使用目的;最后是什么样的使用能达到法律的要求。在此,下面将详细阐述之。

(一)使用的外在表现和主观目的之间的关系

对于什么是商标使用的外在表现,我们没能从现行的《商标法》中找到答案,而只能观察《商标法实施条例》第 3 条。其具体规定为:"商标法和本条例所称商标的使用,包括将商标用于商品、商品包装或者容器以及商品交易文书上,或者将商标用于广告宣传、展览以及其他商业活动中。"由此可见,该条主要是强调使用的外在表现,并不是注重商标使用的实质性条件或者主观目的,与其说是商标使用的定义,不如说是商标使用方式的列举。

这样的规定使得使用的方式得以列举,但是没有认定的标准,容易造成司法实践中将商标使用的外在表现认定得过于宽泛。再者,由于主观层面的忽略,更是加剧了认定的过于宽松,因为法院会认为,只需要考虑外在使用行为,而不需要判断主观意图。

笔者认为,对于法条中什么是商标使用的界定,既要考虑外在使用的表现,也要考虑使用的主观目的,甚至,使用的目的应该在认定使用中处于关键的地位,不应该过于强调使用的外在表现,而忽视了使用的主观目的。其理由在于:

第一,立法规定撤三的目的是鼓励使用,而使用的外在表现不能全然反映真实的使用目的。商标的识别功能是通过使用行为来体现的,不使用的商标由于不存在消费者接触的可能性,因此造成了商标资源的浪费。连续不使用撤销制度的目的正是通过鼓励商标使用者,惩罚占用商标资源而怠于利用的人,减少商标的囤积和投机行为,保护真正的使用者,保持市场竞争秩序的良好运行,平衡商标注册主义的副作用。也就是,在采用商标注册取得的制度下,商标使用并不是取得注册的前提,但是如果不使用超过一定的时间,那么就会遭遇被撤销的风险。尽管如此,在这样的模式之下,没有真正使用意图的人,既能够轻易地取得商标的注册,也可以通过形式的使用行为维持商标的权利。像这样不是为积累商誉的"形式化的使用"状态,很难转化为善意的市场竞争者,也就是有着真正使用的目的、为了发挥商标的识别功能的真实的利用者。由此可见,尽管存在撤三制度对注册取得模式的补充,也存在形式主义使用行为使得撤三制度有被架空的风险。因此,我们有必要加强主观目的的考量,使得商标的使用成为真实的使用。

第二,观察国外的法律规定,借鉴其对于使用因素的认定,可知使用目的是认定使用的关键。

1995年生效的《欧洲共同体商标条例》在第51条第1款(a)项中规定:"如果商标连续五年未在共同体内在注册的商品或服务上真正使用,又无不使用的正当理由;但是,如要在五年期满和提出撤销申请或反诉这段时间内,商标开始或恢复正常使用,任何人都不可以要求所有人的共同体的商标权利应予撤销;但是,如果开始或恢复使用仅仅在商标所有人知道可能提出撤销申请或反诉,最早在连续五年不使用期满时开始提出撤销申请或反诉之前三个月内开始或恢复使用不应予以考虑。"

在美国,通过分析其《兰哈姆法》可以发现,如果不存在再次使用的目的而使得使用中断,就会被认为是对商标的放弃。在美国的司法实践中,法官在适用连续不使用撤销制度时,总把具有继续使用的目的作为认定使用的关键,并且,对善意使用和象征性的使用行为进行甄别。商标的使用必须是善意使用,即在商业活动中,存在真实使用的目的,而不是通过形式化的使用以求商标的存续。

第三,随着商标立法的不断完善,其对商标使用的认定也正从单纯注重使用的外在表现向使用的内在目的方向进行转变,即大致经历了从使用方式、识别来源、真实使用到实际使用的过程。相应出台的一些配套规定体现了这样的转变。

《北京市高级人民法院关于审理商标民事纠纷案件若干问题的解答》规定,在商业活动中,使用商标标识标明商品的来源,使相关公众能够区分提供商品的不同市场主体的方式,均为商标的使用方式。除《商标法实施条例》第

3条所列举的商标使用方式外,在音像、电子媒体、网络等平面或立体媒介上使用商标标识,使相关公众对商标、商标所标示的商品及商品提供者有所认识的,都是商标的使用。这个规定使得商标的使用方式的范围有所扩张,但是同时又强调了商标的使用必须是标示来源的使用。

国家工商行政管理总局制定的《商标审查及审理标准》在"关于证明系争商标实际使用的证据材料"应该符合的条件之六中进一步规定商标使用应"能够证明系争商标在商业活动中公开、真实、合法地使用"。《商标审查及审理标准》的规定,确认了商标的使用是在商业活动中真实的使用,但该条仅是一个兜底条款,既没有具体的内涵,也没有引起司法实践的足够重视。

2010年颁布的《最高人民法院关于审理商标授权确权行政案件若干问题的意见》第20条规定:"人民法院审理涉及撤销连续三年停止使用的注册商标的行政案件时,应当根据《商标法》有关规定的立法精神,正确判断所涉行为是否构成实际使用。"从中可以看出,其对连续三年不使用撤销制度中使用的认定,已经由使用的外在表现向实际使用转变。而何为实际使用呢?根据《商标法》的立法精神,我们不难判断这种使用应该是具有使用目的的使用。

第四,使用行为本身必须包含使用的目的。使用的外在表现之下如果没有真实的使用目的,那么,这样的使用一般目的就是排除竞争对手的使用或者囤积商标谋求不正当利益。因此,不管何种使用行为的认定,归根到底都会涉及这种使用行为是否有着真实的使用目的的判断。孔祥俊法官曾在论述"连续三年未使用"的"使用"认定时指出,在司法实践中,使用的认定要有真实的使用意图。只有商标权利人具有真实使用商标的目的,才能发挥商标的本质功能。这样,认定是否构成使用就会涉及两方面的判断:一个是主观方面的,即是否具备使用的真实目的;一个是客观方面的,即使用是否符合《商标法实施条例》第3条规定的使用行为。两者中,符合后者不一定符合前者,符合前者往往符合后者,因此,前者是判断的核心。

第五,如果满足了真实使用目的这一条件,使用行为就显得不重要。虽然从《最高人民法院关于审理商标授权确权行政案件若干问题的意见》和孔祥俊法官的著述解读出,使用目的和使用行为两者缺一不可,但是笔者认为,使用行为是为了使用目的的真实性服务的,在能够判断使用目的真实性的情况之下,使用行为的认定就不那么重要了。

要正确理解使用的外在表现及使用的主观目的,前提是明确使用表现与使用目的的关系,即意图要件与形式要件是"内与表""皮与毛"的关系。皮之不存,毛将焉附?而毛之不存,皮却仍在。任何形式的商标使用,最终都要用来判断使用之意图,使用形式只是"使用"的必要要件,使用意图才处于商标使用的最核心地位,因之构成商标使用的充分要件。那么,使用意图应当通过什么样的使用形式来判断,而使用形式本身又要具备何种有效条件?以下,我们将具体分析之。

(二)使用意图要件的理解

实践中,很难判断一个人的主观目的,不同的案件,情况略不同,这里笔者将从几个方面展开:首先,什么样的外在使用行为可以认定为具有使用目的;其次,目的是基于有效使用还是持续使用。

1.何种外在使用行为可以认定为具有使用目的

由于司法实践很难解读权利人主观的心理意图,因此,我们必须借助客观行为来推知主观目的,也即,通过现有的外在使用行为,来认定主观使用的真实性。但是存在的难题是,什么样的使用行为可以认定为真实目的呢?这样的使用行为要达到什么样的程度呢?

欧盟法院同样认为仅维持商标存在为目的使用不构成商标使用,却不过分看重使用数量的因素。在著名的 Lamer Technology 一案中,欧盟法院这样认为,要对是否构成真正使用进行评估,那么,就必须综合考虑所有的事实情况,特别是商品和服务的性质,商标使用的范围和频率,这样的使用(通过承担商标的商品或服务)对维护和创造市场份额所起到的保障作用和市场属性等。即使这样的使用比较少或者仅仅是出口,只要这样的使用是为了出于真实的商业目的,也足以构成欧盟商标法所说的真实的使用。就算是在撤销日之后的使用,如果不是为了避免被撤销而使用,仍然可以考虑认定为使用。

使用目的的认定包括商品和服务的性质、商标使用的数量,市场属性中商标起到的功能和作用及商标使用的范围和频率等因素,由于是综合考虑的因素,因此,没有哪个是决定性的。至于我国的认定,并没有具体的程度标准,使用行为在何种程度上构成真实使用的目的,在认定上并不统一。

2.目的是基于有效使用还是持续使用

在连续不使用撤销制度中,要满足撤销的标准,必须符合在持续的一段时间内停止使用注册商标。那么,什么是使用的目的呢?目的的内容是基于有效使用还是基于持续使用呢？显然,有效使用的程度要求更高,因为,权利人不但要证明自己持续使用了商标,还要证明该使用是有效的;对于持续使用的目的证明,则只要符合具有持续使用、不停止使用的目的即可,而不必证明该使用达到有效的程度。

基于撤三中打击商标闲置造成浪费,鼓励积极使用商标的目的,笔者认为,司法裁判者理应引起高度关注,特别是有些权利人为了维持商标的有效存在,采用类似Exxon一案中的做法。

(三)使用形式要件的理解

1.标示来源功能的使用

众所周知,标示来源是商标的基本功能。商标的使用如果无法体现标示来源的作用,将使消费者不能对商品或服务产生区分,就丧失了《商标法》保护消费者的制度目的。正如美国著名的商标法教授Gilson所言,使用必须引起公众对该商标的关注,内部发货将很难构成"商业中使用"。

如上所述,在我国《北京高院商标法解答》中规定,在商业活动中,使用商标标识标明商品的来源,使相关公众能够区分提供商品的不同市场主体的方式,均为商标的使用方式。但是,这样的规定就将商标使用的范围定义得过于宽泛,商标是标识来源的,只有符合标识作用的才构成商标使用,而不能说标识来源的使用均为商标使用。

2.未改变显著标识的使用

在实践中,商标的权利人对商标的使用和最初注册商标时并不是完全一致的,而是存在一定的区别,比如,核定使用的商品或者服务与实际不一致,或者稍微变化商标符号。关于这种情况,《巴黎公约》第5C(2)条规定,商标所有人使用的商标,在形式上与其在本联盟国家之一所注册的商标的形式只有细节的不同,而并未改变其显著性的,不应导致注册无效,也不应减少对商标所给予的保护。各国商标法也有有类似的规定,如《比利时、荷兰、卢森堡经济联盟统一商标法》5(3)(a)条规定:基于5(2)(a)条的规定,有统一形式,只是细节不同,并没有改变显著性,构成商标使用。

我国《最高院关于商标确权意见》第20条规定,实际使用的商标与核准注册的商标虽有细微差别,但未改变其显著特征的,可以视为注册商标的使用。《北京高院商标法解答》第6条也规定,实际使用的商标未改变注册商标的显著特征的,视为对注册商标的使用;否则,不能认定是对注册商标的使用。所谓的未改变显著性,是指实际使用的商标不会因为其改变而造成消费者的混淆。

3.在非核准商品上的使用

在使用过程中,很多商标并没有在注册核准的范围内使用,比如,在零部件上使用,在产品成分中使用,在已销售完的产品中使用,等等。这种使用形式大量存在,是不是视为商标的使用呢?

如果商标不是在原来核定使用的商品或者服务上使用,是否符合商标使用不应该一概而论,应该视其改动的大小对实际使用的影响,尤其是消费者的影响而定。

商标在使用的过程中,往往会存在一些事由,导致权利人无法使用商标。此种情况下,商标权利人的哪些事由可以免责? 如果可以免责,其具体适用的标准又是什么呢?

最高院关于商标确权意见第20条第3款就规定,"如果商标权人因不可抗力、政策性限制、破产清算等客观事由,未能实际使用注册商标或者停止使用,或者商标权人有真实使用商标的意图,并且有实际使用的必要准备,但因其他客观事由尚未实际使用注册商标的,均可认定有正当理由。"由此可见,不可抗力、政策性限制、破产清算能够成为法定的事由。也就是说,权利人在某些非自愿的情况下,无法使用注册商标,不会导致权利丧失。当然,该条还规定其他事由如果可以免责,比如,Sterling Brewers 案中的罢工,还有行政征收、战争、骚乱、天灾等都可以成为正当理由。然而,确权意见同时认为,这些理由必须要求有真实的使用意图和实际的必要准备两个条件。

笔者认为,很多的客观事由会造成商标人无法使用商标,但不意味着权利人可以当然免责,其必须提交相关证据,以证明是基于非自愿的理由,有继续使用商标的意图。

三、案例分析

(一)内在使用目的和外在使用形式之关系

1."皇马"案

在杨汉卿、北京新范文化有限公司与恒大足球学校等侵害商标权及不正当竞争纠纷上诉案一案中,一审法院认为,商标最主要的功能是识别,但只有商标实际使用才能发挥商标的识别功能。根据《中华人民共和国商标法实施条例》第3条规定,商标的使用,是指将商标用于商品、商品包装或者容器以及商品交易文书上,或广告宣传、展览以及其他商业活动中。而本案中,原告作为商标权人,从2009年注册"皇马"商标以来,除了在向一审法院起诉后举办过一场"皇马"杯乒乓球比赛外,未能提交其持续使用"皇马"商标的证据及能够证明该商标信誉的证据,没有证据证明该商标因原告的实际使用取得了较强的显著性和知名度,因而,一审法院认为,原告注册的商标因为没有实际投入使用,没有建立作为商标应有的商标信誉及具有较强的识别功能和显著特征。因此,对原告主张被告的使用行为会淡化其注册商标的显著性及损害其商标识别性和商标信誉的意见,一审法院不予采纳。①

笔者认为,判断商标使用意图,应结合案件证据全面、综合、整体地判断。在该案中,权利人本身的使用频率很低,因此,很难得出使用的形式足以满足使用意图的标准。一审法院面对如此少量的使用证据,确实很难得出权利人构成商标使用的结论。

2."湾仔码头"案

在成超与通用磨坊食品亚洲有限公司商标撤销案中,法院认为,商标标识的价值在于能够识别商品或者服务的来源,撤销不使用商标的目的在于促使商标的实际使用,发挥商标的实际效用,防止浪费商标资源。商标的使用,不仅包括商标权人自用,也包括许可他人使用以及其他不违背商标权人意志的使用。没有实际使用注册商标,仅有转让、许可行为,或者仅有商标注册信息的公布或者对其注册商标享有专有权的声明等,不能认定为商标使用。判断商标是否实际使用,需要判断商标注册人是否有真实的使用意图和实际的使用行为,仅为维持注册商标的存在而进行的象征性使用,不构成商标的实际使用。于是,根据成超提交的其与苏州吴越春秋文化传媒有限公司签订的《广告代理合同》《广告协议》及用于佐证履行情况的发票、《姑苏晚报》有关湾仔码头小吃部的招商广告,不能证明复审商标在核定使用服务上进行了实际使用;成超与苏州凌琳日化有限公司食堂签订的《湾仔码头商标合作合同》以及与宁波海曙天一湾仔码头茶餐厅签订的《商标合作协议》,均没有有效证据佐证其实

---

① (2013)粤高法民三终字第630号。

际履行情况,故上述证据不能证明复审商标在核定使用的服务上进行了实际使用;成超虽与苏州市吴中区金庭西湾农家乐饭店签订了《商标许可使用合同》,但无有效证据证明复审商标的实际使用情况,成超提交的《城市商报》中缝刊登的苏州市吴中区金庭西湾农家乐饭店"畅游太湖品位农家"广告,不仅晚于复审商标的指定期间,且该证据亦不能佐证复审商标的实际使用。综上,成超所提交的上述证据均不能佐证复审商标在指定期间进行了实际使用。[1]

由此可见,就连续不使用撤销的制度目的来看,不是一定要求权利人实际使用商标,而是让权利人积极使用商标,防止商标资源闲置。如果商标权利人具备真实使用商标的意图,并在可预期的期间内使用商标,即使没有实际使用的行为,仍然应当认为构成商标使用。但是有实际使用行为,如果缺乏真正使用意图,那也不构成商标使用。因此,意图可以独立存在于使用形式,使之成为判断商标使用的充分必要条件,使用意图才处于商标使用的最核心地位。

(二)使用目的的理解

1.何种使用形式构成真实使用目的

"Snob"案

在著名的 LaSociete Anonyme des Parfums Le Galion 诉 Jean Patou, Inc.案中,Le Galion 作为法国著名的香水生产商,在很多国家销售商标为"Snob"的香水。而由于 Snob 商标已被 Patou 公司在美国先予注册,故该公司无法在美国进行销售。尽管 Patou 拥有该注册商标,但是却从来没有真正地使用"Snob"商标。自 1950 年到 1971 年,Patou 只销售了 89 瓶标有"Snob"的香水,也没有进行广告宣传或者其他任何渠道的销售方式。自 1951 年到 1969 年,其通过"Snob"香水得到的利润只有 100 美元,零售数额小于 600 美元。面对此案,法官认为,商标权不是由偶尔的、零星的或者名义上的发货而产生的,而必须有标有商标的商品真实的销售贸易存在,或者至少做出了公开的、积极地努力去建立这种贸易存在。缺乏这些因素,商标不能产生或存在。最后,法官认为,Patou 在"Snob"商标上不存在真实使用意图。

"宝洁"案

在宝洁公司诉强生公司案中,1964 年,宝洁公司在除臭液上获得了

---

[1] (2015)知行字第 181 号。

"Sure"商标,1968年,其又在卫生棉塞类别上获得了"Sure"商标。1970年,该公司通过购买,同时在洗发剂和漱口水产品上得到了"Assure"商标。然而,在卫生棉塞类别上的"Sure"商标、在漱口水和洗发剂产品上的"Assure"商标,都被宝洁公司纳入了一个称为"次要品牌"的计划。法院借鉴"Snob"案的观点,认为零星的、名义上的,以及仅为了维持商标的使用,是不足以取得和保持商标权利的。卫生巾的"Sure"和"Assure"商标已包含在"次要品牌"的计划之中,该计划的建立是维持了商标的有效性,而不是积极在商业活动中使用商标,这使得原告的使用意图是如此模糊、遥远,以至于在合理的将来也不可能有使用意图,从而满足放弃标准要求。

2.界定意图

"007jamesband 及图"案

本案中,法院认为,在以连续三年停止使用为理由申请撤销已注册商标的案件中,应审查在该三年期间复审商标是否在指定使用的商品上进行了持续的商业意义上的实际使用。仅有象征性的、偶然性的使用,不符合《商标法》第44条第4项规定的商标使用行为。商标评审委员会作出的认定东信公司提交的证据不能证明核定注册在第25类服装等商品上的复审商标在系争三年期间进行了符合《商标法》规定的商业使用的决定,并无不当。即使占士邦公司在诉讼程序中补充提交的证据真实性能够认定,由于其未在行政程序中及时提交,而且这些证据材料的证明力较弱,不能充分证明复审商标在系争三年期间进行了商业意义上的实际使用,因此不属于法律规定必须采信的证据。[①]

(三)外在使用形式

1.标示来源功能的使用

辉瑞"伟哥"立体商标纠纷案

该案中,对商标使用是否必须具有标示来源功能,最高院作出了标志性判决。该案的原告辉瑞产品公司向国家商标局申请注册了蓝色的菱形立体商标,被告生产的盒内药片的包装有与药片形状相应的菱形突起。药片为浅蓝色、近似于指南针形状的菱形,并标有"伟哥"和"TM"字样,与原告商标构成

---

① (2013)知行字第51号。

混淆。最高院经审理后认为,被告的该药片包装于不透明材料内,其颜色及形状并不能起到标识其来源和生产者的作用,不能认定为商标意义上的使用,因此不构成混淆。

"orangeflower"案

该案中,广州知识产权法院认为,依照《中华人民共和国商标法》(2013年修正)第48条规定,本法所称商标的使用,是指将商标用于商品、商品包装或者容器以及商品交易文书上,或者将商标用于广告宣传、展览以及其他商业活动中,用于识别商品来源的行为。杰薄斯公司、艾克玛特公司共同经营的 the-jamy.com 网站上所销售的被诉侵权产品和商标名称均标有"orangeflower"或"orangeflowers"标识,商标详情中也注明品牌为"orangeflower"或"orange-flowers",对应正品验证链接中也使用"orangeflower""ORANGEFLOWER"或"ORANGEFLOWERS"标识。上述的使用是将该标识作为区分商品来源的商标来使用,属于商业标识意义上的使用,应当依法认定为商标法意义上的商标使用行为。①

"爵悦"案

该案中,法院认为,在金塔文化公司和豪悦汇公司经营的涉案网站上大量使用"爵悦中国""爵悦会员""爵悦会所""爵悦 SPA""爵悦护肤""爵悦特色""爵悦养生""爵悦"等,该种使用"爵悦"二字的方式起到了标示服务来源的作用,属于商标性使用。在金塔文化公司和豪悦汇公司会所门头及提供服务过程中所使用的价签、拖鞋、肥皂、剃须刀、牙具等物品上所使用的涉案"爵悦·汇"文字、"JueYueHui"汉语拼音及皇冠图案标识也起到了标示服务来源的作用,也属于商标性使用。②

可以说,上述案例都指向一个共同的观点,即有必要对商标使用作进一步限定,商标使用应当是具有标示来源功能的使用。

2. 未改变显著标识的使用

"ARTISAN"案

在本案中,北京高院认为,虽然精雅公司并未提交显示复审商标的商品、销售发票等直接使用复审商标的证据,但其提交的租约确认书、联销合同、厂商联营合同书中已明确使用了"ARTISAN"商标,并且其亦同时提交了用以

---

① (2016)粤 73 民终 61 号。
② (2016)京 73 民终 84 号。

证明上述合同已实际履行的发票、收据、支票申请领用单等证据,上述证据已形成完整的证据链,能够证明精雅公司在涉案三年期间在包、皮具等商品上真实、公开、合法地使用了"ARTISAN"商标。实际使用的商标与核准注册的商标虽有细微差别,但未改变其显著特征的,可以视为注册商标的使用。精雅公司实际使用的"ARTISAN"商标与复审商标仅有细微差别,故精雅公司对"ARTISAN"商标的使用,可以视为复审商标的使用。[①]

3. 在非核准商品上的使用

"青华"案

在该案中,最高院认为,《商标法》的规定旨在督促商标权人积极使用核定的商标,避免商标资源闲置,该条所称"连续三年不使用"中的"使用",应当理解为在核定类别商品上的使用,不应将在类似商品上的使用视为该条所称的"使用"。虽然青华公司提交的批墙膏经销协议、增值税发票、广告合同、制作单及门店招牌等证据可以证明青华公司将复审商标使用于批墙膏商品上,但批墙膏并不属于复审商标核定的第2类商品,且在功能、用途等方面存在一定差异。因此,复审商标在批墙膏商品上的使用,不应视为在核定商品上的使用。[②]

"GNC"案

该案中,北京高院认为,物资集团公司在受让涉案商标后,委托他人制作了"GNC宣传单""GNC包装盒""GNC手拎袋"等宣传品。但是,由于印制有"GNC"标识的包装盒、手拎袋均是在蜂蜜等蜂产品上的使用,并非在涉案商标核定的非医用营养鱼油商品上的使用,因此不属于商标法意义上的使用。然而,法院对于蜂产品与非医用营养鱼油之间是否存在直接关联关系,是否能与其他公司产品形成区别,没有论述。[③]

4. 不同地域范围的使用

"國泰人壽"案

法院认为,大陆与台湾地区分属不同的法域,台湾地区关于投资限制方面的法律规定不构成复审商标在大陆不能进行使用的正当理由。在商业活动中,使用商标标识标明商品的来源,使相关公众能够区分提供商品的不同市场

---

① (2012)高行终字第590号。
② (2015)知行字第255号。
③ (2006)高行终字第78号。

主体的方式,均为商标的使用方式。因此,商标法意义上的使用与公司经营范围无直接关系,故原审法院认定《保险法》对公司经营范围的限制不能成为复审商标不能使用的正当理由是恰当的。①

(四)合理不使用免责的情况

"SterlingBrewers"案

在 SterlingBrewers 诉 Schenley Industries 案中,F. W. Cook 公司拥有核定使用在第 33 类"酒"等商品上的"COOK'S GOLDBLUME"商标,Sterling Brewers 公司是 F. W. Cook 公司的被许可方。F. W. Cook 公司于 1995 年因劳务纠纷导致酿酒工厂工人罢工,工厂一度被迫处于关闭状态。直到 1964 年,Sterling Brewers 公司获得授权后,权利人才得以重新启动该商标的使用。Schenley Industries 公司认为商标权利人已经放弃了商标的使用,由此提出了撤销程序。基于上述事实,商标审理上诉委员会经审理认为,在九年期间,F. W. Cook 公司并没有使用商标,已经构成商标放弃。随后,F. W. Cook 公司提起上诉。美国海关和专利上诉法院认为,由罢工导致的酿酒厂关闭,并不是权利人所能控制的自愿的结果。证据表明,在工厂关闭期间,正是因为权利人有明确想要保留转让权的能力,才使得"COOK'S GOLDBLUME"能被购买者使用并进行重新生产。因此,权利人不构成商标放弃。

四、对企业的启示

(一)商标使用证据的提交

1.可以作为商标在商品或者服务上使用的证据

根据商标使用的相关性规定,商标直接使用在商品、商品包装或者容器、商品交易文书上,或者使用在服务场所及服务相关物品上,或者使用在广告宣传、展览以及其他商业活动中,都属商标的使用行为。对于商品商标而言,其较容易收集证据。而对于服务商标而言,证据主要体现在宣传网站、发放的手

---

① (2012)高行终字第 1513 号。

册、门店装饰、服务者服饰、海报、展台、办公工具以及其他与服务相关的物品上。

2.证据形式：原件或公证

证据的形式是原件还是复印件在撤三案件中显得比较关键，能保持原件的，尽量使用原件，如果有困难的，可以提交经过公证的复印件，但是必须保持和原件一致。

3.关键证据：发票

发票作为交易的证据，体现了商业活动的使用，其可以和商品或者服务销售合同形成完整的证据链条。此外，税务机关认证过后的发票，具有更强的证据能力，比起当事人签订的合同，更具有真实性。发票主要是文字记录，而商品或者服务的商标名称可能由此体现。为了起到证明作用，相关权利人在写发票的时候可以用体现商标的完整的商品或者服务名称，而不是用商品或者服务的通用名称。

4.证据链与证据量

单一的证据并不能完全说服法官，因此需要建立证据链。相关权利人可以有意识地建立证据库，任何使用的痕迹都尽可能地整理保存，方便构成完整证据链，例如，生产批号、生产样本、各种交易合同、相关的检验检疫文件以及媒体报道等。

（二）主动防范被撤风险

1.市场预测

观察市场动向，预测商标被撤风险。如果自己的商标被他人使用并且拥有一定的市场，那就要警惕被提起撤销。

2.提出新申请

这相当于一场权利的接力，即在发现风险的时候，尽早提出新的商标注册申请。一个新的权利可以避免在企业被撤销时因处于没有商标道德状态下而受到更大的打击。

3.尽量使用

证据的提供来自实际的使用，因此，归根到底还是要加强使用，如果经费不足或者没有做好生产准备，即使小范围小规模的使用，也可以减少被撤风险。

"万仟堂",智斗!

一、案情全面介绍

2015年7月17日,申请人厦门万仟堂艺术品有限公司(以下简称"申请人")向国家工商行政管理总局商标评审委员会提出商标无效宣告申请,请求商评委宣告被申请人金安萍申请注册的10694109号"万仟堂+EDENUS及图"(如下图所示)无效。

商标图片

商品/服务列表	
1804	伞
1804	伞杆
1805	手杖

"万仟堂",智斗!

企业类型	有限责任公司	注册资本	1000万人民币	公司注册地址	厦门市思明区前埔西二路288号第四层(厂房)
公司注册号	350203200008938	经营范围	工艺品、日用品研发、生产、销售;室内外陈设艺术设计服务及相关技术咨询;批发、零售艺术;会展服务;经营各类商品和技术的进出口(不另附进出口商品目录,但国家限定公司经营或禁止进出口的商品及技术除外);会务服务。(以上经营范围涉及许可经营项目的,应在取得有关部门的许可后方可经营)	登记机关	厦门市思明区工商行政管理区
法定代表人/负责人	蔡万涯	公司成立日期	2007-07-31	营业期限	2037-07-30
主营产品或服务	陶瓷茶具、陶瓷花器、陶瓷香炉、陶瓷艺术品	主营行业	茶具套装	经营模式	其他
员工人数	301~500人	品牌名称	厦门万仟堂艺术品有限公司	主要市场	大陆
主要客户群体	中高端人群	主要经营地点	福建厦门	年营业额	人民币1亿元/年以上
管理体系认证	ISO 9001	厂房面积			

(一)申请人简介

申请人成立于 2007 年,是一家集茶器系列产品和陶器艺术品开发、设计、生产与销售一体的公司,总部位于福建省厦门市。其创始人蔡先生系科班出身的艺术家,以自身对艺术和美学的理解设计了"万仟堂+EDENUS 及图",带领该企业先后获得"中国十大茶具品牌企业""厦门重点文化企业""厦门大学人文学院实习基地"等荣誉称号。近年来,该企业发展迅速,在多家互联网交易平台上面开设万仟堂网络旗舰店,并经由其打造的连锁加盟经营体系开设门店 200 余家。

申请人自成立之初便高度重视品牌建设保护,目前共申请注册商标 240 多件,其中"万仟堂+EDENUS 及图"的注册范围最广,保护力度更大,涉及全类别的注册和保护,共申请注册 80 多件。为扩大自身品牌的影响力,该企业还利用报纸、杂志、网络、活动、展会等多种媒介在全国范围内进行广告宣传,其享有权利的第 8682964 号"万仟堂+EDENUS 及图"(详见下图)被评为"厦门市著名商标""福建省著名商标"。

输了我的品牌

商标图片	商品/服务列表
	2101——盆(容器) 2102——玻璃瓶(容器) 2102——日用玻璃器皿(包括杯、盘、壶、缸) 2103——日用瓷器(包括盆、碗、盘、壶、餐具、缸、坛、罐) 2103——日用陶器(包括盆、碗、盘、缸、坛、罐、砂锅、壶、炻器餐具) 2104——水晶工艺品 2104——瓷、赤陶或玻璃艺术品 2105——饮用器皿 2110——香水喷瓶 2113——水晶(玻璃制品)

(二)申请人主张

首先,申请人认为,自身是全国知名的陶瓷玻璃工艺生产企业,其"万仟堂＋EDENUS及图"品牌是同行业中的知名品牌。争议商标的图形系源于申请人创始人蔡先生对美学的独特理解,采用现代解构主义的设计手法,对方块文字进行解构与重组,用该种方式所创作出的艺术作品能够让受众形成一个新的视觉体验,表达了作者对传统进行颠覆性继承的设计理念。该作品是申请人结合企业发展和企业字号创造出的、具有美学意义的智力成果,因此,蔡先生对该图形享有著作权。经对比,被申请人所注册的争议商标与申请人的作品完全相同,是对申请人作品的复制、抄袭。系争商标的申请侵犯了申请人的在先权利。

其次,申请人主张,被申请人在明知该作品存在的情况下,恶意注册与该作品完全相同的争议商标,违反了《商标法》第32条的相关规定。理由有二:其一,申请人作品"万仟堂＋EDENUS及图"的创作及发表时间(2007年8月首次发表)远早于争议商标的申请日期(2012年3月);其二,申请人对"万仟堂＋EDENUS及图"进行了不遗余力的培育,具体方式包括在全国各地开设门店及通过多种媒介发布广告宣传。经过申请人的长时间使用和大范围的宣传,该图形已经具有了极强的显著性和知名度。而被申请人金安萍以个人名义从2013年3月开始申请注册了10694109号"万仟堂＋EDENUS及图"商标,并于2013年1月在湖南株洲成立了株洲万仟堂实业投资有限公司。根据申请人在湖南和浙江省的知名度,申请人认为,有理由相信经过申请人广泛的宣传和使用,"万仟堂＋EDENUS及图"在相关地域已经具备较高的知名度,被申请人理应知晓"万仟堂＋EDENUS及图"的存在。可见,被申请人是在

"万仟堂",智斗!

实际接触到"万仟堂+EDENUS及图"之后才申请注册与该作品完全相同的争议商标。结合该理由和前述理由,申请人认为,被申请人在明知申请人享有权利的作品存在的情况下,恶意注册了与该作品完全相同的争议商标,侵犯了申请人的在先著作权,违反了《商标法》第32条的规定,依法应不予核准注册。

最后,申请人主张,经调查,被申请人复制、抄袭"万仟堂+EDENUS及图"商标不是偶然行为,而是有组织的、有预谋的恶意抢注行为,违反了《商标法》第7条第1款的有关诚实信用的规定,扰乱了商标管理秩序,依法不应核准注册。被申请人以个人名义从2010年至今已经在多个类别上抢注了与国内外知名企业商标相近似的商标。例如,其申请注册在第14类上的第9576755号帝佗商标、第11299983号商标、第8724368号FAMUSTO名舵商标与国际知名的帝舵钟表有限公司的第1126258号帝舵商标、第1218381号TUDOR商标近似,具有明显的"傍名牌"行为。除此之外,被申请人的关联人金仲春(被申请人和金仲春均以个人名义注册商标,商标被核准的地址系同一个,可见,二者身份证上的地址是同一个,由此可以认为二者存在关联)也以个人名义抢注了市面上知名企业的字号或摹仿知名品牌作为商标。由此可见,被申请人通过了多个相关联主体,在多个类别上有组织、有预谋地抢注与多家知名公司相同或近似的商标,行为极其恶劣。同时,经查,株洲万仟堂实业投资有限公司是一家在国家商标局有备案的专业代理机构,其以自己的名义大量地申请注册了除代理服务以外的商标,这明显超出了其代理服务的范围,违反了《商标法》第19条关于代理机构除对其代理服务申请注册商标外,不得申请其他商标的规定。申请人认为,被申请这种本着傍名牌、谋取不正当利益的目的,明目张胆地复制、抄袭申请人的"万仟堂+EDENUS及图"商标的恶意行为违反了诚实信用原则,依法应予以制止,否则必定会引来众多效仿者,助长不良的恶意注册之风,扰乱商标的有序发展。

为证明其主张,申请人向商评委提供了争议商标信息、申请人获得的部分荣誉、申请人网络平台旗舰店及全国各地实体店铺的照片及销售发票、申请人商标注册列表、申请人部分宣传资料、申请人品牌及产品的部分荣誉、被申请人及其关联人商标注册情况、株洲万仟堂实业投资有限公司企业信息、株洲万仟堂实业投资有限公司的商标代理机构备案证明等证据。

(三)商标评审委员会的裁判结果[①]

对于争议商标的注册是否违反修改前《商标法》第 31 条[②]之规定,商评委认为:《著作权法》所称作品,是指文学艺术和科学领域具有独创性并能以某种有形形式复制的智力成果。本案中,申请人的"万仟堂＋EDENUS 及图"美术作品具有一定的独创性,属于《著作权法》中的美术作品并已经获得了权属登记证书,在无相反证据的情况下,申请人对"万仟堂＋EDENUS 及图"享有著作权。且根据在案证据,该作品在系争商标注册前已经发表,且申请人于 2010 年申请注册的商标中已经包含"万仟堂＋EDENUS 及图"美术作品,故被申请人有接触"万仟堂＋EDENUS 及图"美术作品的可能性。争议商标与申请人享有权利的"万仟堂＋EDENUS 及图"美术作品相比较,在构图、外观方面基本相同,已经构成实质性相似。由此可以判定争议商标的注册已经损害了申请人享有的在先著作权,被申请人违反了修改前《商标法》第 31 条的"不得损害他人现有在先权利"之规定。

对于争议商标的注册是否违反修改前《商标法》第 10 条第 1 款第 8 项之规定,商评委认为,本案的争议商标,其本身并无有害于社会主义道德风尚的情形,也并未存在其图形文字或者其他要素对我国政治经济、文化宗教、民族等社会公共利益产生消极负面影响的情形,故不属于修改前《商标法》第 10 条第 1 款第 8 项之规定的不得作为商标使用的标志的情形。

对于争议商标的注册是否违反修改前《商标法》第 41 条第 1 款之规定,商评委认为,该款规定的立法精神在于贯彻公序良俗原则,维护商标注册管理秩序。在审查判断争议商标是否属于以其他不正当手段取得注册,要考虑其是否是欺骗手段以外的扰乱商标注册秩序、损害公共利益、不正当占用公共资源或者以其他方式谋取不正当利益的手段。此外,根据《商标法》有关规定,民事主体申请注册商标应当具有真实的使用意图,以满足自己的商标使用需求为目的。本案中,申请人称"被申请人及其关联人还在多个类别上抢注了多个国内外知名品牌的商标,行为恶劣"之主张属于修改前《商标法》第 41 条第 1 款之规定的调整范围。被申请人申请注册商标多达 82 件,除争议商标外,还先后注册了"帝托""金羽杰 JOSSY JO""戴安娜""STOK"等与知名

[①] 商评字[2016]第 00000020403 号.
[②] 由于法律修改,现该条规则已经变更为《商标法》第 32 条.

品牌相同或相近的商标。被申请人前述商标注册行为具有明显的复制、抄袭他人高度知名商标的故意,以谋取不正当利益,具有明显的主观恶性,不具备注册商标应当具有的正当性。该类不正当注册行为不仅导致相关消费者对商品来源产生误认,且明显超出了正常的生产经营需要,有损公平竞争和市场秩序,扰乱了正常的商标注册管理秩序,违反了公序良俗,已经构成修改前《商标法》第41条第1款"以欺骗手段或其他不正当手段"取得商标注册之规定。

另,商评委认为,虽然申请人株洲万仟堂实业投资有限公司为在商标局有备案的专业代理机构,其大量注册了除代理服务以外的商标,超出了其代理服务范畴,违反了《商标法》关于代理机构除对其代理服务申请商标注册外,不得申请注册其他商标的规定。但鉴于本案实体问题应适用修改前的《商标法》,而申请人的上述主张不属于修改前《商标法》的调整范围,且株洲万仟堂实业投资有限公司并非本案被申请人,故该问题不列入本案审理范围。

综合上述理由,商评委依法裁定:被申请人金安萍申请注册的10694109号"万仟堂+EDENUS及图"无效。

(四)申请人维权情况一览

据笔者了解,2012年至2013年间,被申请人共针对申请人进行恶意抢注达20余起,本文所介绍的案例只是申请人厦门万仟堂艺术品有限公司与被申请人金安萍、金仲春、株洲万仟堂实业投资有限公司的恶意抢注行为进行顽强斗争的缩影。凭借着申请人正确的知识产权战略及代理机构专业而有效的法律服务,厦门万仟堂艺术品有限公司在一场场维权斗争中大获全胜,打击恶意抢注者的同时也有力地维护了企业利益。在此,笔者将相关维权以表格形式呈现如下:

类别	注册号	商标	申请日期	初审公告	状态	申请人	使用商品	备注
25	10694106		2012-3-29	2013-2-27	无效宣告完成 予以无效宣告 [2016-3-22]	金仲春	婴儿全套衣,围巾,鞋(脚上的穿着物),舞衣,手套(服装),袜,帽子,服装,婚纱,手套(服装)	异议审查已经完成(输),无效宣告已经完成(赢)
40	10694105		2012-3-29	2013-2-27	无效宣告完成 予以无效宣告 [2016-3-22]	同上	碾磨加工,定做材料装配(替他人),打磨,金属铸造,纺织品精加工,雕刻,木器制作,吹制玻璃器皿,印刷,榨水果	
33	10552102		2012-03-01	2013-01-20	无效宣告完成 予以无效宣告 [2016-3-22]	金安萍	果酒(含酒精),开胃酒,蒸馏饮料,鸡尾酒,葡萄酒,米酒,伏特加酒,青稞酒,黄酒,烈酒(饮料)	
18	10694109		2012-03-29	2013-06-06	无效宣告完成 予以无效宣告 [2016-3-22]	同上	伞,伞杆,手杖	
20	10552103		2012-03-01	2013-05-06	无效宣告完成 予以无效宣告 [2016-3-22]	同上	家具,工作台,家具门,细木工家具,办公家具,婴儿用高椅,门用非金属附件	
24	10694108		2012-03-29	2013-06-06	无效宣告完成 予以无效宣告 [2016-3-22]	同上	被子,床上用覆盖物,家具遮盖物,洗涤用手套,床单	
29	10694104		2012-03-29	2013-06-06	无效宣告完成 予以无效宣告 [2016-3-22]	同上	食用油脂,牛奶制品,精制坚果仁	
42	10694103		2012-03-29	2013-06-06	无效宣告完成 予以无效宣告 [2016-3-22]	同上	工业品外观设计,包装设计,车辆性能检测,无形资产评估	
43	10552101		2012-03-01	2013-06-13	无效宣告完成 予以无效宣告 [2016-3-22]	同上	出租椅子、桌子、桌布和玻璃器皿	
45	10694102		2012-03-29	2013-06-06	无效宣告完成 予以无效宣告 [2016-3-22]	同上	婚姻介绍	

续表

类别	注册号	商标	申请日期	初审公告	状态	申请人	使用商品	备注
26	11178216		2012-07-09	2013-08-27	无效宣告完成予以无效宣告〔2016-11-24〕	同上	发饰品,纽扣,假发,发带,绣花饰品,绳编工艺品,拉链,仿真花,服装垫肩,头发夹(发夹)	
37	11178220		2012-07-09	2013-08-27	无效宣告完成予以无效宣告〔2016-11-24〕	同上	建筑,商品房建造,室内装潢,汽车保养和修理,汽车清洗,钟表修理,家具制造(修理),干洗,珠宝首饰修理,电器设备的安装和修理	异议审查已经完成(输),无效宣告完成(赢)
3	10552105		2012-03-01	2013-12-13	无效宣告完成予以无效宣告〔2016-11-24〕	同上	洗发液,浴液,洗洁精,去污剂,化妆品,牙膏,香,香料,金刚砂,成套化妆品	
36	11178217		2012-07-09	2013-11-27	无效宣告完成予以无效宣告〔2016-11-24〕	同上	保险,资本投资,银行,金融评估(保险、银行、不动产),代管产业,不动产管理,艺术品估价,信用卡服务,担保	
41	11178218		2012-07-09	2013-11-27	无效宣告完成予以无效宣告〔2016-11-24〕	同上	教育,安排和组织大会,游乐园,夜总会,为艺术家提供模特服务,健身俱乐部(健身和体能训练),在计算机网络上提供在线游戏,广播和电视节目制作,图书出版	
9	12476194	EDENUS 万仟堂	2013-04-24	2014-06-27	异议完成,不予注册〔2015-12-15〕	株洲万仟堂实业投资有限公司	计算机,传真机,集电器,量具,导航仪器,电话机,电视机,电池,眼镜,照相机(摄影)	异议申请已完成(赢)
14	12462880		2013-04-22	2014-06-27	异议完成,不予注册〔2015-12-15〕	同上	贵重金属合金,珠宝(首饰),小饰物(首饰),宝石,装饰品(珠宝),贵重金属艺术品,钟,手表,贵重金属盒,钟表机件	

续表

类别	注册号	商标	申请日期	初审公告	状态	申请人	使用商品	备注
42	12462879		2013-04-22	2014-06-27	异议完成，不予注册 [2015-12-15]	同上	计算机编程、研究和开发(替他人)，服装设计，计算机软件设计，室内装饰设计，建设项目的开发，质量控制，化妆品研究，技术项目研究，提供互联网搜索引擎	
44	12462882		2013-04-22	2014-06-27	异议完成，不予注册 [2015-12-15]	同上	保健，美容院，整形外科，桑拿浴服务，理发店，疗养院，园艺，化妆师服务，理疗，植物养护	
45	12354080		2013-04-01	2014-09-06	宣告无效完成 予以无效宣告 [2016-12-01]	同上	家务服务，服装出租，版权管理，知识产权许可，知识产权咨询，域名注册(法律服务)，诉讼服务，版权管理，计算机软件许可(法律服务)，知识产权监督	无效宣告已完成(赢)
6	12476193		2013-04-24	2014-12-20	异议完成，不予注册 [2016-4-20]	同上	金属管道，金属捆扎物，钥匙	
11	12476192	EDENUS 万仟堂	2013-04-24	2014-12-20	异议完成，不予注册 [2016-4-20]	同上	发光二极管(LED)照明器具，烹调器，微波炉(厨房用品)，冷冻设备和装置，冰箱，干燥设备，空气冷却装置，电加热装置，沐浴用设备	异议申请已完成(赢)
18	12354081		2013-04-01	2014-12-20	异议完成，不予注册 [2016-4-20]	同上	裘皮，动物皮，皮制系带，运动包，人造革箱，手提包，旅行包，马具配件，制香肠用肠衣	
24	12354082		2013-04-01	2014-12-20	异议完成，不予注册 [2016-4-20]	同上	织物，纺织品毛巾，纺织品壁挂，家具遮盖物，洗涤用手套，布，纺织织物，毡，门帘，夏布罗纹	

续表

类别	注册号	商标	申请日期	初审公告	状态	申请人	使用商品	备注
29	12462881		2013-04-22	2014-12-20	异议完成，不予注册[2016-4-20]	同上	肉,鱼(非活),水产罐头,腌制水果,土豆片,蛋,食用果冻,豆腐制品,豆腐	
30	12462877		2013-04-22	2014-12-20	异议完成，不予注册[2016-4-20]	同上	糖,以谷物为主的零食小吃,以米为主的零食小吃,糕点,煎饼,大饼,粥,谷类制品,豆浆	

二、法理分析

（一）《商标法》第 32 条后半段

作为对我国商标注册制度的有效补充，我国现行有效的《商标法》第 32 条规定："申请商标注册不得损害他人现有的在先权利，也不得以不正当手段抢先注册他人已经使用并有一定影响的商标。"根据民法的基本理论，凡称得上的"权利"，必定需要基于合法行为而产生。若"权利"基于违反法律的行为而产生，则显然不能获得法律意义上的"权利"。因此，即使商标已经经过了行政程序获准注册，但若在先注册系通过不正当手段恶意抢注所得，注册人就欠缺使用该商标的合法依据。该条款前半段强调对商标本身享有除商标权之外其他在先权利的权利人的在先权利的保护，后半段侧重对未注册但已经使用的商标权利人的保护，两部分构成一个整体，基于诚实信用原则，打击恶意抢注行为。

《商标法》第 32 条后半部分的构成要件为：权利人商标在系争商标申请注册日前已经使用并有一定影响；系争商标与权利人在先使用的商标相同或近似；商标所使用的商品领域相同或类似；系争商标申请人具有恶意。纵观本案，虽然申请人以"万仟堂＋EDENUS 及图"注册商标共 80 多件，注册类别跨越不同品种，但并未在系争商标所在的第 18 类伞、伞杆和手杖上面进行注册。根据在案证据，申请人也并未曾将"万仟堂＋EDENUS 及图"使用在第 18 类商品上并获得一定的影响，因此，不具备《商标法》第 32 条后半部分的构成要件。同时，虽然该商标获得过"福建省著名商标"等荣誉称号，但毕竟影响力有限,尚不足以被认定为驰名商标,故"万仟堂+EDENUS及图"也无法作为驰名商标而获得跨类保护。

因此,在援引《商标法》第32条后半部分无法对自己遭受的权利损失进行救济的情况下,申请人结合涉案图形"万仟堂+EDENUS及图"自身富有的设计感和美感的特点,选择援引《商标法》第32条前半部分"申请商标注册不得损害他人现有的在先权利",通过证明涉案图形"万仟堂+EDENUS及图"具有著作权法所要求的独创性和艺术性可以认定为美术作品来主张申请人金安萍申请注册的10694109号"万仟堂+EDENUS及图"因侵犯其享有的在先著作权而应当被认定为无效。

(二)《商标法》第32条前半段

1.在先权利与损害的界定

《商标法》第32条前半部分规定:申请商标注册不得损害他人现有的在先权利。由此我们可以判断出,要援引《商标法》第32条前半部分规定,前提有二:存在在先权利;在先权利受到了损害。

因此,为了更好地用"在先权利"条款分析本文中申请人的主张,我们有必要先对在先权利的内涵进行界定。仅从字面意思分析,在先权利即应该是"形成在先的权利"。根据《巴黎公约》的规定,若商标侵犯第三人的合法权利,并且这种权利是受到国家保护的权利,则这种商标不应予以注册。从《巴黎公约》的语句进行分析,《巴黎公约》认为凡是受国家保护的权利,均属于在先权利的范畴,可以对抗他人注册商标的申请。按照世界知识产权(WIPO)组织的意见,"他人合法的在先权利"至少包括以下权利:已经受保护的厂商名称权(即商号权)《最高人民法院关于审理商标授权确权行政案件若干问题的意见》(法发〔2010〕12号)第17条规定:《商标法》对损害他人现有的在先权利如无特别规定,但根据《民法通则》和其他法律的规定属于应予保护的合法权益的,应当根据该概括性规定给予保护。我国国内学者对在先权利的分类方法和具体内涵所持观点各有不同,在此笔者同意将在先权利根据请求权基础分为以下几类的观点:第一,在先的其他知识产权,包括在先的著作权、外观设计专利权、商号权、知名商品特有包装或者装潢使用权等;第二,在先的其他民事权利,包括企业名称权、肖像权、姓名权等;第三,其他新型权利,如域名、商品化权等。根据上述规则及观点,本案例中所涉及的著作权均属于在先的其他知识产权类别,是《商标法》第32条前半部分规制的范围之一[①]。

对于"损害"的界定,笔者认为,有必要结合已有的商标法律法规对在先权利保护的目的和方式进行考虑。TRIPS协定对在先权利的提及体现在第16条之一款,"注册商标所有人应享有专有权防止任何第三方未经许可而在贸易活动中使用与注册商标相同或近似的标记去标示相同或类似的商品或服务,以造成混淆的可能。如果确将相同标记用于相同商品或服务,即应推定已有混淆之虞。上述权利不得损害任何已有的在先权,也不得影响成员依使用而确认权利效力的可能。"[②]我国《商标法》亦规定,申请注册的商标,不得与他人在先取得的合法权利相冲突。由此我们可以看出,商标对在先权利的妨害形态之一,便是影响了原权利人依使用而确认权利效力的可能,简言之,便是发生了权利冲突。因此,证明系争商标侵犯了他人在先权利的切入思路之一,便可以是证明在后的注册商标权与在先权利的权利内容出现了重叠。下文中笔者将依此观点对"万仟堂+EDENUS及图"无效宣告案进行进一步分析。

2.著作权与商标权的重叠

我国现行的商标申请注册制度主要侧重点仅为将主体所申请的商标与已有的注册商标进行对比。在没有其他违反《商标法》规定的情形下,若经对比,主体所申请的商标并未与现有的注册商标相同或相近似,则该商标获准注册的可能性极大。

图形商标中,一部分为商标申请人设计或由商标申请人委托他人设计,并非仅仅由简单的线条、常见的几何图形和文字组成。如果设计体现了凝聚在表达中的创造性,则设计本身可能成为《著作权法》意义上的美术作品。因此,若未经设计人允许,将他人设计的具有创造性的商标图形用于注册商标而又获准注册,便会引起商标注册人与设计人之间的民事纠纷。典型案例便为发生在上个世纪的"武松打虎案"。案件的最终,商评委以侵犯刘继卣的在先著作为由,裁定撤销景阳岗酒厂的关于《武松打虎》的图形商标注册。2012年,工商银行徽标行政诉讼再审案件中,法院确立了"如果某一客体同时符合两个

---

① 应振芳.商标法中"在先权利"条款的解释适用问题[J].政治与法律,2008(05):116—122.

② 魏峰林.我国知识产权制度与TRIPS协议的衔接及完善[D].山东大学,2009.

法律的保护要件,当然可以同时受到著作权法和商标法的保护"的规则[①]。即权利人在创作作品后,可以同时申请著作权保护和商标权保护。由该规则的内容分析,客体同时受到《著作权法》和《商标法》保护的前提为,同时符合两个法律的保护要件。而若主张他人的商标侵犯了自己的在先著作权,前提为侵权人已经将系争商标申请注册,该商标即将或已经成为获准注册的商标的概率很大,故对于系争商标本身是否符合《商标法》保护要件的问题,笔者在此不多赘述。本小节将重点讨论系争商标图形是否能够被认为是符合我国《著作权法》的保护要件的。

在丽思卡尔顿酒店"狮头皇冠图形"案中,北京市第一中级人民法院支持了异议人丽嘉酒店有限公司对其"狮头皇冠商标"的图形本身享有在先著作权的主张。从该案法官的说理部分中,我们可以看出,法院认定商标损害他人在先著作权应当满足下列条件:涉案商标的图形应当构成《著作权法》意义上的作品且仍在保护期内;系争商标的持有人在注册系争商标前确存在接触上述作品的可能性;涉案作品创作完成早于系争商标的注册。系争商标图形本身与该作品存在着实质性相似。将该案件中法官的判定标准与《著作权法》中的侵权标准进行对比,我们不难发现,本案中确立的标准大体遵循着先确认客体符合著作权领域的作品的判断标准,再运用著作权法领域中的接触加实质性近似原则判定涉案商标图形是否侵权,其只是鉴于商标和著作权权利取得方式的不同(著作权自动取得而商标注册取得)而对二者形成的时间进行了要求。

根据《中华人民共和国著作权法实施条例》第2条对作品的定义,作品应当是人类的智力成果,必须是能够被他人客观感知的外在表达,且只有具有独创性的外在表达才是作品。"独创性"也可称之为原创性。"独"的含义应是指劳动者独立完成,而非经由抄袭得来;对"创"的理解,两大法系存在分歧,但鉴于《伯尔尼公约》将 intellectual creations 的成果作为保护对象,我们可以认为受保护的作品应当是智力创造的结果,而非仅仅是体力劳动或"额头流汗"的成果。因此,我们可以将《著作权法》中对"创"的要求理解为要求作品具有一定水准的智力创造高度,而"创"本身与质量和价值并无关系。由此,如果系争商标图形符合上述要件,便可以称之为《著作权法》意义上的作品,具有获得

---

① 潘越.商标版权化保护问题研究[J].东方企业文化,2014(20):203.

《著作权法》保护的基础①。

本案中,争议商标的图形系源于蔡先生对美学的独特理解,采用现代解构主义的设计手法,对方块文字进行解构与重组,用该种方式所创作出的艺术作品能够为受众形成一个新的视觉体验,表达了作者对传统进行颠覆性继承的设计理念。该作品是申请人结合企业发展和企业字号创造出的、具有美学意义的智力成果。根据在案证据,申请人对该图形进行了著作权登记并取得了权属登记证书。同时,结合该作品的创作时间及我国著作权有效制度可以判定该作品系在著作权保护期内,综上,涉案商标图形"万仟堂+EDENUS及图"系《著作权法》意义上的美术作品且权利处于保护期内,具有受《著作权法》保护的基础。

系争商标与著作权作品是否构成实质性相似,判定的基本原则就是比较系争商标的图形与著作权作品本身之间所达到的相似程度,是否构成混淆性近似。由于本案中,经对比,系争商标所用图形与申请人享有著作权的作品的图形完全相同,故对于实质性近似部分的分析,笔者再次不做讨论。判断系争商标持有人是否有或可能有接触过在先著作权作品,一般从作品的独创性、著作权作品的长期使用及知名度、系争商标持有人与著作权权利人是否存在商业关系进行判断。本案中,该作品采用现代解构主义的设计手法,对方块文字进行解构与重组,具有较高的独创性,系争商标持有人基于巧合设计出完全相同的图形的概率极为低下;同时,申请人将作品"万仟堂+EDENUS及图"作为商标图案获得注册,进行了大规模的广告宣传,并经过长期发展和经营取得了一系列荣誉,在相关公众中获得了较高的知名度,申请人还在系争商标持有人所在地开设多家门店并将"万仟堂+EDENUS及图"商标进行突出使用。以上事实均证明,系争商标持有人对该作品应当知晓。

3.利用著作权保护商标权的优势

本文中,申请人"万仟堂+EDENUS及图"同时享有著作权和40余个类别的商标权,但基于其知名度尚未构成驰名商标的认定标准,因此不能获得跨类别保护。在这种情况下,援引《商标法》第32条后半段保护自身权益的主张并未被商评委采纳。最终,商评委判定系争商标无效的原因之一是系争商标违反《商标法》第32条前半段的规定,侵犯了申请人的著作权。从该案件事实

---

① 王迁.知识产权法教程[M].北京:中国人民大学出版社,2007.

我们可以看出,对于本身是美术作品的商标图形利用著作权保护商标权存在一定的便利性。

其一,著作权与商标权不同,一经创作完成便自动获得保护。其在认定时也并不必然要求权属登记证书的存在,只需著作权权利人能够提供证据证明其作品创作时间早于系争商标的注册时间即可。① 其二,与具有地域限制的商标权不同,根据著作权法及《伯尔尼公约》确立的著作权跨国保护原则为主体维护自身权利提供了更多的可能性。第三,如本案所示,本案的实质为申请人利用著作权维护自身的商标权。而申请人在利用著作权作为在先权利主张系争商标的非法性时,实质上已经突破商标局制定的《类似商品和服务区分表》的限制,变相地获得了"跨类别保护"。该主张也获得了商评委的支持。因此,当自身商标同时具有商标权和著作权属性时,利用著作权属性维护自身商标权益成为了寻求跨类别保护的一条捷径。但,对在先著作权的绝对化、全面化、跨类别保护是否合理,在实践当中是值得商榷的,笔者将在下一小节进行详细说明。

4.商标权和著作权重叠时应注意的问题

首先,应当考量侵权人注册系争商标时的主观意图。民事主体违背诚实信用原则和公平竞争原则,以恶意不正当地注册系争商标,极大地侵害了在先权利人的合法利益和我国注册商标制度及商标管理制度,必须严厉打击,力求消除其恶劣的社会影响。也即,在处理商标权与其他相关知识产权之间的冲突时,凡是基于商标注册主体的主观恶意而得到的权利,一律得不到法律的支持②。而因为我国幅员辽阔,难免会出现在先权利与商标权利巧合地竞合的问题,而在这种情况下,系争商标持有人若能证明其注册该商标时确系善意,则其行为对商标取得制度和商标管理的破坏性较小,不应对其采取与恶意注册人相一致的惩处措施。

其次,应当加入对经济效益的考量。"万仟堂+EDENUS及图"中,根据在案证据,除可主张系争商标侵犯申请人著作权外,也可以得出系争商标持有人系以恶意囤积商标为目的注册的结论,具有"傍名牌"的主观目的而并非意图使用其注册的商标真实性地开展生产经营,因此对于该案件商评委作出系

---

① 徐琳.商标图样的著作权保护之困境与出路:《商标法》保护在先著作权条款的立法精神和审理标准探析[J].电子知识产权,2014(11):50—56.

② 黄欣.商标权与在先著作权的冲突研究[D].西南交通大学,2014.

争商标无效的裁定完全正确,既维护了在先权利人的合法利益,又规制了商标的注册和管理制度。但是,笔者认为,实践当中存在的对在先权利人"一刀切"式的绝对保护有失对经济效益的考量。效益是现代法制中的一个重要的价值目标,其内涵是有效合理地利用资源并促使总体财富的增加。商标申请注册阶段,如果发现其具有主观恶意应坚决驳回申请以避免对在先权利人权利的侵犯,此时,商标未经使用,自然谈不上商业价值的承载。而商标确权之后,随着商标持有人的长期经营,其必然已经在商家与消费者之间建立了信息的沟通渠道,承载了商家的商誉并产生了一系列的市场效益,此时若不进行具体效益权衡而一味将商标撤销,必定会造成社会资源的极大浪费,不符合效益最大化的原则。[1] 因此,系争商标的使用情况、市场价值等应当作为商评委和法院处理该类案件时所应当纳入考虑范围的因素。

最后,在先权利人应当及时行权。正如台湾学者王泽鉴所指出的那样,权利人在一定时间内不行使其权利,使得权利相对人有正当理由相信权利人放弃行使权利。而如若权利人在某个时候再欲行使权利,则会造成前后行为矛盾。所以,依据诚实信用原则应该对此予以禁止[2]。关于权利失效原则对应的法律后果,目前学界主要有两种观点:权利本体的消灭和被控侵权人抗辩权的获得。尽管两种观点尚存很大分歧,但"法律不保护怠于行权的人"已经成为法律界的共识,在知识产权领域也不例外。各国的商标法均对在先权利的行使规定了相应的时效。但值得注意的是,《巴黎公约》第 6 条之二第 3 款规定了那些通过欺诈取得或者使用的商标不受时间限制。

三、相关案例

(一)"武松打虎"案

本案大致案情为:1954 年,画家刘继卣创作了组画《武松打虎》。1980 年,山东省景阳岗酒厂对刘继卣的组画中的第 11 幅进行修改后,作为装潢用在其所生产的白酒酒瓶上。之后,该厂又于 1989 年将该图案向商标局申请商标注册并被核准。该厂对此商标一直使用至本案案发时。1996 年,画家刘继卣的

---

[1] 黄欣.商标权与在先著作权的冲突研究[D].西南交通大学,2014.
[2] 黄欣.商标权与在先著作权的冲突研究[D].西南交通大学,2014.

输了我的品牌

继承人偶然发现上述情况,认为景阳岗酒厂未经《武松打虎》著作权人(即该继承人)的同意或许可,擅自对该画加以修改并使用,破坏了组画的完整性,侵害了著作权人的署名权、使用权及获得报酬权。于是,他便诉到法院,引发了轰动一时的《武松打虎》案。被告在诉讼中称,其使用行为曾获得组画作者刘继卣的许可,但并未能提出相关证据。此外,被告景阳岗酒厂还声称,即使未经著作权人的许可,但是由于该商标已使用多年且又被核准注册,因此并未构成对著作权的侵犯。1996年12月,一审法院驳回了被告的请求,认定原告的诉讼理由正当,事实清楚,应予以支持,但也认为原告提出的损失赔偿要求(50万元)缺乏有力依据,不予采信。同时,一审法院认为,对著作权人因被侵犯而获得的数额可视《武松打虎》组画使用的范围、时间、数量及产品获利等因素予以综合判定。经过审理,法院最后判决被告停止在其产品景阳岗陈酿系列的酒的瓶贴和外包装装潢中使用《武松打虎》图案,并赔偿原告经济损失20万元。在法院审理本案的同时,原告还向国家工商行政管理局商标评审委员会提出撤销景阳岗酒厂《武松打虎》注册商标申请。1997年2月,国家工商行政管理局商标评审委员会作出终局裁定,认为:被告将"武松打虎图"作为商标注册的行为已构成《商标法实施细则》第25条第4项所指的侵犯他人合法在先权利进行注册的行为,决定撤销被告《武松打虎》图注册商标。至此,《武松打虎》图形商标案以景阳岗酒厂的败诉而告一段落①。

  本案是一起著作权和商标权发生重叠的十分典型的案例。作家刘继卣的继承人享受系争美术作品《武松打虎》的著作财产权。商评委和法院做出的判断均表明,未经作者许可而将他人享有著作权的作品图形使用在自己注册的商标上系对他人在先权利的侵犯,违反我国《商标法》的相关规定,应当向作者进行赔偿。该案案情与"万仟堂+EDENUS及图"案类似,均是系争商标持有人将他人享有著作权的美术作品注册为商标,在本案中,法院对于在先权利人的在先权利的保护对本案的借鉴意义极大。

  但,根据刘春田教授的观点②,该案中,在追究侵权人的责任方面,本案一审法院的处理是值得商榷的。原因在于,在先权利著作权与"在后权利"商标

---

  ① 山东省景阳岗酒厂违法使用《武松打虎》图商标案.http://www.regtm.com/article/200561215854.shtml

  ② 刘春田."在先权利"与工业产权——《武松打虎》案引起的法律思考[J].中国专利与商标,1997(03):84—91.

权,应是两个截然不同的权利。美术作品用于商标,本身就是一种质的转变,基于该商标所获得的利益,系商家由于长期的经营积累使商誉承载于商标之上而获得。它此时所具有的商业价值,均来源于它标记的商品和服务,而不是来自该图案的艺术性。因此,谁向市场和消费者提供商品或服务,谁就是该商标的权利人,该美术作品的创作人无权与商标权人分享商标领域的商业利益。因此,一审法院将被告对涉案商标使用的范围、时间、数量、产量、产品获利等因素予以综合判定,是将"在先权利"与"在后权利"进行了混淆,是盲目的。被告在该案中应当负的法律责任应当限于"未经他人许可使用其美术作品而应支付的补偿"。同时,本案中"停止侵权"的一刀切式处理结果也为社会资源造成了极大的浪费。因此,刘春田教授认为,根据该案一审判决结果,原告得到了他不应得到的,被告失去了他不应失去的。该结局既有失公平,也容易引起新的问题。

(二)工商银行标志案

第3280659号图形商标,申请日为2002年8月21日,申请人为晟浩公司,指定使用服务为第42类:法律服务、法律研究、计算机编程、替他人创建维护网站、主持计算机站(网站)、艺术品鉴定、工业品外观设计、计算机软件设计、知识产权咨询、把有形的数据和文件转换成电子媒体。被异议商标经初步审定公告后,工商银行在法定异议期内以其在第36类银行业服务注册的第770116号商标作为引证商标,向国家工商行政管理总局商标局(简称商标局)提出异议申请,请求对被异议商标不予注册。

被异议商标

引证商标

2010年9月6日,商标评审委员会作出商评字〔2010〕第23228号[①]《关于

---

① 商评字〔2010〕第23228号。

输了我的品牌

第 3280659 号图形商标异议复审裁定书》(简称第 23228 号裁定),该裁定认为:引证商标图形于 1989 年由中央工艺美术学院陈汉民为工商银行设计完成,并由工商银行作为行徽颁布使用至今,工商银行可以作为引证商标图形著作权的利害关系人主张在先权利。被异议商标图形与引证商标图形设计风格相近,视觉效果差别不大,两图形已构成实质性相似,且鉴于引证商标图形经过工商银行的广泛使用,在银行业服务上具有一定的知名度,晟浩公司对工商银行的引证商标图形应属知晓,其申请注册被异议商标的行为损害了工商银行的在先著作权,裁定被异议商标不予核准注册。

一审法院维持了商评委所作的裁定,理由为:《商标法》第 31 条规定的在先权利包括著作权在内的人身权利或者财产权利,商标评审委员会有权基于该条款的规定对申请注册的商标是否损害他人在先权利进行审查。引证商标图样具有一定的独创性,构成了应受保护的美术作品。由查明的事实可知,两商标图样均为黑色线条描绘的图形,从整体视觉效果来看,两标志均呈外圈圆形包围、中心镂空"工"字形或者"H"字形的图形,其中主要的区别点"工"字形和"H"字形设计风格、笔画细节相同,与外围圆圈的配合比例关系无实质性差异,一般消费者易将两者识别为 90 度旋转变换的关系,二者已构成实质性相似。虽然晟浩公司认为被异议商标代表的是其字号的首字母"H"及"S",然而,一方面,在作品的近似性判断中,图形的含义在通常情况下并非应予考虑的因素,另一方面,即便考虑图形的含义因素,字母"H"与"S"有多种组合方式,晟浩公司完全可以采用与工商银行行徽具有显著区分性的其他字母组合方式来设计商标图样,其不能以被异议商标图样的含义可以解释为字号的首字母为由,而当然地免除对他人在先权利予以避让的义务。有鉴于此,在工商银行的行徽已经过其广泛使用,在一般消费者中具有较高知名度的情况下,晟浩公司对引证商标的图形应属知晓,在此基础上认定其注册被异议商标的行为损害了工商银行的在先著作权,结论正确,应予以支持[1]。

北京高院作为二审法院支持了一审法院的判决,理由为[2]:著作权是我国《民法通则》和《著作权法》规定的应予保护的合法权益之一,工商银行在提出异议复审申请时主张了被异议商标侵犯其在先著作权,因此,商标评审委员会

---

[1] (2011)一中知行初字第 2533 号。

[2] (2012)高行终字第 219 号。

"万仟堂",智斗!

对被异议商标的注册是否侵犯他人的著作权予以审查并不违反程序。引证商标图样系由中央工艺美术学院教师陈汉民为工商银行所设计的行徽,该设计行为完成于1989年,此时,《著作权法》尚未施行,因此,法院不能根据《著作权法》以及之后的司法解释的规定来界定本案著作权的归属。由于此时《民法通则》已经施行,其中规定了对著作权进行保护,而引证商标图样经过一定的设计,体现了设计者的选择、取舍和安排,故属于《民法通则》规定的受著作权法保护的作品。《民法通则》及其司法解释未对此种委托设计的著作权归属作出规定。因此,法院应当从这种委托设计创作的目的、作品使用用途等方面来认定。首先,行徽是工商银行主体身份的标志,其创作须体现工商银行的意志并经工商银行同意;其次,行徽只能由工商银行使用或用于与工商银行有关的范围,对其使用所产生的责任亦由工商银行承担;再次,设计人不可能再享有控制行徽的使用或可以另外许可他人使用的权利;最后,工商银行自1989年开始使用该行徽标志至今已逾20年的时间,其与行徽之间的联系更加紧密。因此,北京高院认为,在无相反证据的情况下,可以认定工商银行是引证商标标志著作权的利害关系人,其主张被异议商标侵犯该标志著作权并无不当。引证商标标志和被异议商标标志均为黑色线条绘制而成的图形,均包括外圆圈、中心镂空的"工"字形或"H"形,而且笔画细节和比例关系亦无明显区别,其区别仅在于两者属于90度旋转的变换关系,因此,被异议商标标志实际上复制了引证商标标志,在引证商标标志于1989年即开始使用的情况下,原审法院推定晟浩公司事先接触过引证商标标志,其申请被异议商标的行为构成侵犯著作权的行为,并无不当。

再审申请程序中,最高院将该案件的争议焦点归纳为被异议商标是否侵犯引证商标图形的著作权,其认为:《商标法》第31条所规定的在先权利包含在先著作权,判断在先著作权是否存在以及所涉商标是否侵犯他人的在先著作权,要依照《著作权法》的相关规定。《著作权法》保护有独创性的作品,只要符合《著作权法》对作品的要求,就受到《著作权法》的保护,并不按照作品的创作目的进行区别对待。如果商标标识具有独创性,构成《著作权法》保护的作品,其当然受到《著作权法》提供给作品的各种保护,包括禁止他人未经许可复制、发行其作品。《著作权法》和《商标法》的保护基于不同的目的,对保护的客体有不同的要求,提供的保护也不相同。如果某一客体同时符合两个法律的保护要件,当然可以同时受到《著作权法》和《商标法》的保护。晟浩公司主张

《商标法》第 31 条保护的在先著作权不适用于"专门为商业标识设计的作品",其主张没有法律依据。且引证商标和系争商标的图形中虽一为汉字"工",一为英文字母"H",区别明显。但对于图形来说,判断是否构成实质性近似主要看其整体外观和视觉效果是否有明显区别。本案中,引证商标和被异议商标图形的整体外观、视觉效果、比例关系等都基本相同,被异议商标可以被看作是晟浩公司字号首字母"S"和"H"的组合这一点,并不足以否认其图形整体与引证商标图形构成实质性近似。而且引证商标图形作为工商银行的行徽,自 1989 年广泛使用至今,具有很高的知名度,晟浩公司对其应该知晓,一、二审法院认定两图形构成实质性近似的认定正确。基于上述观点,最高院驳回了晟浩公司的再审申请①。

本案件为我们留下了诸多启示,法院的说理过程也为实务中关键问题的处理方式确立了一定的规则。比如,只要符合《著作权法》对作品的要求,就受到《著作权法》的保护,并不按照作品的创作目的进行区别对待,即系争作品是否系专门为商业标识设计的作品并不会影响该作品受《著作权法》的保护。再如,即使系争图形和印证图形内容确有差别,但法院判断二者是否为实质性相似时,考察内容是看其整体外观和视觉效果是否有明显区别,若二者整体外观、视觉效果、比例关系等都基本相同,则系争商标具体的构成方式与引证商标实际上的不相同并不能作为其没有侵犯引证商标权利的合理抗辩理由。

四、启示

(一)对商业主体

在遭遇恶意抢注时,商家应当具有维权意识,在发现自身合法权益被侵害的第一时间诉诸法律手段维护自己的权益。自认倒霉将商标权利拱手让人或花费巨额资金将商标权利买回,不仅可能会丧失维护自身权益的最佳时机,也会助长不法抢注分子的嚣张气焰。商家应冷静分析,果断应对,充分收集相应的证据,对法律手段给予充分信任,运用法律赋予的手段打击恶意行为,维护

---

① (2012)知行字第 60 号。

自身权益,而不是纵容侵权人的不正当行为。同时,由于我国幅员辽阔,客观来说,难免有商标相同或近似的巧合存在,因此,商家若主张自己具有在先权利的商标被他人抢注,也应注意举证证明恶意抢注人系明知或应知该在先权利的存在而注册,非巧合使然。

同时,该案件的大获全胜也为商业主体维护自己的利益提供了一种新思路。如前文所言,权利人万仟堂公司所持有的"万仟堂+EDENUS及图"系列商标并非驰名商标,因此无法获得跨类保护,而且其并未在系争商标所注册的领域使用过"万仟堂+EDENUS及图"标志并取得一定影响,因此,仅仅从商标权的角度主张被申请人侵犯其权益缺乏请求权基础,将无法得到应有的保护。此时,万仟堂公司及其代理人另辟蹊径,通过主张自己对"万仟堂+EDENUS及图"具有著作权而成功维护了自己的权利。笔者在前文中对本身是美术作品的商标图形利用著作权保护商标权存在一定便利性的特点已经进行了阐述,此外,反观"万仟堂+EDENUS及图"本身,其具有的设计感和创造性是该商标纠纷中万仟堂公司获得胜利的关键要素。由此笔者认为,商家在设计自身商标图案时,努力使之达到具有创造性的标准,这样在必要的时候,商业主体便可以利用著作权来充分维护自己的权利。

其次,笔者认为,除了目前主要经营的商品和服务的类别,经营主体还应树立长远的目光,根据企业生存发展的战略规划加大对潜在商标权利的保护力度,增加相关辅助类别商标的申请,以避免其他人在权利人的商标取得一定市场价值后在其他类别获准注册同样的商标来获取不正当利益,正可谓"企业发展规划知识产权保护措施先行"。

再次,与此同时,民间俗语有云:"打官司即是打证据",这句俗语虽然略为片面,但也的确不无道理。这提醒了商家在生产经营的过程中,要充分树立证据意识,重视对证据的保留。本案中,万仟堂公司所出示的"万仟堂+EDENUS及图"的著作权权属登记证书、被申请人以个人名义从2010年至今已经在多个类别上抢注了与国内外知名企业商标相近似的商标、万仟堂公司下设门店和电商旗舰店截图等翔实的证据是其维权成功的关键。这给我们的启示是,市场主体在日常经营中应当注重对关键证据比如商标的使用情况、商标所获得的奖项、商标的许可情况、与关联交易商的交易往来情况等证据的保留,以备在商标权受到他人侵犯时随时支持自己的主张。

最后,笔者认为作为排他性较弱的一种符号,商标本身的价值并不在于其名称和图形,而在于凝结在其背后的与消费者建立的联系,即商誉。因此,打造自身强有力的品牌应靠自身脚踏实地的生产经营,而并非靠排他性较弱的商标名称或符号。企业在经营发展过程中,应当着眼于提升自身实力,为消费者提供最为优质的产品和服务来提升自己的商誉,只要一门心思地提升自身产品或服务的质量,便可以与消费者之间建立良好的联系与互动,而不能想着投机取巧,靠"蹭"使用在先具有一定商业价值的、他人在先权利的"便车"来为自己谋取不正当利益。

(二)对有关部门

"万仟堂+EDENUS及图案"中,根据在案证据,除可主张系争商标侵犯申请人著作权外,也可以得出系争商标持有人系以恶意囤积商标为目的注册的结论,具有"傍名牌"的主观目的,而并非意图使用其注册的商标真实性地开展生产经营。因此,对于该案件,商评委作出系争商标无效的裁定完全正确,既维护了在先权利人的合法利益,又规制了商标的注册和管理制度。但是,笔者认为,实践当中存在的对在先权利人"一刀切"式的绝对保护有失对经济效益的考量。效益是现代法制中的一个重要的价值目标,其内涵是有效合理地利用资源并促使总体财富的增加。商标申请注册阶段,如果发现其具有主观恶意,应坚决驳回申请以避免对在先权利人权利的侵犯,此时商标未经使用,自然谈不上商业价值的承载。而商标确权之后,随着商标持有人的长期经营,其必然已经在商家与消费者之间建立了信息的沟通渠道,承载了商家的商誉并产生了一系列的市场效益,此时若不进行具体效益权衡而一味地将商标撤销,必定造成社会资源的极大浪费,不符合效益最大化的原则。因此,系争商标的使用情况、市场价值等应当作为商评委和法院处理该类案件时纳入考虑范围的因素。

同时,笔者认为,"恶意抢注商标"现象之所以层出不穷,其中一个极为重要的原因便是,恶意抢注的法律成本较低。我国现行法律虽禁止"恶意抢注"行为,但在不法抢注者的注册行为被判定为恶意抢注后,并没有后续的惩罚手段或配套的制裁措施,导致不法抢注者往往抱着抢注了也不一定会被发现、被发现也不一定被撤销、撤销了也无所谓,没什么损失的投机心理[①]。一方面,

---

① 喻棱.从美猴王挥舞维权"金箍棒"看恶意商标抢注[J].今日科技,2016(12):15—16.

抢注商标可能为不法抢注人带来高额的经济利益,而另一方面,抢注行为的法律成本微乎其微,可谓"一本万利"。这种潜在利益和潜在成本之间的不平衡无疑成为恶意抢注行为屡禁不止的重要原因。因此,行政执法部门应当猛抓"治理",针对恶意抢注行为设计配套的制裁措施(如将商标恶意抢注行为纳入行为人失信记录)并严格地予以执行,提高恶意抢注行为的法律成本以威慑不法行为人,进而减少恶意抢注行为[①]。

---

① 宗庆后.关于制止恶意抢注和傍名牌行为的建议.http://www.chinanews.com/cj/2011/02-28/2872585.shtml,2011-02-28。

输 3　我的品牌

抢走的，还给我！

babycat

一、案情全面介绍

（一）主要当事人介绍

第 8279538 号商标申请人：自然人黄××

引证商标权利人：厦门壶里香茶叶有限公司（地址：福建省厦门市思明区莲前西路×号）

第 56710177 号商标撤销申请人：汉拔图世有限公司（地址：香港湾仔告士大道×号）

厦门市 BABYCAT 私家御饼屋："BABYCAT"品牌创立于 2005 年，是一家经营手工馅饼和咖啡、西式糕点的休闲餐吧，其中，"BABYCAT"馅饼因独特的馅料制作工艺成为鼓浪屿馅饼的代表作，深受广大消费者的喜爱，并得到《中国美食地理》、《瑞丽》、《壹周刊》、《漫步鹭岛》、MING、What's on Xiamen、Xiamenwave、Newwesternnine 等海内外杂志，以及《海峡导报》《京华时报》《海峡生活报》《新店铺》《厦门日报》等报纸以及厦门电视台、"大众点评网"等的持续报道，影响更是遍及全国及东南亚、日本等国家和地区。"BABYCAT"品牌持有人（以下简称权利人）也于 2006 年在第 43 类上申请注册"BABYCAT 私家御饼屋"商标，并于 2010 年获得核准注册，核定使用的服务为"住所（旅馆、供膳寄宿处）、咖啡馆，自助餐厅，餐厅，快餐馆，鸡尾酒会服务，酒吧，流动饮食供应，茶馆，出租椅子、桌子、桌布和玻璃器皿"，但并未在第 30 类"茶、咖啡、馅饼"商品上申请注册"BABYCAT"商标。

babycat

抢走的，还给我！

babycat BABYCAT 注册号 8279538 第30类
申请人：黄×× 申请日期：2010-05-10
初审公告期号：1386 初审公告日期：2013-12-06 注册公告期号：1398 注册公告日期：2014-03-07
商标已注册

（二）案件来龙去脉

自然人黄××（后为行文方便简称为"申请人"）在福建省厦门市鼓浪屿龙头路经营名为"BABYCAT 私家御饼屋"的手作馅饼贩售店铺。黄××于2010年5月10日向国家工商行政管理总局商标局申请注册第30类第8279538号"BABYCAT"商标（如上图）。

2010年10月30日，第30类"BABYCAT"商标被依法予以驳回，驳回理由为："该商标与厦门壶里香茶叶有限公司在类似商品上于2010年2月11日申请在先的第8072567号BABYCAT商标相近似。"（如下图）申请人对此驳回决定不服，遂于2010年11月12日委托厦门合道联合知识产权事务有限公司向国家工商行政管理总局商标评审委员会提出了驳回复审请求并向其提交了驳回商标注册申请复审申请书。

在申请人所提交的驳回商标注册申请的复审申请中，其陈述的事实和理由如下：

其一，申请人认为，厦门壶里香茶叶有限公司是以不正当手段抢先注册申请人已经使用并有一定影响的"BABYCAT"商标，违反了旧版《商标法》第31条（新版《商标法》第32条）之规定。换言之，在厦门壶里香茶业有限公司注册引证商标之前，经过长期经营积累，申请人所经营的 BABYCAT 私家御饼屋已经有了一定的影响力。原因在于，申请人早在2005年就在厦门著名风景胜地——鼓浪屿开办了第一家 BABYCAT 私家御饼屋（主要贩卖 BABYCAT 手工馅饼，附带经营咖啡及西式糕点），"BABYCAT"字样便已经被申请人使用在所生产的产品包装、员工服装及店面招牌上（申请人对其主张提交了相应图片作为证据）。同时，申请人主张，自2005年开始，BABYCAT 私家御饼屋先后被《海峡导报》《海峡生活报》《精品购物指南》《商界》《搜街》等报纸、杂志

输了我的品牌

报道。而引证商标 2072567 号"BABYCAT"的申请日为 2010 年 2 月 11 日。因此,申请人主张,申请人开始使用"BABYCAT"商标的时间远远早于引证商标"BABYCAT"的申请日。同时申请人指出,自 2005 年起,申请人以其母亲张女士的名义在鼓浪屿龙头路开办了第一家 BABYCAT 私家御饼屋,短短几年实现了连锁经营,并在厦门市海沧区创建了厦门贝比客食品有限公司,摆脱了馅饼制作家庭作坊的模式。在扩大规模的同时,申请人于 2006 年就在第 43 类"咖啡馆、餐厅"等服务上申请了"BABYCAT 私家御饼屋"商标,其销路遍布全国及日本、东南亚等国家和地区,并得到了包括张国立、李易峰等明星在内的广大消费者的青睐。《讲鼓》《厦门一本玩透》《时尚旅游》《在鼓浪屿恋上民宿》《中国美食地理》及日本的 MING、Whatis on Xiamen、Newwesternnine 等海内外杂志;《海峡导报》《京华时报》《厦门日报》《新店铺》等报纸;甚至李易峰的专辑《时间总是在转圈圈》都对申请人黄××所经营的 BABY-CAT 私家御饼屋进行了详细的介绍。故申请人认为,其经营的 BABYCAT 私家御饼屋商标在公众当中具有广泛的影响力,毫不夸张地说,其已经成为了鼓浪屿馅饼的代表作,深受广大消费者的喜爱,影响遍布全国及东南亚、日本等国家和地区。既然如此,"BABYCAT"便属于已经使用而具有一定影响力的商标。

其二,申请人主张,对于引证商标的注册,厦门壶里香茶业有限公司(以下简称壶里香公司)具有抢注他人在先使用的商标的恶意。原因有三:首先,申请人认为"BABYCAT"商标存在独创性,是靠智力所确定的非常见、常用的字词或图形或字词与图形的组合,其创造 BABYCAT 这个字母组合是由于在其母亲的熏陶下,从小养成了爱猫的习惯并收养了许多流浪猫,基于这个生活经历,他为自己取了 BABYCAT 的网名并将这个名字于创业之后使用于店招、员工服装和馅饼包装等各个方面,据此申请人主张很难想象壶里香公司有创作"BABYCAT"的思维基础。其次,申请人主张,从地域范围来看,由于两商户的地理位置同处于福建省厦门市,故壶里香公司申请注册引证商标"BABYCAT"之前极有可能知道"BABYCAT 御饼屋"品牌的存在。因此壶里香公司正是由于利用了地理的临近便利了解了"BABYCAT"品牌的知名度和市场价值,并且为谋求个人利益抢先注册了"BABYCAT"商标,具有明显的恶意色彩。最后,申请人主张,壶里香公司与申请人之间存在贸易往来,有理由确信其在注册引证商标之前便知道"BABYCAT"品牌的存在。壶里香公司是于2009年10月新成立的一家公司,其成立不久就开始作为BABYCAT私家御饼屋的经销商,在淘宝网上销售BABYCAT私家御饼屋的馅饼。可见,壶里香公司至少在2010年2月份(该日期即为引证商标"BABYCAT"的申请日)就已经知道BABYCAT品牌的存在。结合上述三点理由,申请人主张,壶里香公司在注册引证商标"BABYCAT"之前不可能不知道申请人所注册的"BABYCAT"的存在,却不顾他人利益,抢先在馅饼、咖啡、糕点等商品上注册"BABYCAT"商标,明显具有主观上的恶意,明显违反了旧版《商标法》第31条(新版《商标法》第32条)之规定,其注册的"BABYCAT"商标依法应不予核准注册。

其三,申请人主张,本案中,壶里香公司是BABYCAT私家御饼屋的经销商,有证据表明其在引证商标"BABYCAT"注册之前就已经与申请人黄××之间存在经销关系,不可能不知道"BABYCAT"品牌的存在。申请人的经销商在没有经过申请人授权的情况下擅自将申请人已经使用多年的"BABY-CAT"商标申请注册,该种行为违反了我国《商标法》第15条之规定,其注册的"BABYCAT"商标依法应不予核准注册。

综合其观点,申请人提出,权利应具有合法性的特征。申请人认为,尽管其欲申请的第30类第8279538号"BABYCAT"商标与该案件中编号为8072567号的BABYCAT商标不可避免地构成了近似商标,但考虑到壶里香公司违反了我国《商标法》第15条、第31条(现第32条),故因其违法性根本不享有对"BABYCAT"商标的在先申请权,其请求商评委在对该商标的异议申请尚未裁定前中止驳回复审案件的审理。

随后,申请人于2011年1月5日对驳回引证商标BABYCAT提起了异议申请。异议请求和事实依据为:被异议人以不正当手段抢先注册异议人已经使用多年并有一定影响力的"BABYCAT"商标,违反了我国《商标法》第15条、第31条(现第32条)之规定。故依据《商标法》第30条规定,申请人恳请商标局裁定驳回第8072567号"BABYCAT"的注册申请。

国家工商行政管理总局于2010年12月1日向黄××发出了商标注册驳回复审申请受理通知书。

而后,申请人于2011年1月14日向国家工商行政管理总局商标评审委员会提交了"第8279538号'BABYCAT'商标驳回复审补充材料",原因在于:申请人认为,商标局对其于2011年1月14日针对驳回引证商标提出的异议案件的裁定结果将直接对本案的审理结果产生影响,因此,其请求在申请人提起对驳回引证商标"BABYCAT"的异议申请尚未裁定前暂时中止对本案的审理。

2013年1月29日,国家工商行政管理总局商标局下发(2013)商标异字第02512号"BABYCAT"商标异议裁定书:"异议人提供的证据表明,异议人对其"BABYCAT"商标经过其宣传、使用,在其所在地已具有一定知名度。被异议人与异议人同处一地,且曾代理销售异议人的'私家御饼屋'产品,对异议人及其'BABYCAT'商标当属知晓,被异议人对此未予否认,因此,我局对异议人提供的上述证据予以采信。被异议人未经异议人授权,以自己的名字将异议人的商标进行注册,其行为违反了我国《商标法》第15条的有关规定,裁定第8072567号"BABYCAT"商标不予核准注册。"[①]

2013年12月24日,国家工商行政管理总局商标评审委员会作出了关于第8279538号"BABYCAT"商标驳回复审决定书。该复审决定书表示,至本案审理时,商标局驳回时引证的第8072567号"BABYCAT"商标(即引证商标)经商标局异议裁定不予核准注册(见第1361期《商标公告》),据此,申请人黄××所申请商标与引证商标已经不存在权利冲突,故其决定申请商标予以初步审定,并由其移交商标局办理相关事项[②]。

2014年3月7日,第8072567号"BABYCAT"商标获得商标局的核准注册。至终,由于引证商标被裁定为恶意抢注而不予核准注册,申请人终于获得第30类"BABYCAT"商标的专用权。

2015年,申请人汉拔图世公司依据《中华人民共和国商标法》第49条的规定向国家工商行政管理总局商标局提出申请,要求撤销黄××注册、使用在"住所(旅馆、供膳寄宿处)、咖啡馆、自助餐厅、餐厅、快餐馆、鸡尾酒会服务、酒吧、流动饮食供应、茶馆、出租椅子、桌子、桌布和玻璃器皿"等服务项目上的第43类第5671077号"BABYCAT 私家御饼屋"商标。

2015年11月20日,国家工商行政管理总局商标局对黄××进行了书面通知。

2016年1月22日,黄××以答辩人的身份向商标局进行答辩。其认为,申请人的撤销理由不实,并作如下陈述:一、第8279539号商标"BABYCAT"

---

① (2013)商标异字第02512号。
② 第8279538号商标复审裁定书。

商标在 2012 年 11 月 9 日至 2015 年 11 月 8 日期间,答辩人已经实际使用在"住所(旅馆、供膳寄宿处)、咖啡馆、餐厅、酒吧、茶馆、汽车旅馆、流动饮食供应、旅馆预订、动物寄养、为动物提供食宿"等服务项目上,该商标专有权不容侵犯;二,答辩人认为,商标连续三年不使用撤销制度的设立是为了鼓励和促进商标人使用商标权,避免商标资源闲置、浪费,而答辩人自"BABYCAT"商标申请至今从未间断过对该商标的使用,并不存在闲置、浪费情形,不适用连续三年不使用制度,其一旦被注销将给答辩人带来巨大的损失。根据上述两点陈述,答辩人主张第 8279539 号商标并不存在申请人所说的连续三年不使用情形,不适用撤三制度,因此,其恳请商标局驳回申请人的撤销申请,裁定第 8279539 号商标继续有效。

2016 年 6 月 29 日,国家工商行政管理总局商标局做出决定:黄××提供的商标使用证据有效,汉拔图世有限公司申请撤销理由不能成立,驳回汉拔图世有限公司的撤销申请,第 8279539 号第 43 类"BABYCAT"注册商标不予撤销。

二、法理分析

(一)关于《商标法》第 32 条的分析

本案中,由于申请人仅在第 43 类上申请注册"BABYCAT 私家御饼屋"商标,并于 2010 年获得核准注册,核定使用的服务为"住所(旅馆、供膳寄宿处)、咖啡馆、自助餐厅、餐厅、快餐馆、鸡尾酒会服务、酒吧、流动饮食供应、茶馆、出租椅子、桌子、桌布和玻璃器皿",但并未在第 30 类"茶、咖啡、馅饼"商品上申请注册"BABYCAT"商标,且"BABYCAT"商标影响力有限,无法被认定为驰名商标而获得跨类保护,因此,为维护申请人利益,最为可行的思路便是证明被申请人系以不正当手段注册了申请人使用在先的商标。而为证明厦门市壶里香公司确实侵犯了申请人的在先权利,笔者认为,根据现行《商标法》第 32 条的规定,需证明申请人在壶里香公司申请系争商标之前便已将"BABYCAT"字样作为商标在其经营的店铺内使用并产生了一定影响,并证明被申请人厦门壶里香公司在申请系争商标时使用了不正当手段进行了恶意注册。

作为对我国商标注册制度的有效补充,我国现行《商标法》第 32 条规定:

"申请商标注册不得损害他人现有的在先权利,也不得以不正当手段抢先注册他人已经使用并有一定影响力的商标。"根据民法的基本理论,凡称得上的"权利",必定需要基于合法行为而产生。若"权利"基于违反法律的行为而产生,则显然不能获得法律意义上的"权利"。因此,即使商标已经经过了行政程序获准注册,但若在先注册系通过不正当手段恶意抢注所得,则注册人就欠缺使用该商标的合法依据。该条款强调对未注册但已经使用的商标权利人的保护,基于诚实信用原则,打击恶意抢注行为①。该条款后半段的适用要件为:权利人商标在系争商标申请注册日前已经使用并有一定影响;系争商标与权利人在先使用的商标相同或近似;商标所使用的商品领域相同或类似;系争商标申请人具有恶意②。本案中,由于申请人在先使用的商标与系争商标系完全相同的文字商标,且根据2010年10月30日商标局向黄××给出的商标驳回理由可以推断出,二者之间的相似性并不存在争议,因此,下文中,笔者将从已经使用、有一定影响、系争商标申请人具有恶意三个方面详细论述。

1."已经使用"的判定

根据现行《商标法实施条例》第3条的规定,《商标法》和该条例所称商标的使用,包括将商标用于商品、商品包装或者容器以及商品交易文书上,或者将商标用于广告宣传、展览以及其他商业活动中。从法条中不难分析出,"使用"既包括在实际提供的服务、销售的商品上使用商标,也包括以该商标为产品或服务进行推广或宣传(如在商业广告上使用系争商标)、为标有系争商标标识的产品投入市场所做的准备活动。

上文所述的"使用"事实在满足其他法定要求的情况下,能够产生阻止他人注册相同或者近似商标的法律效果。作为受到《商标法》第32条保护的前提,权利人必须有证据证明在系争商标的申请注册日之前,自己确实存在实际的使用行为。本案中,申请人提供了大量证据以证明其将"BABYCAT"商标用于自己经营的BABYCAT私家御饼屋中。申请人将"BABYCAT"字样突出用于广告宣传并使用在其销售的馅饼、咖啡等产品的包装上,可以认为其将该字样进行了商标性事实使用、合法使用、连续性使用。"BABYCAT"商标在使用中所承载的商誉,一直应当归属于申请人黄××所有。

---

① 王亚玲.论未注册商标的法律保护[D].扬州大学,扬州大学,2011.
② 段晓梅.如何理解与适用恶意抢注条款(一)[N].中国知识产权报,2015-04-10(007).

2."有一定影响"的判定

根据现行《商标法》的原文,笔者试从"一定"和"影响"两个方面来论述如何对"有一定影响"进行判定。

"影响"可以理解为商标的使用对他人产生了影响,即商标通过主体的使用已经为相关市场的消费者所知晓,在相关公众心中建立了该商标与商品或服务的提供者的特定联系,能够使得消费者通过该商标识别出商品或服务提供者。即,影响的判断主体应当是相关公众。2005年,国家工商行政管理总局发布的《商标审查及审理标准》规定,"相关公众"包括但不限于商标所标识的商品的生产者或服务的提供者、商品或者服务的消费者、商品或者服务在经销渠道中所涉及的经营者和相关人员等三部分人;涉及其中的任何一部分人都是法律规定的"相关公众"[①]。

"一定"作为对"影响"的修饰,笔者认为,为了对权利人的在先权利进行保护,"一定"的标准不应当定得过高。既然我国现行《商标法》将"在先使用并存在一定影响的商标"与"驰名商标"分开来规定,便可以从立法原意的出发点推测出"在先使用并存在一定影响的商标"并不需要达到像驰名商标那样"在全国范围内为相关公众所熟知"的高度,而只需在特定的地域为当地的相关公众所熟知即可达到可以被保护的标准。否则,将会存在一部分享有在先权利的商标得不到应有保护的后果[②]。以第4612127号"茶の魔手(CHAZHIMOSHOU)"商标争议案为例:商评委在商评字(2011)第24275号[③]争议裁定中认为,申请人在先在中国台湾申请注册了"茶の魔手"商标,其产品获得了一定荣誉,应当可以认定申请人"茶の魔手"商标的使用在当地已具有一定的影响力,被申请人作为中国台湾台南市人理应知晓申请人在先使用的商标。

"茶の魔手"案对在当地具有一定的影响力即可判断为《商标法》第32条所认为的"有一定影响力"的观点给予了肯定,这对本案具有较高的参考价值。

此外,笔者认为,在目前我国并未规定"有一定影响"的具体判断标准的情况下,可以结合《商标审查及审理标准》,综合考虑下列各项客观因素来认定在先商标是否具有"一定"影响:(1)商标的使用时间和地理范围;(2)相关公众对

[①] 段晓梅.如何理解与适用恶意抢注条款(一)[N].中国知识产权报,2015-04-10(007).
[②] 黄欣.商标权与在先著作权的冲突研究[D].西南交通大学,2014.
[③] 商评字(2011)第24275号.

该商标的了解情况;(3)基于该商标的宣传工作的现状。此外,还应注意的是,"一定影响"的产生和是否得到保持是一个动态的过程,需要结合个案情况具体分析。使用人是否通过诚实劳动赋予了商标知名度,是否通过持续的使用宣传使商标的知名度得以不断延续,他人的注册是否易出现市场混淆,即不正当竞争的危害后果是否可能产生都是必须考虑的因素。如果在先使用者对商标的投入中断,或者因经营的萎缩致使商标的影响力逐渐减弱,直至消弭,在先权利的消失就使得保护失去了应有的意义。因此,对商标有一定影响的认定不仅应当注意商标最早使用时间,也应当考虑商标的影响力是否通过适当手段得以延续,在先使用商标的影响力至少在审理时应当有效延续①。

在本案中,申请人黄××所经营的BABYCAT私家御饼屋位于厦门市,在客流量较大的中山路和鼓浪屿开设了分店,其将"BABYCAT"在其店内进行商标性使用时,势必会因店铺位置客流量较大而被较多的不特定客户所知晓。同时,申请人作为证据提交的BABYCAT私家御饼屋先后被《海峡导报》《海峡生活报》《精品购物指南》《商界》《搜街》等报纸杂志报道至少证明,在黄××所经营的店铺所在的厦门地区,BABYCAT私家御饼屋已经通过长期脚踏实地的经营收获了知名度、曝光度及商誉。其获得的消费者之间口口相传的口碑、大幅度的媒体报道均可以作为其在一定地域范围内,在相关公众中具有较大影响力的参考因素。同时,现有证据表明,BABYCAT私家御饼屋处于持续经营的状态中,其持续经营的状态使BABYCAT商标所承载的商誉一直保持着活力,也即,保持着该商标的"一定影响力"。

3.对"不正当手段"的分析

目前,我国有关法律、法规和司法解释都尚未对《商标法》第32条中的"不正当手段"做出具体规定。在商标问题的实践中,对何为《商标法》第32条所规定的"不正当手段"尚存不同看法。有观点认为,从立法沿革和立法本意来看,根据对比《商标法》第32条和第41条第1款可以得出,第32条中的"不正当手段"即《商标审查及审理标准》中的"恶意手段",即对"不正当手段"的认定可以转化为对"主观恶意"的认定②。

《商标审查及审理标准》规定,适用《商标法》第32条时应当综合考虑七项因素以判断注册人是否为"恶意"。这七项因素是:(1)系争商标申请人与在先

---

① 商评字(2011)第24275号。
② 吴常乐.我国《商标法》第31条之适用研究[D].厦门大学,2008.

使用人曾有贸易往来或者合作关系;(2)系争商标申请人与在先使用人共处相同地域或者双方的商品/服务有相同的销售渠道和地域范围;(3)系争商标申请人与在先使用人曾发生过其他纠纷,可知晓在先使用人商标;(4)系争商标申请人与在先使用人曾有内部人员往来关系;(5)系争商标申请人注册后具有以牟取不当利益为目的,利用在先使用人有一定影响商标的声誉和影响力进行误导宣传,胁迫在先使用人与其进行贸易合作,向在先使用人或者他人索要高额转让费、许可使用费或者侵权赔偿金等行为;(6)他人商标具有较强的独创性;(7)其他。从《商标审查及审理标准》中我们可以归纳出,"恶意"主要指的是明知或应知的心理状态,就是在明知或应知某一商标已为他人在先使用并已产生一定影响的情况下仍出于不正当竞争的目的进行注册。而《最高人民法院关于审理商标授权确权行政案件若干问题的意见》[1]指出:如果申请人明知或者应知他人已经使用并有一定影响的商标而予以抢注,即可认定其采用了不正当手段。该规定印证了笔者前文中提及的"对'不正当手段'的认定可以转化为对'主观恶意'的认定"的观点,笔者在此对此观点抱赞成态度并采用此观点对本案件作进一步分析。

  本案中,种种证据表明,壶里香公司注册系争商标时,确为知情。首先,从地域的角度看,被申请人和申请人的经营地点同在厦门市思明区,由于地理位置相距较近且经过精心经营,申请人所经营的 BABYCAT 私家御饼屋已经在当地小有名气,故被申请人了解"BABYCAT"商标存在是极有可能的。此外,从"BABYCAT"的构词法上面看,由于"BABY"和"CAT"分属不同的英语单词,英语中并没有"BABYCAT"这个单词,因此,"BABYCAT"系臆造性商标,独创性较强,故很难相信被申请人可能完全基于巧合而创作出该系争商标。最后,通过笔者的观察,由于厦门市旅游业发达,馅饼类商店多采取多元化经营模式,主要业务由店内堂食纷纷拓展至礼品、纪念品式的外带,消费者不仅可以在店里享受"品牌"为"BABYCAT"的服务,也可以外带"品牌"为"BABYCAT"的馅饼作为纪念品。基于此,"BABYCAT"字样作为服务商标和产品商标在一定程度上就具有了紧密的、不可分割的联系。由于申请人的悉心经营,使得"BABYCAT"商标所承载的 BABYCAT 私家御饼屋和其出产的馅饼、咖啡等产品具有了一定的知名度,并通过被多家报纸杂志报道而获得

---

[1] 法发〔2010〕12号。

了较高的知名度,被申请人完全有动机攀附系争商标背后承载于第30类咖啡、馅饼等产品上的良好商誉。

同时,笔者注意到申请人黄××所举出的一件具有特殊性的证据事实。其出示了与壶里香公司之间经贸往来的合同书,以证明:壶里香公司是于2009年10月新成立的一家公司,其成立不久就开始作为BABYCAT私家御饼屋的经销商,在淘宝网上销售BABYCAT私家御饼屋的馅饼。壶里香公司与申请人之间存在贸易往来,我们有理由确信其在注册引证商标之前便知道"BABYCAT"品牌的存在。对于该案件的事实,除可以将之作为壶里香公司对黄××在先在第30类商品使用了"BABYCAT"商标的事实知情进而援引《商标法》第32条进行判断外,也可以直接援引《商标法》第15条对案件进行判断。《商标法》第15条规定:未经授权,代理人或者代表人以自己的名义将被代理人或者被代表人的商标进行注册,被代理人或者被代表人提出异议的,不予注册并禁止使用。就同一种商品或者类似商品申请注册的商标与他人在先使用的未注册商标相同或者近似,申请人与该他人具有前款规定以外的合同、业务往来关系或者其他关系而明知该他人商标存在,该他人提出异议的,不予注册。

同时,经过对比《商标法》第32条和第15条,我们可以得出如下结论:二者均保护商标在先使用人的利益,但在适用方面又各有不同。第15条,恶意抢注人基于与权利人的关系,可以被推定为"明知"在先商标利益的存在,而《商标法》第32条中的"不正当手段"则应理解为恶意抢注人"明知或应知"在先商标利益的存在;第15条侧重于对市场交易、商业往来中违反诚实信用原则的恶意注册行为进行否定和打击,而第32条侧重的是对未注册商标经使用形成的权利进行保护[①];第15条不要求在先使用的商标已经"产生一定影响",而第32条不仅要求"已经使用",而且要求这种使用已经达到"一定影响"。从上述两条文中在先权利人和恶意抢注人的关系差别中我们不难推测,《商标法》第15条的"在先使用"的内涵大于第32条的"在先使用"的范围,还可以包括已经准备投入使用(即尚未正式进入市场)、使用许可等,因为适用该条款的重点是由种种合同、业务往来关系或者其他关系而影响直接到达相对人,特定相对人"明知"他人商标存在而进行抢注。但如果商标尚未使用,就谈不上《商标法》第32条中所提及的"有一定影响",自然无法用第32条对在先

---

① 段晓梅.如何理解与适用恶意抢注条款(一)[N].中国知识产权报,2015-04-10(007).

权利进行保护。

(二)关于撤三制度的分析

我国现行《商标法》第 49 条规定:注册商标成为其核定使用的商品的通用名称或者没有正当理由连续三年不使用的,任何单位或者个人都可以向商标局申请撤销该注册商标。商标局应当自收到申请之日起九个月内做出决定。有特殊情况需要延长的,经国务院工商行政管理部门批准,可以延长三个月。2014 年修改的《商标法实施条例》第 66 条规定:有《商标法》第 49 条规定的注册商标无正当理由连续三年不使用情形的,任何单位或者个人都可以向商标局申请撤销该注册商标,提交申请时应当说明有关情况。商标局受理后应当通知商标注册人,限其自收到通知之日起两个月内提交该商标在撤销申请提出前使用的证据材料或者说明不使用的正当理由;期满未提供使用的证据材料或者证据材料无效且没有正当理由的,由商标局撤销其注册商标。可见,对于商标长久不使用而造成商标资源和商标管理机关行政资源的浪费的现象,我国规定了商标连续三年停止使用可以撤销的制度。

在实践中,在判断商标是否在特定区间内真实使用时,最重要的也是最具有说服力的一类证据便是销售带有涉案商标商品的证据。如果能够提供完整的、在特定期间内对带有涉案商标产品销售的证据,则商家能够继续维持注册涉案商标的概率是比较大的。但是,由于案件中需要提供的往往是距今几年前的销售证据,倘若商家保存不善或即使能够提出证据但无法证明证据形成于特定时间区间内,则面临举证不被采信的不利后果,导致商标被撤销。实务中,商家提出最多的使用证据往往是销售合同和发票,但问题在于,销售合同和发票上往往不会显示商标,尤其是图文组合形式的商标,销售合同和发票上往往只标明其中文名称或简称,通常不会将商标的图形标明在上面,在这种情况下,销售合同和发票只能在与其他证据相互配合的前提下方可证明商家在特定时间内使用了涉案商标。而如果销售合同中明确写明了涉案商标,甚至附上了商标图样,销售发票上的单价、数量、型号、总价等信息能够与销售合同中的约定相互对应,且这种销售为持续进行的,而非偶发,通常来说就已经足够让审查人员认定涉案商标有真实使用的行为。

值得注意的是,在我国司法实务中,人民法院确立了真实的、合法的、善意的、持续的、投入到市场流通领域的使用要求和标准,并否定了"象征性使用"

的效力。人民法院在"大桥 DAQIAO 及图"商标撤销复审诉讼案件中,提出了"象征意义上的使用"的概念并对其进行了进一步的界定。使用行为系指商标注册人为了维持该商标的有效性,避免因连续三年未使用被撤销而进行的商标使用行为,简言之,即"为了使用而使用"。此种使用行为的目的并非为了发挥该商标的识别作用。虽进行了商标意义上的使用,但其仅是偶发的、未达到一定规模的使用,在无其他证据佐证的情况下,则通常应认定此种使用行为并非真实的、善意的商标使用行为。对于在案件中如何判断商标是否"象征性使用",应重点考察使用行为是否符合一般商业习惯和交易惯例[①]。

在该案件中,答辩人黄××为证明自己未存在连续三年未使用被申请商标的事实,向商标局提出了 2012 年 11 月 09 日至 2015 年 11 月 08 日期间答辩人的"BABYCAT"商标在店铺上的部分实际使用图片、"BABYCAT"商标在产品外包装上的部分实际使用照片、"BABYCAT"厦门会展中心产品展销上的部分实际使用照片、在员工工作服上的照片、在各报纸杂志获得报道的照片、在订货单及购物小票的部分使用图片等证据。笔者认为,在该案的举证中,基于"BABYCAT"商标在产品外包装上的部分实际使用照片和"BABYCAT"商标在店铺上的部分实际照片,可以认为答辩人对该案商标的使用并非为了使用而使用,即可以免除象征性使用的认定。

(三)对程序性规定灵活适用的分析

如果根据新《商标法》第 35 条第 4 款规定:商标评审委员会在依照前款规定进行复审的过程中,所涉及的在先权利的确定必须以人民法院正在审理或者行政机关正在处理的另一案件的结果为依据的,可以中止审查,中止原因消除后,应当恢复审查程序。那么,权利人可以先行提交抢注人第 30 类第 8072567 号"babycat"商标的异议申请,并在同时提交第 30 类第 8279538 号"babycat"商标的驳回复审案件中,请求商标评审委员会中止该驳回复审案件,待第 8072567 号"babycat"商标异议案件裁定后,恢复审理。但新《商标法》实施的时间为 2014 年 5 月,而本案发生的时间为 2010 年 10 月,无法适用新《商标法》的相关规定,而旧《商标法》中并无任何中止审理的相关法条规定,且商标局、商评委在实际操作中也鲜有中止审理的相关案例,这也就造成权利

---

① 臧宝清.关于撤销三年不使用案件中"象征性使用"判断问题的初步思考[J].中华商标,2013(07).

人第 30 类第 8279538 号"babycat"商标驳回复审案件无法请求中止审理,那么,权利人希望获得第 30 类第 8279538 号"babycat"商标的核准注册愿望将落空,只能重新提交新的"babycat"商标注册申请,将近两年的商标等待期间,权利人将无法有效制止市场上的侵权行为,这会给权利人带来不可估量的损失。

面对这一法律难题,黄××所委托的商标代理机构积极从程序法的灵活使用方向寻找解决方案。虽然在当时,商标局、商评委在实际案件中鲜有中止审理的先例,且使用《民事诉讼法》的相关规定在本案甚至商标案件中,仍属于突破性法条使用,并无相关案例可循。但代理机构仍然从公平正义的角度出发,恳请商评委对引证商标"BABYCAT"的异议申请尚未裁定前中止此驳回复审案的审理,以最大限度地维护权利人的合法权益。

最终,代理机构的意见被商评委采纳,此举对维护黄××的合法利益具有重大意义,也为后来的大获全胜奠定了良好的基础。

三、相关案例

(一)保利地产与华润置地的"商标之争"

该案件中,商标评审委员会认为[①],由华润置地公司提交的证据可见,其早于被异议商标申请注册日的 2011 年 4 月 20 日即开始在商品房销售等服务上将"公元九里"楼盘名称作为商标使用,经华润置地公司在《新京报》《北京晨报》《北京青年报》等报纸上的大量宣传,已具有一定影响力。被异议商标"公园九里"与华润置地公司在先使用的并有一定影响的"公元九里"商标均由四个字构成,仅 字不同,且读音相同,两者构成近似商标标识,被异议商标指定使用的不动产管理、商品房销售等服务与引证商标指定使用的商品房销售等服务属于同一种或类似服务。保利房地产公司提交的证据不足以证明其使用被异议商标的时间早于华润置地公司使用"公元九里"商标的时间,且不足以证明被异议商标经过使用已具有区分于华润置地公司"公元九里"的显著性。据此,法院可以认定被异议商标的申请注册已构成对华润置地公司商标的抢注行为,属于《商标法》第 32 条所指的以不正当手段抢先注册他人已经使用并

---

① (2013)商标异字第 31469 号裁定书 14(2016)京行终 3218 号。

有一定影响的商标的情形,故不予核准注册。被异议商标申请注册人保利地产公司不服第31469号异议复审裁定,提起了上诉。

对此案件,北京高院认为:《商标法》第32条规定,不得以不正当手段抢先注册他人已经使用并有一定影响的商标。申请人如果明知或者应知他人已经使用并有一定影响的商标而予以抢注,即可认定其采用了不正当手段。在中国境内实际使用并为一定范围的相关公众所知晓的商标,即应认定属于已经使用并有一定影响的商标。有证据证明在先商标有一定的持续使用时间、区域、销售量或者广告宣传等的,可以认定其有一定影响。华润置地公司在商标异议复审程序中提交的证据可以证明,华润置地公司在被异议商标申请日前在地产项目上使用"华润·公元九里"名称。华润置地公司的"华润·公元九里"地产项目获得多项荣誉,华润置地公司对"华润·公元九里"地产项目进行了宣传,并在商品房预售合同及物业服务合同中使用"华润九里"为项目名称。"华润·公元九里"虽然为华润置地公司的地产项目名称,但以相关公众的认知水平,会将其用以区分其他房地产项目,因此,华润置地公司对"华润·公元九里"在被异议商标申请日前的使用亦可认定为是《商标法》意义上的使用。同样,基于华润置地公司在商标异议复审程序中提交的包括华润置地公司"华润·公元九里"房地产项目所获荣誉及广告宣传等证据,可以证明在被异议商标申请日前"华润·公元九里"在房地产商品或服务上、在相关公众中已经具有了一定的知名度。华润置地公司的"华润·公元九里"作为商标使用在房地产项目上,其与被异议商标指定使用的服务在服务的目的、内容、方式、对象等方面相同或具有较大的关联性,两者构成同一种或者类似服务。被异议商标由中文文字"公园九里"构成。"华润·公元九里"的显著识别部分包括"华润"和"公元九里"两部分,因"华润"为华润置地公司的字号,因此,其中的"公园九里"作为显著识别部分的作用更强一些。将被异议商标与"华润·公元九里"进行比较,被异议商标"公园九里"与"华润·公元九里"的显著识别部分之一的"公元九里"的第二个中文文字不同,但二字读音相同,以相关公众的认知水平,被异议商标与"华润·公元九里"的显著识别部分之一的"公元九里"在文字构成上近似,导致两者的整体视觉效果相近,构成近似商标标志。

基于上述分析,北京高院判决,保利房地产公司在不动产出租、不动产代理、不动产经纪、不动产估价、不动产评估、不动产管理、公寓出租、住所(公寓)、办公室(不动产)出租、商品房销售等服务上申请注册的被异议商标构成的《商标法》第32条规定的以不正当手段抢先注册他人已经使用并有一定影响的商标的情形,维持了商评委作出的不予注册裁定。

虽然该案件与本案分属不同的商标类别,但北京高院在两大地产巨头的"商标争霸"中对于《商标法》第32条关键概念的适用标准为本案提供了一些借鉴。首先,北京高院对不正当方式注册的界定,法院采用了与本文所述相同的方式认定,即"申请人如果明知或者应知他人已经使用并有一定影响的商标而予以抢注,即可认定其采用了不正当手段,而不需异议人再提出其他证据证明被异议人手段的不正当性。"其次,关于"有一定影响"的界定,法院将影响范围限制在了在中国境内实际使用并为一定范围的相关公众所知晓的商标,有证据证明在先商标有一定的持续使用时间、区域、销售量或者广告宣传等的,可以认定其有一定影响。即只要一定范围内的公众了解该商标的存在即可,且如果证据表明在先权利人对该商标进行了广告宣传,可以直接判定其有一定影响。那么,本案中,结合申请人黄××提出的BABYCAT私家御饼屋先后被《海峡导报》《海峡生活报》《精品购物指南》《商界》《搜街》等报纸杂志报道的证据,按照北京高院的认定标准,其对"BABYCAT"的商标使用便可直接被认定为"具有一定的影响"。即,申请人黄××可以根据该案例对自身维权的主张提供支持。

(二)"俏红娘"商标异议案

2013年12月2日,商标评审委员会作出商评字〔2013〕第124913号《关于第4434344号"俏红娘"商标异议复审裁定书》(简称第124913号裁定),裁定被异议商标指定使用在"腐乳、腌制蔬菜、酱菜、笋干"商品上的注册申请不予核准;被异议商标指定使用在其余商品上的注册申请予以核准[①]。理由为:申请人提交的证据尚不足以证明其商标在先使用并有一定影响,故申请人请求依据《商标法》第31条的上述规定不予核准被异议商标注册的主张缺乏事实依据,不能成立。《商标法》第15条的内容源于《保护工业产权巴黎公约》第6条之七的规定,因此在对代理关系进行界定时,应当结合该条的立法目的,即制止代理人违反诚实信用原则的恶意抢注行为,进行解释。该条所述的代

---

① 商评字〔2013〕第124913号。

理人不仅包括《中华人民共和国民法通则》《中华人民共和国合同法》中规定的代理人,也包括基于商事业务往来而可以知悉被代理人商标的经销商。本案中,申请人提交的产品总代理协议显示,申请人经营的子英食品厂授权鸿盛中心为产品总代理,鸿盛中心的业主即为被异议商标原申请注册人徐××,据此可以认定徐××基于该协议知悉申请人的商标,其未经申请人授权擅自在"腐乳、腌制蔬菜、酱菜、笋干"商品上申请注册被异议商标的行为已构成《商标法》第15条所指情形。

申请人邹××不服第124913号裁定,向北京市第一中级人民法院提起行政诉讼。一审认为[①],陈××提交的证据能够证明邹××作为业主的崇仁县鸿盛食品营销配送中心(简称鸿盛中心)存在销售陈××为业主的宜黄县子英食品厂(简称子英食品厂)生产的"俏红娘"品牌"豆腐乳"产品的事实,邹××在与陈××贸易往来的过程中,存在知悉陈××使用的"俏红娘"商标的可能,双方之间已经形成了《商标法》第15条所指的"代理关系"。邹××在知悉陈××在先使用"俏红娘"商标的情况下,却将以"俏红娘"为显著识别部分的标识作为被异议商标申请注册指定使用在"腐乳"等商品上,其行为已构成《商标法》第15条所规定的不予注册并禁止使用之情形,被异议商标的注册违反了《商标法》第15条的规定。基于此,北京一中院判决维持商标评审委员会作出的第124913号裁定①。

在二审中,北京高院认为:本案的核心问题是被异议商标的注册是否违反《商标法》第15条的规定。本案中,陈××提交的《产品总代理协议》、法院判决书、双方购销欠条等证据,能够证明邹××作为业主的鸿盛中心存在销售陈××为业主的子英食品厂生产的"俏红娘"品牌"豆腐乳"产品的事实,邹××在与陈××进行贸易往来的过程中,存在知悉陈××使用的"俏红娘"商标的可能,双方之间已经形成了《商标法》第15条所指的"代理关系"。邹××在知悉陈××在先使用"俏红娘"商标的情况下,却将以"俏红娘"为显著识别部分的标识作为被异议商标申请注册指定使用在"腐乳"等商品上,其行为已构成《商标法》第15条所规定的不予注册并禁止使用之情形,被异议商标的注册违反了《商标法》第15条的规定。据此,二审对一审的判决结果进行了维持。

纵观该案件的全过程,对比"BABYCAT案",我们可以得到如下启示:首

---

① (2014)一中知行初字第3043号行政判决。

先，通过商评委对系争商标不予注册的说理部分我们可以看出，在《商标法》第15条和第32条的适用标准上，前者无需由当事人提供证据材料证明其商标已经进行了在先使用并存在了一定影响，而后者需要。由此，申请人黄××在维护自身权利时，可以根据自身能够提供的证据材料对自身的主张选择不同的法条依据。如果现有证据不能证明其商标已经造成了一定影响，也可以另辟蹊径，提供其与厦门壶里香公司的业务往来依据，适用《商标法》第15条。

其次，商评委在认定《商标法》第15条所称的代理人时，对其进行了解释，即结合该条制止代理人违反诚实信用原则的恶意抢注行为的目的进行解释，事实上扩大了代理人的范围，认为其不仅包括《中华人民共和国民法通则》《中华人民共和国合同法》中规定的代理人，也包括基于商事业务往来而可以知悉被代理人商标的经销商。这种扩大解释事实上降低了在先权利人的证明义务标准，即如果在先权利人可以举证证明抢注人系因商事业务往来而可以知悉被代理人商标的经销商，便可以认定与其具有代理关系。在"BABY案"中，黄××出示了同厦门市壶里香公司之间经贸往来的合同书和厦门市壶里香公司所经营的淘宝店的页面截图，以证明：厦门壶里香茶叶有限公司是于2009年10月新成立的一家公司，其成立不久就开始作为BABYCAT私家御饼屋的经销商，在淘宝网上进行了销售BABYCAT私家御饼屋的馅饼的商业活动。根据商评委的标准，黄××的举证即使由于其合同形式等因素所限无法证明厦门市壶里香公司系《合同法》中规定的代理人，也已经达到了确认厦门市壶里香系由于商事往来知悉其商标代理人的证明标准。

最后，在该案件中，邹××主张其并未与陈××签订《产品总代理协议》，但法院依据陈××及徐××分别代表子英食品厂与鸿盛中心签订《产品总代理协议》且之后徐××将被异议商标转让给邹××认定，转让行为并不影响《产品总代理协议》所签订的事实。因此，我们可以得出结论，异议商标转让的事实并不影响法院对《商标法》第15条中代理关系的确认。由于"BABYCAT"案的相关事实中尚未有厦门市壶里香公司的相关抗辩，故此不予赘述。

四、启示

(一)对于商家的启示

首先，市场经营主体在企业发展的前期与过程中注重自身品牌的保护，最

输了我的品牌

大限度地保护自身合法权益,从源头上遏制不良企业及公民抢注商标的恶意动机,让他人无机可乘。同时,值得注意的是,除了目前主要经营的商品和服务的类别,经营主体还应树立长远的眼光,根据企业生存发展的战略规划加大对潜在商标权利的保护力度,增加相关辅助类别商标的申请。如本案中,如果申请人黄××早在第43类"咖啡馆、餐厅"等服务上申请"BABYCAT"商标时便在第30类咖啡、馅饼等商品上申请相同的防御商标,便可免除后续的一系列不必要的纠纷。用战略的、发展的眼光看待知识产权保护十分重要,正可谓"企业发展规划,知识产权保护措施先行"。

其次,在遭遇恶意抢注时,商家应当具有维权意识,在发现自身合法权益被侵害的第一时间诉诸法律手段维护自己的权益。自认倒霉地将商标权利拱手让人或花费资金将商标权利买回,不仅可能会丧失维护自身权益的最佳时机,也会助长不法抢注分子的嚣张气焰。商家应冷静分析,果断应对,充分收集相应的证据,对于法律手段给予充分信任,运用法律赋予的手段打击恶意行为,维护自身权益,而不是纵容侵权人的不正当行为。同时,由于我国幅员辽阔,客观来说难免有商标相同或近似的巧合存在,因此,商家若主张自己具有在先权利的商标被他人抢注,也应注意举证证明恶意抢注人系明知或应知该在先权利的存在而注册,并非巧合,搜集证据的方向同样应当是着力证明自身的商标经过使用具有一定的影响,抢注人对自身商标的存在必然知情。

与此同时,民间俗语有云:"打官司即是打证据"。这句俗语虽然略为片面,但也的确不无道理。这提醒了商家在生产经营的过程中,要充分树立证据意识,充分重视对证据的保留。在该案中,申请人在证据目录中共列出了11种证据,对其提出的主张均出示了充分的证据加以证明。如为证明其与恶意抢注人在其抢注引证商标之前存在业务往来行为,出示恶意抢注人所经营的网店截图和申请人与恶意抢注人之间的供货对账单;为证明其经营的BABY-CAT私家御饼屋具有一定知名度和影响力,出示其被国内外各报纸杂志报道的新闻图片。由于证据充分有力,充分具有民事诉讼法律意义上的合法性和关联性,才使得针对厦门市壶里香商标恶意抢注侵权行为的证明成为了可能,从而为商标局的后续裁定奠定了基础。因此,我们不难看出,商家需要树立证据意识,在平时的经营过程中对有价值的信息(如商标开始使用的时间、使用情况、品牌的知名度和影响力、与经销商贸易往来的状况等)注意予以保存,以防止日后被侵权而陷入纠纷时面对需要举证的事实束手无策。

同样值得注意的是，为了预防被提起"撤三"申请而造成企业无形资产的无谓流失，商家在经营活动中更应当注重对商标使用证据的留存。商家在销售合同中可明确写明涉案商标，图文结合的商标需附上图样，并且注意搜集与销售合同相对应的销售发票的证据留存，以避免遭遇"撤三"申请时由于举证不力而面临注册商标被撤销的不利后果。同时，商家也应着力证明自己对商标的使用系"真实的、合法的、善意的、持续的、投入到市场流通领域"的使用，不仅注重证明商标使用的"有无"，也应证明商标使用的"多少"；不仅注重商标使用的"数量"，也应注重商标使用的"质量"，以避免被判定为"象征性使用"。

近年来，随着各企业对商标权利的重视程度持续升温，连续三年不使用注册商标的撤销案件数量呈增长趋势。许多企业"虎视眈眈"地想将其他企业的商标收入自己囊中时，便会想方设法地提出"撤三"，试图令该商标被撤销。许多企业虽事实上未连续三年不使用商标，但由于未能提供有效证据而导致商标被撤销，蒙受了不可估量的无形资产损失。因此，面对"撤三"申请，企业切不可掉以轻心，需要充分搜集证据，谨慎应对答辩。除此之外，为避免因他人"撤三"申请而造成企业商标被撤销，企业可从以下四个方面做好准备：一，规范使用商标，形成有效证据。企业在日常的经营管理中，应当有意识地按法律的规定对商标进行使用并注意留存证据。只有如此，面对撤销申请，证据才能信手拈来。二，按《商标法》的规定，将商标许可给他人的使用也属于使用商标的法定方式。因此，企业可以将闲置不用的商标许可给他人使用并在商标局进行备案。此举一方面是企业对商标使用的证据的固定，另一方面也利于企业盘活闲置资源。三，对于的确没有使用的商标，企业可以再次注册申请，用一个新生的权利来延续原有的商标权利。四，洽谈商标转让。在实践中，撤销申请人往往并非"为了撤销而撤销"，其提出撤销申请很可能是由于权利人对于系争商标享受权利阻碍了其经济利益。若企业系争商标确为企业的闲置商标，开出合理的价码与撤销申请人进行洽谈未尝不是解决商标纠纷的新思路。对于撤销申请人而言，此举可以避免其面临的撤销申请不被商标局批准的风险，使其能够以一个较为合理的价格受让系争商标；对于企业来说，这既能避免其商标被商标局裁定撤销的风险，也实现了其资源的优化重组；对于商标本身来说，商标权利得以保留，也避免了社会资源的浪费。

最后，笔者认为，作为排他性较弱的一种符号，商标本身的价值并不在于其名称和图形自身，而在于凝结在其背后的与消费者建立的联系。因此，打造

输了我的品牌

自身强有力的品牌应靠自身脚踏实地的生产经营,而并非靠排他性较弱的商标名称或符号。企业在经营发展过程中,应当着眼于提升自身实力,靠为消费者提供最为优质的产品和服务来提升自己的商誉,只要一门心思提升自身产品或服务的质量,便可以与消费者之间建立良好的联系与互动,以建立起属于自己的商誉,而不是想着投机取巧,靠"蹭"使用在先的具有一定知名度的他人商标的"便车"来为自己谋取不正当利益。

老字号，你也敢拿！
松筠堂

一、案情简介

（一）前情提要

本案是一个以"连续三年不使用撤销注册商标"（简称"撤三"）为案由的注册商标争议案。

厦门有松筠堂、万全堂、春生堂三款老牌药酒，历史上统称为三堂药酒。松筠堂是清朝末年由福建晋江人翁朝言来厦门创办的，厦门人印象最深的即是孙中山先生亲自题的"松筠堂"三个招牌大字，创办人翁言朝曾加入同盟会，在结识孙中山后遂请其题写了"松筠堂"三字。在1956年，厦门的十多家私营酒厂合并成厦门酿酒厂（今为亚洲酿酒厦门有限公司），"松筠堂"成了厦门酿酒厂的一个主打品牌，并于1982年在"药酒"商品类别上向国家工商行政管理总局商标局（以下简称"商标局"）递交了"松筠堂"商标注册申请，且于1983年3月15日获准注册。

松筠堂药酒，具有补血、舒筋、祛湿、祛风等功效，其采用几百年传统工艺，附以现代酿酒法，要经过造药、制药、熬药、配酒、澄清、过滤、灌装等几个严格的工序才能酿造而成。松筠堂药酒独特的配制工艺已被列入厦门第一批非物质文化遗产名录；2012年，"松筠堂"品牌被厦门市商务局、厦门市商业联合会认定为"中华老字号"，被厦门市工商局认定为"厦门市著名商标"；2015年，"松筠堂"被福建省工商局认定为"福建省著名商标"。

输了我的品牌

现如今,因商标注册难度增加、商标注册流程繁杂等原因间接促成了活跃的商标买卖市场,也催生出了一大片的商标职业抢注人,他们通过商标转让来谋取利益。"松筠堂"作为厦门老字号品牌,具有较高的市场认知度及美誉度,容易滋生出他人恶意注册的情形。

我们通过搜索发现以下相关注册情形:康康养生茶(韩国)有限公司是"松筠堂"第9913032、9912911、9912817、9912746、9910857号的注册商标专有权人,其于2011年8月份向国家工商行政管理总局商标局(以下简称"商标局")提出申请,申请在第35、32、31、30、29类商品/服务上注册"松筠堂"商标,商标局分别于2012年11月7日、2012年12月21日、2013年1月7日、2013年5月7日、2013年12月21日核准注册了第35、32、31、30、29类的"松筠堂"商标。福建蜡笔小新儿童用品有限公司是"松筠堂"第9549323、9904884、9550570、9550610、9550667、9550736、9554158、9554203、9554398、9554444、9554485、9554535、9554640号注册商标的专有权人,其委托北京中美天鹭知识产权代理有限责任公司于2011年6月3日分别在第3、5、9、12、16、18、20、25、28、29、30、31、32类商品/服务上申请注册"松筠堂"商标,并在2012年期间相继获得注册。

(二)申请"撤三"

亚洲酿酒(厦门)有限公司分两次于2015年9月6日和2016年11月14日委托厦门合道联合知识产权事务有限公司代理"松筠堂"商标的撤销连续三年不使用申请,第一次是请求撤销第9549323、9904884、9550570、9550610、9550667、9550736、9554158、9554203、9554398、9554444、9554485、9554535、9554640号"松筠堂"注册商标,第二次是请求撤销第9913032、9912911、9912817、9912746、9910857号"松筠堂"注册商标。亚洲酿酒(厦门)有限公司申请撤销注册商标的理由是:经过网络与市场调查,发现康康养生茶(韩国)有限公司注册在第9913032、9912911、9912817、9912746、9910857号"松筠堂"商标连续三年不使用,且通过查询"中国商标网"的该商标详细信息,也未见有任何许可记录和授权他人使用的记录。

商标局依法审理了这一商标争议案件,并且依据《中华人民共和国商标法》(以下简称《商标法》)第49条第2款之规定,于2016年6月27日作出依法撤销第9549323、9904884、9550570、9550610、9550667、9550736、

9554158、9554203、9554398、9554444、9554485、9554535、9554640号注册商标"松筠堂"的决定。

(三)提出复审异议

2016年6月12日,申请人福建蜡笔小新儿童用品有限公司对商标局撤销第30类第9554485号"松筠堂"注册商标的决定不服,依法向国家工商行政管理总局商标评审委员会(以下简称"商评委")提出复审申请。亚洲酿酒(厦门)有限公司于2016年9月28日收到商评委的《商标评审案件答辩通知书》(证据1),亚洲酿酒(厦门)有限公司认为,申请人所提出的撤销复审的理由不成立,原因在于:

1.申请人用以证明复审商标不存在连续三年停止使用的证据材料存在多处疑点,且无法证明第9554485号复审商标"松筠堂"在商业活动中公开、真实、合法地使用。其证据材料存在以下两个疑点:一是商标许可使用合同。根据复审申请人福建蜡笔小新儿童用品有限公司所提供的商标许可使用协议可知,复审申请人于2012年6月28日将"松筠堂"商标授权给北京市龙品人生茶叶有限公司使用,该授权行为发生在2001年修订的《商标法》实施阶段,依据《商标法》第40条(现法第43条)及《中华人民共和国商标法实施条例》第43条之规定(现法第69条),许可他人使用注册商标的应自商标使用许可合同签订之日起三个月内将合同副本报送商标局备案。但是福建蜡笔小新儿童用品有限公司并没有提供在三个月之内就授权北京市龙品人生茶叶有限公司的商标许可使用合同在商标局备案的证明。并且,申请人福建蜡笔小新儿童用品有限公司与被许可人北京市龙品人生茶叶有限公司的法定代表人为同一人张××,也就是说,张××同时拥有福建蜡笔小新儿童用品有限公司与北京市龙品人生茶叶有限公司。此外,张××同时还是北京天山大蕃知识产权代理股份有限公司的董事长,而这三家公司均与本案有利益关系。二是商标使用在指定商品上的具体情形。从复审申请人提供的商标使用在指定商品上的证据材料来看,其存在多处瑕疵,复审申请人所提供的产品包装图片或产品包装网络截图,由于其提供的网页证据没有提交公证文件,而在茶叶、方便面、面包、大豆、咖啡等产品包装图片上均未显示这些图片的形成时间,也未显示销售和生产主体,不能作为复审商标在指定商品上的使用证据,也无相关合同和发票相佐证,无法证实其真实有效性。此外,亚洲酿酒(厦门)有限公司在百度搜索上搜索到与复审申请人福建蜡笔小新儿童用品有限公司所提供的的网络截图完全相同的图片,复审申请人将图片上的"蒙牛""白象""雅士利"等商标均改为"松筠堂"商标。

2.复审申请人福建蜡笔小新儿童用品有限公司抢注一系列"松筠堂""起亚""联通"商标后在白兔商标网转售,且其明知"蜡笔小新"为国际知名品牌,仍旧将其注册为公司名称,其搭便车的主观恶意明显。福建蜡笔小新儿童用品有限公司在第3、9、12、16、18、20、25、30、32等多个类别抢注"松筠堂"商标,且高价转售,证明其无使用事实,同时该行为霸占有限的商标资源,扰乱了正常的经济秩序。

因此,亚洲酿酒(厦门)有限公司认为申请人福建蜡笔小新儿童用品有限公司所提出的撤销复审的理由不成立。

亚洲酿酒(厦门)有限公司于2016年9月28日收到商评委的《商标评审案件答辩通知书》,并且于2016年10月19日提交了复审答辩书。答辩书对申请人用以证明复审商标不存在连续三年停止使用的证据材料的真实有效性提出质疑,并且对申请人明知"傍名牌""搭便车"的主观恶意进行了证明。

2017年1月12日,商评委依法作出了撤销第9554485号"松筠堂"注册商标的复审决定。

二、争议点法理分析

根据上述案件综述可以得知,本案的主要争议点是复审申请人福建蜡笔小新儿童用品有限公司所申请的"松筠堂"商标是否符合撤三条件。这一争议点又可以继续细化为两个小的争议点:一是注册商标使用的认定;二是判断非使用目的的恶意注册行为的标准。

(一)商标使用的认定

在申请撤销注册商标的案件中,目前普遍认同的注册商标的使用认定标准如下:商标的使用,是指商标的商业使用,其包括用于商品、商品包装或者容器以及商品交易文书上,也包括将商标用于广告宣传、展览以及其他商业活动中。在本案中,复审申请人所提供的茶叶、方便面、面包、大豆、咖啡等产品包装图片没有标注日期,不能证明复审商标在举证期间有实际使用,提交的使用老字号，你也敢拿！

许可协议及茶叶销售合同、收据没有相应的销售发票相对应，不能证明合同有实际履行，且在百度搜索引擎里能够找到完全相同的图片，因此，复审申请人提交的在案证据不足以证明复审商标"松筠堂"在举证期间在全部复审商品上进行了有效的商业使用。

单纯从使用方面来看，本案此处毫无疑问不再存疑，但是商标的使用认定在法理学上争议还是较大的。"商标的使用"是撤三条款的核心，根据我国现行《商标法》第48条，商标的使用是指将商标用于商品、商品包装或者容器以及商品交易文书上，或将商标用于广告宣传、展览以及其他商业活动中，以此识别商品来源的行为。这一条款看似对"使用"进行了解释，但仔细理解会发现，其只不过是规定了注册商标的使用形式。而且在"撤三"程序中的商标使用，在实践中往往存在多个用语，如真实意图的使用、象征性的使用、典型使用、非典型使用等。这些用语在具体的案件上缺乏明确统一的适用标准，容易导致事实相同的不同案件呈现不同的裁决结果。

本书在此从商标的使用主体、使用方式、使用意图等几个方面对《商标法》撤三制度中的"使用"进行解析，对"使用"的认定重新进行理解，以求结合本案得出新的思考。

1.使用主体

目前，商标权的取得存在两种方式：一种是注册制，另一种是使用制。我国商标权利的取得为注册制，不以商标使用为取得要件，但是同时也规定了商标权人的使用义务以及连续不使用超过三年的撤销制度。"撤三"制度的规定消除了商标注册制情形下恶意抢注的问题，而且能够更好地维护商标注册者的权益，为商标注册者权益的行使提供更加积极的保障。

商标权主要分为消极的权利和积极权利，即权利人自己的专用权和禁止他人未经允许而使用注册商标的禁止权。商标的使用主体在大部分人看来应当是商标的专有权人[1]，但是在特殊情形下的非商标专有权人使用能否作为对抗"撤三"的正当理由呢？在一定情形下，基于商标专有权人和商标的直接实际使用人之间的特定关系，其实际使用人的使用可以看作是商标专有权人的使用。这里介绍分析几种常见情形。一是通过合法地许可他人使用注册商标，此种情形是基于注册商标注册人对使用者的授权而产生，商标的权利人能

---

[1] 朱凡,刘书琼,张今.商标撤销制度中"商标使用"的认定[J].中华商标,2010(12)：37-41.

够了解和掌握实际使用者的情况,从而能够对许可范围内实际使用者的产品/服务进行管控,这应当被视为商标专有权人的使用。但是,其会存在这样一种情况:商标专有权人单纯的授权许可或者转让给他人使用,但是他人没有实际使用,则不应当认定为使用,即单纯商标的授权与转让不视为使用。二是定牌生产行为,即指接受委托的生产方按照委托方的要求进行产品的研发和生产,产品贴附委托方所提供的商标,并将产品全部交由委托方销售或经营,受托方不销售和经营该产品,其只收取加工费用的合作生产方式①。此情况下生产方接受委托方的委托生产使用商标的行为,就目前对于定牌加工是否属于《商标法》意义上的使用暂且不论,但是此时受托方是基于委托方的意志做出生产等行为,因此,此情形可以归结为商标专有权人的使用。此外,在实践中,会出现"无权使用者未经商标专有权人同意而使用"是不是可以作为不存在"撤三"程序的抗辩理由这一争议。笔者认为,即使是这个无权使用者的行为完全符合商业形式的使用,此种使用也不能作为不存在"撤三"情形的抗辩理由,原因在于:这种使用并没有商标专用权人意志的参与,消费者无法标识商品/服务的来源,不能够将商品/服务与生产/销售者建立对应关系,起不到商标的识别作用,从而达不到商标最基本的识别功能。在"撤三"程序启动以后,即使商标的专有权人对第三人使用商标的行为进行追认,也不应作为不存在"撤三"的抗辩理由,因为商标专有权人对第三人使用行为的追认已经无法改变"撤三"程序启动之前商标未使用的事实和商标所有人对商标使用义务的懈怠状态,因此,其有义务承担未使用而面临的撤销后果。

本案例中,在使用主体上,表面上完全符合经商标专用权授权后由第三人直接使用之情形,可以视为商标专有权人的使用情形,即在使用主体上完全是适格的,但是通过亚洲酿酒(厦门)有限公司提供的相关证据(主要是授权使用合同未经商标局备案的证据以及商标被授权人与知识产权服务公司的法定代表人系同一人的材料)可以表明此种授权并非在正常商业经营中所形成的授权关系。在主体使用上,其应当产生巨大的疑问。

2.使用方式

此处阐述典型使用和非典型使用两种使用方式中关于"使用"的理解。典型使用是我们在实践上最常见的,即是体现商标权人真实意图的使用行为及

---

① 刘润涛.贴牌生产中商标使用的法律性质[J].中华商标,2010(01):40—42.

符合商标注册商品或服务类别范围内的合法使用方式,主要就是指《商标法》第48条规定的行为。非典型使用在实践上有几种常见情形:(1)知名高校校名全类注册但不使用。实践中,很多知名的高校科研院所为了防止企业抢注其校名用以欺骗消费者,其将与校名有关的标识、字段在所有商品和服务类别上注册为商标。这是一种防御性商标注册,目的不在于自己使用,而是为了防止消费者误认以及阻断不法分子引用知名高校的权威性。此情形应当是可以作为阻却商标撤三的正当理由之一。(2)二维注册商标以三维形式使用。商家为了宣传、装潢设计等方面的需要,往往会对注册商标做出调整,例如,将矩形的一个平面视觉商标改为一个长方体商标。在此种情况下,只要是能够保持原有商标的识别效果,不会导致消费者混淆误认的情形,就应当认定为商标的使用,反之,则不是注册商标的使用①。

商标的使用方式多种多样,《商标法》第48条规定只是一个概括性的,实践当中对于使用还需要结合个案做出判断。因此,商标的使用方式也是我们需要进行理论探讨,从而解决实际问题的一个重要方面。

在实际当中,我们应当以《商标法》第48条和《商标法实施条例》第3条规定的列举使用方式作为标准判断,在出现不满足法律法规规定的要求使用商标的情况下,可以结合《商标法》的第49条中的"正当不使用理由"条款与及相应的法条解释进行判断是否是可以作为对抗"撤三"程序的使用方式。

在本案例中,其使用方式即不满足《商标法》第48条及有关规定,因为其所提供的在有关商品上所使用"松筠堂"商标的图片证据能够通过百度搜索找到一模一样的图片,有充分理由确定其提交的图片证据系有意伪造之,不符合商标使用方式的典型使用,更不属于商标的非典型使用方式。

3.使用意图

《商标法》第48条和《商标法实施条例》第3条都对使用进行了相关的限定,从这两个条文可以看出,此规定主要强调商标使用的形式要件,而并非商标使用的实质要件,即可以理解为前述所说的使用方式,而并非是阐明具体的"商标使用"。

那么,我国现行《商标法》所规定的"商标使用"限定在了商标的使用形式,而遗漏了商标使用的意图这一判断标准,仅仅规定了客观形式要件,而忽视了

---

① 袁博."撤三"制度视野下商标的非典型使用[N].人民法院报,2015-01-21(007).

主观实质要件。"法国卡斯特公司诉商评委案"中,商评委、一审法院和二审法院均认为申请人提供的证据契合商标使用的形式要件,给予维持原注册商标,但是这些所谓的使用证据却难以反映商标权人的真实使用意图。

笔者看来,在商标使用的判断中应当结合使用形式和使用意图两方面进行综合考虑,而且应当把使用意图作为判断的主要方面。其原因在于,一是商标的功能在于识别,"撤三"制度迫使商标权利人积极使用商标,目的也是在于强化这种识别功能,消除注册制所带来的不良影响,维护良好的市场秩序和消费者的合法权益。使用是注册制下的后置程序而不是前置程序,因此容易造成一个非使用目的者轻易获得大量注册商标[1]。然而,通过"撤三"制度的设计,这些不法注册者虽然能够通过被迫使用而使商标维持注册,但是在这种"被迫使用"的异常状态下,注册者的这种心理是投机的,是无法转化为善意市场经营者的正常心理的。他们往往为了迎合《商标法》规定的商标使用形式,而达到维持商标存在的目的,象征性地使用注册商标,霸占商标这种稀有资源。二是任何商标使用形式都伴有商标的使用意图,在对使用形式的判断方面最终还要看其使用是否符合目的,其形式无法脱离意图而独立。就拿那些仅仅为了存续商标而象征性的符合《商标法》规定的使用形式,其使用意图也是为了商标的维持。因此,如孔祥俊法官所述的"在司法实践中使用的认定要有真实的使用意图,即商标注册人必须有将注册商标作商业标识使用的真实意图,并且有实际的使用行为[2]。三是商标使用的判断标准正在从使用形式向使用意图转变,这是从我国《商标法》的法律发展趋势来看的。我国的《商标法》和后来的一系列法规出台,对《商标法》上"商标使用"的含义理解,经历了从使用形式、表明来源的使用到实际的使用三个阶段的转变。在商业活动中,使用商标标识标明商品的来源,使相关公众能够区分提供商品的不同市场主体的方式,均为商标的使用方式。除《商标法实施条例》第 3 条所列举的商标使用方式外,《北京市高级人民法院关于审理商标民事纠纷案件若干问题的解答》第 2 条的规定使得对《商标法》"使用"的理解从使用形式转变为标示来源的使用方式。2010 年出台的《最高人民法院关于审理商标授权确权行政案件若干问题的意见》第 20 条的规定对商标连续三年不使用撤销制度中商标使用

---

[1] 陈明涛. 商标连续不使用撤销制度中的"商标使用"分析[J]. 法商研究,2013(01):144−151.

[2] 孔祥俊. 商标与不正当竞争法—原理和判例[M].北京:法律出版社,2009.88−89.

老字号，你也敢拿！

的理解，已经从使用形式转变为实际的使用。对商标的实际使用的理解不仅包括具体的使用形式，也包含了商标使用的意图。

就本案例而言，复审申请人福建蜡笔小新儿童用品有限公司，其无论在使用形式上还是在使用意图上，都无法通过真实有效的证据证明其对9554485号复审商标"松筠堂"的使用情况，并且亚洲酿酒（厦门）有限公司提供的一系列证据（包括证明复审申请人提供的使用图片证据系恶意伪造以及在白兔网上的转售商标证据图片）可以清楚地证明复审申请人没有对商标经营使用的真实意图，这就有理由证明此种使用商标的行为并未满足《商标法》所规定的使用情形，可以推定满足"撤三"的连续三年不使用的条件。

（二）以非使用目的恶意注册知名品牌商标行为的理解与证明

商标的能量在于它凝聚良好的信誉和在市场的识别能力，但是在当前的市场环境中，攀附他人知名商标以达到盈利目的的情形依然经常可以见到，虽然《商标法》中诸多条款在遏制商标恶意注册层面发挥着重要的作用，但是在非相同类别的商品上大规模地恶意注册他人的知名商标依旧可见。本案就是此种情况，亚洲酿酒（厦门）有限公司通过提供的证据提出复审申请人以非使用的目的恶意抢注大量的知名商标，对商标注册秩序造成严重干扰。

对于像"松筠堂"这样的品牌，其先后获得了"中华老字号""厦门市著名商标""福建省著名商标"等称号，并且松筠堂药酒配制工艺已被列入厦门第一批非物质文化遗产名录，足以看出他人恶意攀附"松筠堂"品牌的知名度。

在恶意抢注知名商标的理解、证明上，大家存在着多种不同的理解。深圳大学的李扬教授就认为，"并不是所有的商标抢注行为都是恶意的、非法的。在注册主义取得商标权制度下，《商标法》在一定程度上是鼓励商标抢注的，目的在于督促商标权人积极注册商标，只有在先使用的未注册商标为驰名商标时，才能阻止他人在类似范围内抢注。"[1]他们的观点也就是认为"知名"并非"驰名"，驰名商标的保护应当远远高于知名商标，对于知名商标的抢注，在一定情形下是可以容忍的。

当然，也有学者对此持反对意见，他们认为知名品牌同样应当对恶意注册进行保护，以更好地维护知名品牌权利人的权利。知名品牌作为一大资源，是

---

[1] 李扬. 我国商标抢注法律界限之重新划定[J]. 法商研究，2012(03):76-84.

权利人花费大量心血培育出来的在一定区域内能为其带来经济效益的品牌，品牌的相关类别被他人大量抢注严重损害了其经济利益。特别是现在各种商标代理机构恶意注册他人知名商标，且不以使用为目的，导致知名品牌的商标保护难问题越显突出。

知识产权是一种无形资产，知名品牌通过花费人力物力所培育出来的品牌商誉，值得法律进行保护，但是目前这种保护的力度还不够，需要我们进一步在规范的建立与企业知识产权管理上多加努力。

在举证上，何种程度能够证明注册人是恶意抢注的呢？本案例中，通过提供的证据可以证明：1.福建蜡笔小新儿童用品有限公司与其商标申请代理机构北京山天大蓄知识产权代理股份有限公司法定代表人为同一人，此人此前曾陪同商标局领导至亚酿公司参观并了解过"松筠堂"品牌历史；2.该抢注人将"松筠堂"商标成功抢注后，又以高价将13件商标在白兔商标查询信息系统等主要商标网站平台进行高价转让；3.该公司并非生产"蜡笔小新"果冻的蜡笔小新（福建）食品工业有限公司，二者没有任何关联关系，在字号使用上存在"伴名牌"的嫌疑，且该抢注人在他类曾抢注"联通""起亚"等多个知名商标并同样发布高价转让信息，存在多个恶意抢注的不良案底。由此可以得出，福建蜡笔小新儿童用品有限公司主观恶意抢注他人商标之明显。

三、类似案例

(一)案例介绍

案例一：第一有限公司与商评审商标行政纠纷案[①]

在此案件中，商评委认定商标被许可人委托他人生产含有注册商标的宣传册以及包装盒等行为可以证明被许可人已经将注册商标用于商业活动中，其行为符合《商标法》所规定的关于商标使用的使用行为。此外，结合被许可人和商标权人之间具有签订真实有效的商标独占许可使用协议的事实，可以认定商标注册人对此案的注册商标拥有真实的使用意图。

一审法院认为，商评委的认定决定正确，理由为：一，商标注册人在注册涉

---

① 北京市高级人民法院(2006)高行终字第78号行政判决书.

案商标之后,许可给本案的被许可人独占使用注册商标,并且双方签订了许可协议并支付了相关的许可费用,转让行为合法有效;二,被许可人委托他人制作商品的包装及宣传手册等,属于对商标的商业使用;三,因为使用产品的行政审批手续需要时间,在未取得行政许可的情况下先进行了商业使用可以认定被许可人对该商标具有真实的使用意图并且有符合《商标法》意义上的使用形式。

二审法院认为,商标注册人对涉案商标的许可行为与其后的转让行为均不属于商标的使用。被许可人在许可使用涉案商标后,委托他人制作了包装盒、宣传册等,但由于印制有涉案商标的包装盒等均是在非涉案商标核定商品上使用,对此认定该种使用不属于《商标法》上的使用行为。

案例二:汕头市康王精细化工实业有限公司与商评委商标撤销复审行政纠纷案[①]

商评委审理认为,在使用授权行为上,云南滇虹公司在未遭到注册商标许可人明确的反对下将商标授权给昆明滇虹公司的行为有效,在主体身份上,云南滇虹公司和昆明滇虹公司各为拥有独立经济能力的经济实体,而且昆明滇虹公司拥有依照真实使用意图以符合《商标法》形式意义的使用行为,这一授权和使用行为与云南滇虹公司履行《商标使用许可合同》的约定义务并不冲突,因此,昆明滇虹公司对复审商标的使用行为应视作云南滇虹公司对复审商标的使用。云南滇虹公司的控股公司委托第三人生产含有注册商标的包装材料及委托第三人生产相关产品的事实,可以印证云南滇虹公司是在商业行为中使用注册商标,再加上云南滇虹公司通过受让取得注册商标的专用权,以上事实可以证明,云南滇虹公司拥有真实的使用意图并且实际使用了注册商标。

一审法院认为,因为被告方提交的证明注册商标实际使用的产品包装材料上所标注的许可证号是违法的,所以此种使用是不合法使用,不被《商标法》所保护,《商标法》所保护的是注册商标的正当合法使用。而且提供的包装盒仅证明了委托第三人加工包装盒的事实,无法证明所生产的包装盒已投入市场实际使用,并且投入市场的化妆品需要经过行政许可审批,这些包装盒没有标注行政审批的生产许可证号以及卫生许可证号,不符合法律法规的规定,即使这种商品投入市场也不是合法使用商标行为,因《商标法》所保护的商标使

---

① 北京市第一中级人民法院(2008)一中行初字第1029号行政判决书.

用仅适用于合法使用,据此无法认定复审商标已被使用的事实。

案例三:法国卡斯特兄弟股份有限公司与商评委、李道之商标撤销复审行政纠纷案①

本案中,商评委认为商标局无权运用除《商标法》之外的法律法规对商标使用中的"合法使用"进行审查,在一些需要行政审批的生产许可、卫生许可、进出口许可等方面的审查不属于商评委的职权范围,因此,这些行为应当由有关的管理部门进行认定,其不能在申请撤销商标的案件中对这些行政许可行为直接认定和裁决。商标局所能做的是,依据《商标法》和配套的法规对商标权人或者许可人是否进行了《商标法》意义上的使用行为做出判断,因此,商评委撤销了商标局的决定。

一审法院认为,商标注册人向商评委提交的证据可以证明,其自2002年就在注册商标核定的商品类别上使用了涉案注册商标。对于《商标法》第44条的规定,其目的在于解决注册商标是否已经使用,而不是怎样使用。涉及注册商标权人没有取得行政许可等问题时,由其他机关依据相关的法律法规进行审查,商标局不应当在没有职权的情形下对注册商标的许可人是否拥有生产销售核定类别商品的资质进行审查,因此,已经证明注册商标权人实际在商业中使用了注册商标即可以认定不满足"撤三"的条件,商评委所做出的决定正确。

(二)案例评析

上述案例中的争议,都是以"撤三"为案由而引发的,他们主要的争议点与前述的"松筠堂"商标一样,都是如何认定注册商标的实际使用。案例一中,商标注册人和第三人之间许可和转让注册商标的合同有效,受让人提供的一系列证据可以证明注册商标确实已经实际使用,但是因为其所生产的包装盒、宣传册等不符合在注册商标的核定商品类别上的使用,因此不属于《商标法》意义上的使用。案例二则是在认定商标的使用时应当是在商业活动中的实际使用,仅仅提供加工生产的包装盒,无法证明投入市场并实际使用;而且因为其生产的产品应当获得行政许可审批,在生产的包装盒上没有印相关的行政审批号,即便投入市场,也是非法使用,不是合法使用,不属于《商标法》所保护的

---

① 中华人民共和国最高人民法院(2010)知行字第55号行政裁定书.

使用。案例三中的情形与案例二正好相反,案例三所述的商标使用仅仅是商标是否使用,而不是商标怎么使用,在行政审批等方面出现瑕疵并不影响商标的使用,在有充分证据证明注册商标确实已经符合《商标法》所规定的使用形式并且具有真实的使用意图的基础上,即使没有取得相关许可,也是属于《商标法》意义上的使用,不构成连续三年停止使用应予撤销的情形。

总结上述三个案例可知,对于连续三年停止使用应予撤销情形下的"商标使用"认定,主要还是在于如何解释"使用"。案例一未在核定的商品类别上使用商标,即使其使用形式符合现行《商标法》第 48 条规定,亦不符合《商标法》意义上的使用标准,案例二和案例三在"商标使用"的主观上虽然都满足,客观上已有相关证据佐证其具有使用形式,但是因为在行政审批上的欠缺而造成非法使用,即在使用主体不满足前述法理分析的规定之一,从而造成不同的认定情况。

总之,对于商标撤三的案件,作为申请人或原告需要举出一系列理由来反驳对方所提出的商标使用情况,包括使用形式是否合法、行政审批手续是否完备、主体是否合格、使用意图是否真实、使用形式是否符合《商标法》之规定等,以达到撤销商标的目的。

四、总结

近几年来,一些具有区域特征的非物质文化遗产、地方旅游资源、老字号等历史文化资源的名称,由于具有鲜明的地方特色、文化内涵和一定范围的美誉度及知名度,越来越受到经营者等主体的关注,而这些商标被恶意注册的事件也频频发生。笔者想从商标保护的角度来浅谈厦门老字号的以下几种品牌防御和保护措施。

(一)积极进行商标注册

目前,国内的老字号品牌冲突,有大部分是由于其根本未取得商标的专用权,国内的商标保护遵循"注册在先",所以,广大的老字号需要通过积极注册品牌商标来保护自己的在先权利,除了必须在主营项目的注册外,更应该注意的是在关联或类似商品类别上提前规划防御商标和联合商标的注册,做到全面保护,避免出现类似"松筠堂"商标抢注情形,届时再来维权将费时费力,花费更大的代价。与此同时,各企业甚至在海外市场也应积极进行商标注册保护,不留漏洞。

(二)对抢注商标和"僵尸"商标进行"撤三"申请

商标已被他人抢注的,不管是抢注相同,还是摹仿近似,此举很明显具有攀附老字号商誉的"傍名牌"或"搭便车"意图,抢注人长期将已注册的商标闲置不用,必定导致他人商标价值与商业潜力遭受损失。此外,抢注知名品牌商标的背后有利益的驱使,催生出专业恶意抢注者,大把抢注行为也衍生了一条商标买卖产业利益链:抢注—炒作—胁迫赎回或转卖。这种行为严重扰乱了商标市场秩序,损害了老字号品牌的声誉与利益,不利于企业商标声誉的培育,甚至影响整个企业的发展。因此,遇到商标抢注情况,企业更应积极通过商标异议、争议、诉讼等法律手段予以夺回,例如,"松筠堂"抢注商标的撤销案例。与此同时,对已经达到驰名商标标准的老字号给予驰名商标认定,通过跨类别保护遏制各种侵权行为,可以避免削弱老字号品牌商标的显著性特征。

(三)积极使用注册商标

商标的使用在于区别不同商品的来源,引导消费者根据品牌选择商品和服务,这也是商标最本质和最重要的功能。商标的实际使用情况不但会导致商标知名度发生变化,就比如老字号品牌,以可靠的产品质量和广泛的商标宣传使用为基础,会使其商标声名远播,不断升值,使企业的经济效益越来越好,而且商标是否使用也是判断商标权能否被撤销的法定要件。《商标法》第49条第2款规定体现的是《商标法》"激活商标资源、清理闲置商标"的立法精神,也是"撤销连续三年不使用注册商标"程序的法律依据。一方面,企业要尽力规避因注册商标闲置而产生的被"撤三"风险;另一方面,企业还应当格外重视和规范对自身商标的使用,因为商标使用状况将直接影响注册商标的保护强度和保护范围。

想偷"轮胎"的老狐狸

厦门正新橡胶工业有限公司(以下简称:厦门正新公司),创建于1989年5月26日,是台湾正新橡胶工业股份有限公司旗下的独资企业,目前注册资本1亿7500万美元,是一家专门生产自行车内外胎、摩托车内外胎、农工车内外胎及汽车内外胎等橡胶制品的高新技术企业。厦门正新公司创立以来,企业规模不断扩大,现已成为中国最具知名度和影响力的轮胎制造企业之一,其所生产的产品质量和质量管理标准已达到国际先进水平,生产的自行车内外胎、摩托车内外胎、农工车内外胎及汽车内外胎等橡胶制品销售遍及全球100多个国家和地区,出口创汇逐年增长,同时在全国范围内建立了完善的销售服务网络。1997年至今,厦门正新公司产品的产销量、知名度及市场占有率等综合实力在国内同行业中均名列前茅,各项经济指标居全国同行业的首位。经过20多年的努力发展,厦门正新公司在橡胶工业发展道路上取得的成绩卓越,得到了相关公众及政府机关的普遍认可,先后获得了"全国外商投资双优企业""全国自行车工业百强企业""中国石油石化行业百强企业""福建省质量管理先进企业""福建省国税纳税百强企业""中国公信品牌""中国名牌产品"等在内的诸多荣誉。公司自成立以来便受到国家各级领导的高度重视,1991年12月19日,厦门正新公司建成开业,以时任国务院副总理的谷牧同志为首的中央领导以及省市各级领导参加了公司开业盛典。公司20多年的发展过程中,江泽民、朱镕基、胡锦涛、习近平、李克强等多位国家领导人曾先后莅临参观指导,予以高度评价并寄予厚望。厦门正新公司不仅拥有处于世界先进水平的设备和技术以及高效率的管理,而且坚持"诚实经营,品质第一,顾客满意"的品质方针,按照国际标准,生产高质量的轮胎,在追求产品品质完美的过程中同时注重品牌的建设和发展,经过多年的努力,"CST及图"商标及"ST 和图"商标先后荣获"驰名商标""福建省著名商标""福建省名牌产品""中国公信品牌""中国名牌产品"等荣誉称号。

一、厦门正新橡胶工业有限公司与徐长华商标权侵权纠纷经过

(一)行政异议、异议复审

2010 年 5 月 5 日,第三人徐长华申请注册第 8268118 号"ZT CZT 及图"商标,指定使用在第 12 类"摩托车,电动自行车,手推车,汽车轮胎,车轮胎,补内胎用全套工具,飞机,船"等商品上,并于 2011 年 8 月 13 日进入初审公告。正新公司对此先后提出异议及异议复审(现无效宣告)申请,但均以失败告终。

1.行政异议阶段

被异议商标由"ZT CZT 及图"构成,为" ",申请人为徐长华,申请日期为 2010 年 5 月 5 日,申请号为 8268118,指定使用在第 12 类商品的摩托车、电动自行车、手推车、车辆用轮胎、车轮胎、补内胎用全套工具、飞机、船等。

在法定的异议期内,正新公司针对被异议商标向国家工商行政管理总局商标局提出异议申请。其使用了引证商标一和引证商标二以佐证被异议商标不符合注册条件。引证商标一由"ST 及图"构成,为" ",申请日为 1988 年 1 月 13 日,注册号为 331179 号,核定使用商品为第 12 类的轮胎、内胎、轮胎帘布,该商标专用期限至 2018 年 11 月 29 日,经商标局核准,该商标于 1992 年 7 月 30 日转让至正新橡胶美国公司名下,1997 年 4 月 28 日转让至厦门正新橡胶工业有限公司(以下称正新公司)名下。引证商标二由"CST 及图"构成,为" ",申请日为 2001 年 11 月 23 日,注册号为 3023075 号,核定使用商品为第 12 类的车辆用轮胎、车辆轮胎、自行车轮胎、充气外胎(轮胎)、车轮实心轮胎、飞机轮胎、补内胎用全套修理工具等,该商标的专用期限至 2023 年 1 月 27 日。目前,商标权人为正新公司。

商标局于 2012 年 12 月 18 日作出商标异字第 65687 号《"ZT CZT 与图"商标异议裁定书》,裁定被异议商标予以核准注册。

表1 被异议商标、引证商标一和引证商标二商品项目

商标	被异议商标（8268118）	引证商标一（331179）	引证商标二（3023075）
商品项目	摩托车,电动自行车,手推车,车辆轮胎,车轮胎,补内胎用全套工具,飞机,船	轮胎,内胎及轮胎帘布	车辆用轮胎,车辆轮胎,自行车轮胎,充气外胎（轮胎）,车辆实心轮胎,飞机轮胎,补内胎用全套修理工具

2.异议复审阶段

正新公司不服该裁定,于法定期限内向商标评审委员会提出复审。复审阶段,正新公司向商评委提交了商标局于2004年11月12日做出的商标异字第018111号《"正新CST及图"商标异议裁定书》,该裁定认定引证商标一"⊙"构成驰名商标。2013年10月10日,商标评审委员会将申请书及证据寄给徐长华,要求其在规定期限内进行答辩并提交证据,徐长华在规定期限内未予答辩。2014年4月15日,商评委作出[2014]第047679号《关于第826811号"ZT CZT 及图"商标异议复审裁定书》(被诉裁定),认为:被异议商标"ZT CZT"与引证商标一"⊙"、引证商标二"CST"分别未构成近似商标;正新公司提交的证据不足以证明被异议商标与引证商标一、二并存会导致相关公众混淆误认,商标评审委员会依据2001年修正的《中华人民共和国商标法》第33条、第34条的规定,裁定被异议商标在复审商品上予以核准注册。

(二)行政一审

2014年6月10日,原告正新公司因不服商评委做出的商评字[2014]第047679号关于第8268118号"ZT CZT及图"商标异议复审裁定,故委托厦门合道联合知识产权事务有限公司向北京市第一中级人民法院(简称北京一中院)提起行政诉讼。请求:1.判决撤销被告作出的商评字[2014]第047679号《关于第8268118号"ZT CZT及图"商标异议复审裁定书》;2.判决被告承担本案诉讼费用。

主要事实与理由如下:

1.原告作为"中国橡胶工业龙头企业"及"中国石油和化工工业百强企业",其注册在第12类的第331179号"ST及图"以及第3023075号"CST及图"商标经过多年的广泛宣传及使用,已被认定为"中国驰名商标",被异议商

标是对该商标的复制和摹仿,根据《商标法》的第 13 条第 3 款(原《商标法》第 13 条第 2 款)的规定,被异议商标不予核准注册。"ST 及图"商标于 1988 年 1 月 13 日申请注册,持续使用至今已经有 20 多年的时间,"CST 及图"商标于 2001 年 11 月 23 日申请注册,持续至今也已经有 10 多年的时间,为了推动品牌的发展,一直以来,原告在广告宣传方面投入了大量财力、物力,不断通过各类户外广告、机场手推车广告、各大航空和铁路上发布的报纸杂志、订制宣传品、网络等各种媒介对其产品及品牌在全国乃至全球范围内进行广泛的宣传。与此同时,原告积极赞助"环青海湖国际自行车赛""中国国际女排精英赛""亚洲欧洲乒乓球全明星挑战赛""世界女排大奖赛"等多项国际赛事,与全球知名的体育明星姚明签约成为其品牌形象代言人,有效提升了原告品牌影响力和知晓度。原告不管是企业实力和规模,还是"ST 及图"及"CST 及图"品牌持续使用时间、宣传的深度和广度均已达到"中国驰名商标"的程度,且在商标局(2004)商标异字第 01811 号"正新 CST 及图"商标异议裁定书、商标评审委员会商评字(2009)第 18278 号关于第 1974620 号"正新 CST 及图"商标异议复审裁定书以及商标评审委员会商评字(2014)第 017103 号关于第 7285776 号"CST 及图"商标争议裁定书已认定原告注册并使用在"轮胎、内胎"商品上的第 221179 号"ST 及图"商标及第 3023075 号"CST 及图"商标为中国驰名商标,且提供的材料为从 1997 年开始的数据及证据,远远早于被异议商标的申请时间(2010 年 5 月 5 日)。足见,早在第三人被异议商标申请前,原告商标的知名度在全国范围内就已经达到驰名程度。

2.被异议商标是对原告商标的复制和摹仿,与原告的引证商标构成近似,极易造成相关公众的混淆和误认。从商标近似角度来看,首先,《审查标准》中商标近似审查第 6 点,商标文字字形近似,易使相关公众对商品或者服务的来源产生误认的,判定为近似商标。被异议商标与引证商标仅有字母"Z"和"S"的区别,商标整体外观和视觉效果极为相似,应认定为近似商标。其次,从商标整体外观对比,被异议商标与引证商标一、二均为图形加英文字母的组合商标。根据《商标审查标准》,对组合商标进行对比,不仅要从商标的各个部分进行对比,同时还应对商标的构图及整体外观进行综合对比。首先,分析引证商标一的构成要素及整体外观:引证商标一是由字母"ST"以及右上角略带缺口的圆环组成,其中"ST"字母横贯圆环中央,朝圆环缺口方向呈现 30 度角向上飞扬形态;引证商标二的构成要素及整体外观:引证商标二由字母"CST"以及

想偷"轮胎"的老狐狸

左上角有四分之一缺口的椭圆形圆弧组成,其中"CST"字母于椭圆圆弧中央水平放置;再来看被异议商标:被异议商标由左右两部分构成,左边部分由字母"ZT"以及右上角略带缺口的圆环组成,其中"ZT"字母横贯圆环中央,朝圆环缺口方向呈现30度角向上飞扬形态,右边部分由字母"CZT"以及左上角于四分之一缺口的椭圆形圆环组成,其中"CZT"字母于椭圆圆环中央水平放置。很明显,被异议商标与引证商标不管是在字母构成、排列甚至倾斜角度,还是图形整体外形、开口方向、大小或者角度几乎都惊人的一致,唯独仅有字母"Z"和"S"的区别,第三人清楚地知道,如果纯粹照搬照抄原告商标,不仅直接侵权,而且无法获得专用权,于是,"单纯"地将"ST""CST"中的字母"S"换成了"Z",意图达到既不会因为近似而被驳回,又能合法地"傍名牌"的意图,但是,"Z"和"S"均为中心对称的弯曲结构,本身从视觉效果上看就具备一定的相似性,因此,被异议商标与引证商标高度近似。被异议商标明显抄袭引证商标的显著部分,是对原告引证商标的刻意模仿,除此之外,原告与第三人同属于橡胶轮胎制品行业,轮胎产品无论在销售方式、销售渠道还是使用方式上都较为特殊,商标印制在轮胎商品上并不凸显,轮胎销售一般有专有的销货渠道,且作为汽车的主要零件一经销售使用便不轻易拆卸,即使施以较高的注意力,也难以区分印制在轮胎产品上的商标之间的细微差别,第三人正是利用了轮胎产品这一特性,认为有利可图,可以复制模仿原告的引证商标,申请注册了被异议商标,造成消费者的混淆误认,从而达到谋取不正当利益的目的。原告的商标已在相关公众中具有很高的知名度,若第三人与原告的品牌同时在市场上流通,极易造成消费者的混淆误认,使消费者误认为被异议商标是引证商标的子品牌或者以为第三人与原告存在某种特殊联系,一旦第三人有任何经营不善、假冒伪劣、恶意竞争、服务不周等负面状况出现,原告将受到无辜牵连。从商标核定商品项目来看,第331179号"ZT CZT"驰名商标的注册商品项目是"轮胎、内胎及轮胎帘布",第3023075号"CST"驰名商标的注册商品项目是"车辆用轮胎,车辆轮胎,自行车轮胎,充气外胎(轮胎),车辆实心轮胎,飞机轮胎,补内胎用全套修理工具"。被异议商标"ZT CZT"的注册商品项目是"摩托车,电动自行车,手推车,车辆轮胎,车轮胎,补内胎用全套工具,飞机,船",就"摩托车,电动自行车,手推车,飞机,船"这部分商品项目与引证驰名商标的商品项目属关联商品。被异议商标的注册申请违反了《商标法》

第13条第3款(原《商标法》第13条第2款)的相关规定,致使原告作为驰名商标注册人的利益受到损害,因此,被异议商标应不予核准注册并禁止使用。

表2 被异议商标、引证商标一和引证商标二

被异议商标	引证商标一	引证商标二
ZT CZT	ST	CST

3.被异议商标与原告引证商标构成相同和类似商品上的近似商标,极易造成相关公众的混淆和误认,故违反了《商标法》第30条(原《商标法》第28条)的相关规定,应不予核准注册。

4.引证商标经过原告长期广泛宣传使用已经具有很强的显著性及较高的知晓度,第三人应当知道引证商标的存在,其申请注册被异议商标,具有明显的主观恶意,违反了《商标法》第7条所规定的"诚实信用原则"。故依据"诚实信用原则"的规定,为维护原告的合法权益,维持正常商标管理秩序,被异议商标应当不予核准注册。

5.第三人申请注册和使用被异议商标,违反了《商标法》第32条(原《商标法》第31条)的规定,损害了原告的在先权利——著作权。

被告商标评审委员会辩称:原告在评审阶段未主张被异议商标系对其驰名商标的复制、摹仿,故不属于本案的审理范围。被异议商标与两引证商标整体外观、字母构成等方面具有一定区别,并非使用在类似商品上,不致引起消费者的混淆误认,第047679号裁定认定事实清楚、适用法律正确,原告的诉讼请求没有事实和法律依据,请求驳回原告诉讼请求。

一审法院认为:2001年《商标法》第28条规定,申请注册商标同他人在同一种商品或者类似商品上已经注册或初步审定的商标相同或者近似的,由商标局驳回申请,不予公告。人民法院认定商标是否近似,既要考虑商标标识构成要素及其整体的近似程度,也要考虑相关商标的显著性和知名度、所使用商品的关联程度等因素,以是否容易导致混淆作为判断标准,本案中,被异议商标指定使用的车辆轮胎、车轮胎与引证商标一核定使用的轮胎、内胎及轮胎帘窗,引证商标二核定使用的补内胎全套修理工具构成同一种或类似商品。被异议商标为"ZT CZT及图",引证商标一为"ST及图"、引证商标二为"CST及图",二者字母以外均由带缺口的圆环图构成,被异议商标分别与引证商标一、二进行对比,在字母

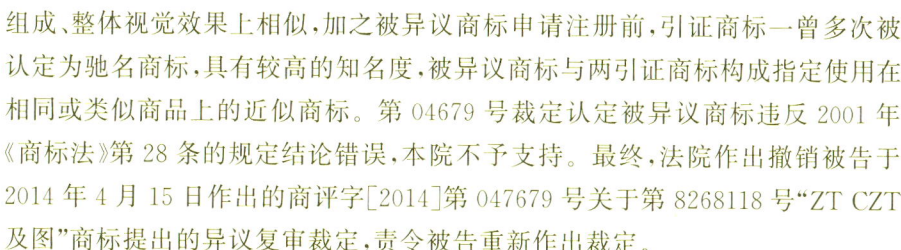

组成,整体视觉效果上相似,加之被异议商标申请注册前,引证商标一曾多次被认定为驰名商标,具有较高的知名度,被异议商标与两引证商标构成指定使用在相同或类似商品上的近似商标。第 04679 号裁定认定被异议商标违反 2001 年《商标法》第 28 条的规定结论错误,本院不予支持。最终,法院作出撤销被告于 2014 年 4 月 15 日作出的商评字[2014]第 047679 号关于第 8268118 号"ZT CZT 及图"商标提出的异议复审裁定,责令被告重新作出裁定。

(三)行政二审

上诉人国家工商行政管理总局商标评审委员会因商标异议复审行政纠纷一案不服北京市第一中级人民法院(2014)一中知行初字第 6598 号行政判决,向北京市高级人民法院提起上诉。国家工商行政管理总局商标评审委员会的上诉理由是:正新公司在异议复审申请书中未明确提出被异议商标的申请注册构成《商标法》第 13 条第 2 款规定的情形;被异议商标与引证商标一、二分别未构成近似商标。

被上诉人厦门正新公司答辩称:被异议商标与引证商标构成类似商品上的近似商标,违反了《商标法》第 30 条(2001 年《商标法》第 28 条)的规定。判断商标是否构成近似,要考虑商标标志构成要素及其整体的近似程度,也要考虑相关商标的显著性和知名度、所使用商品的关联程度等因素,以及是否容易导致混淆作为。被异议商标申请使用的商品项目与引证商标核定使用的商品项目构成类似商品,被异议商标与引证商标构成近似商标。在被异议商标申请注册之前,引证商标已经具有较强的显著性和极高的知名度,被异议商标的注册及使用容易造成混淆误认,会损害答辩人及消费者的合法权益。

二审法院认为:《商标法》第 28 条规定,申请注册商标同他人在同一种商品或者类似商品上已经注册的或者初步审定的商标相同或者近似的,由商标局驳回申请,不予公告。类似商品,一般是指在功能、用途、生产部门、销售渠道、消费群体等方面相同,或者相关公众一般认为其存在特定联系、容易造成混淆的商品。认定商品或者服务是否构成类似,应当以相关公众对商品或服务的一般认识综合判断。商标近似,是指两商标文字的字形、读音、含义或者图形的构图及颜色,或者其各要素组合后的整体结构相似,或者立体形状、颜色组合近似,易使相关公众对商品的来源产生误认或者认为其来源之间存在特定的联系。原审判决认定被异议商标指定使用的商品与引证商标一、二核定使用的商品分别构成类似商品,商标评审委员会对此不持异议,本院经审查予以确认,本案中,引证商标一的标志由英文字母"ST"及带缺口的圆环图形构成,"ST"向右上方倾斜,"T"中间的竖笔正居于圆环缺口处;引证商标二的标志由英文字母"CST"及带缺口的椭圆环图形构成,"CST"居中,椭圆环在右侧最厚,向两侧变细延伸,分别约止于"CST"的正上方和正左方;被异议商标的标志由英文字母"ZT"及带缺口的圆环、英文字母"CZT"及椭圆形图形构成,"ZT"亦向左上方倾斜,"T"中间的竖笔亦正居于圆环缺口处,椭圆环亦在右侧最厚,向两边变细延伸,分别约止于"CZT"的正上方和正左方。被异议商标标志构成之一英文字母"ZT"及带缺口的圆环与引证商标一的标志相比较,仅是"Z"与"S"的区别及字体的不同,二者在整体构成、视觉效果等方面相近。被异议商标的标志构成之一英文字母"CZT"及椭圆环图形与引证商标二标志的构成相比较,仅"Z"与"S"的区别及字体的不同,二者在整体构成、视觉效果等方面相近。考虑在被异议商标申请日前,引证商标一、二曾被行政机关认定为驰名商标,具有较高的知名度,这加大了相关公众混淆误认的可能性。被异议商标与引证商标一、二若同时使用在类似商品上,易使相关公众对商品的来源产生误认或者误认为其来源之间存在特定的联系。故被异议商标与引证商标一、二分别构成使用在类似商品上的近似商标。商标评审委员会的相关上诉主张不能成立。法院最终判决,驳回上诉,维持原判。

二、近似商标的判定标准(知名度)与混淆可能性的理论研究

(一)近似商标判定与混淆可能性相关理论

关于近似商标的定义[①]和判断方法[②],对适用《商标法》(2001年修订)第

[①] 《最高人民法院关于审理商标民事纠纷案件适用法律若干问题的解释》第9条:"近似商标是指被控侵权的商标与原告的注册商标相比较,其文字的字形、读音、含义或者图形的构图及颜色,或者其各个要素组合后的整体结构相似,或者其立体形状、颜色组合近似,易使相关公众对商品的来源产生误认或者认为其来源与原告注册商标的商品有特定的联系。"

[②] 《最高人民法院关于审理商标民事纠纷案件适用法律若干问题的解释》第10条:"对近似商标的判定应:1.以相关公众的一般注意力为标准;2.既要进行对商标整体比对,又要进行对商标主要部分的比对,比对应当在比对对象隔离的状态下分别进行;3.判断商标是否近似,应当考虑请求保护注册商标的显著性和知名度。"

13条第2款[①]以及第28条[②]有重要的作用。

商标相同与否容易辨别,但是对于绝大多数情况来说,商标近似与否的判定就成为案件能否有效解决的前提和关键。国内除了以上规范性法律文件中对如何判断近似商标作出了规定,在学术领域,学者们对近似商标应如何判断也是各持己见,主要包括以下几种观点:1.商标近似是指两个商标相比较,文字商标在音、形、义方面有部分要素相同或相似;图形商标的构图和颜色以及文字和图形组合商标的整体结构相似。[③] 2.近似商标不外指外观、名称、观念之类似,易使人发生混同、误认,因此,近似商标的认定包括两个方面的因素:一为两个商标客观存在相似之处,二为普通消费者在一般注意程度之下难免会对两个商标造成混淆误认。因素一为原因和条件,因素二即消费者是否会因此而混淆才起决定作用。[④] 3.商标近似是指两商标之间虽然不相同,但公众易于混淆,所以,在比较商标近似时,只要存在混淆的可能,就足够认定为近似。[⑤] 4.应区分商标标识的近似和商标的近似,商标标识的近似是指两个商标图样本身的相似,如两个商标图样本身的文字的字形、读音、含义或者图形的构图及颜色,或者其各要素组合后的整体结构相似,或者其立体形状、颜色组合近似;而商标近似不仅包括商标标识的近似,还包括因两商标使用在同一种或者类似商品上而足以造成相关公众对商品来源的混淆、误认。[⑥] 5.近似商标的判定在《商标法》中的地位极其重要,两商标是否构成近似,系由消费大众之听觉、视觉及推论等各方面对商标与商品间之关系是否足以发生混淆为断,应就每一个案之交易实情加以观察认定之,无一成不变,放之四海而皆准之铁则。[⑦]

学者在近似商标判断的内容和方法认识上也有不同的观点:1.似商标判

---

① 《商标法》(2001年修订)第13条第2款:"就不相同或者不相类似商品申请注册的商标是复制、摹仿或者翻译他人已经在中国注册的驰名商标,误导公众,致使该驰名商标注册人的利益可能受到损害的,不予注册并禁止使用。"

② 《商标法》(2001年修订)第28条:"申请注册的商标,凡不符合本法有关规定或者同他人在同一种商品或者类似商品上已经注册的或者初步审定的商标相同或者近似的,由商标局驳回申请,不予公告。"

③ 魏森.商标侵权认定标准研究[M].北京:中国社会科学出版社,2008.79-95.

④ 彭学龙.商标法的符号学分析[M].北京:法律出版社,2007.194-195.

⑤ 高伟光.走进商标走进商标法[M].北京:人民出版社,2004.170-174.

⑥ 于泽辉,主编.商标:战略、管理、诉讼[M].北京:法律出版社,2008.241.

⑦ 曾陈明汝.商标法原理[M].台湾:新学林出版股份有限公司,2007.66-68.

定除了应考虑相关公众的一般注意力和商标的显著性、知名度外,还应坚持客观原则和个案审查原则,即近似商标认定时,只需要考虑商标本身构造的客观事实,不用考虑使用人的主观因素,只需陈述商标确有近似的事实,而不必证明他人的使用是否出于故意,对个案近似商标的判定要进行个案的区别对待。在比对对象上,原则上以商标注册证上的商标标志为比对对象。① 2.商标以外的因素对判断商标是否近似或近似程度仍可能产生一定影响,因此需要对各种因素进行综合判断。商标的显著部分、商标的音、形、义和商标的实际使用方式及背景为近似商标判定的考量因素,而在先商标的显著性和知名度、在先商标和在后商标的并存的时间长度等只是与混淆的判断有关,与商标近似的判断无关。② 3.两个商标的相似性主要应从三个层面进行判断:视觉、听觉和含义。在近似商标判定时,应采取通体观察与主要部分相结合的原则,以通体观察为主,以比对主要部分为辅,也要加以隔离观察。③ 4.在比对方法上,部分为主。除了应遵循整体比对、主要部分比对等方法外,还应坚持比同不比异的原则,也就是说比较时应以主要部分进行对比。

总体来说,大部分学者认为在对近似商标进行判断时,除要通过隔离观察法、整体观察法、通体观察与主要部分相结合等方法对商标本身是否相似进行客观判断,还须考虑是否会造成相关公众的混淆,即混淆可能性(混淆可能性的判断标准如商标的知名度、显著性等因素,这些也作为判断商标是否近似的标准)成为判断商标是否近似的重要因素,这与我国的法律规定所遵循的思路是相吻合的。但是也不得不承认以商标类似作为判断混淆可能性的标准是毋庸置疑的,再将混淆可能性作为判断商标近似的标准,可能会造成理论上"以果推因"的逻辑悖论。为解决这一理论问题,我们也许可以借鉴欧美国家的商标立法中的有关规定,也即商标确权与商标侵权的最终评判标准应为混淆。④

尽管随着中国与世界的联系进一步加深,我国在国内《商标法》的三次修

---

① 李亮.商标侵权认定[M].北京:中国检察出版社,2009.131—136.
② 魏森.商标侵权认定标准研究[M].北京:中国社会科学出版社,2008.76—95.
③ 彭学龙.商标法符号学分析[M].北京:法律出版社,2007.194—195.
④ 具体来说就是将是否构成在相同或类似的商品上使用相同或近似的商标与商标的知名度、显著性、商品种类及消费者购买时的注意程度等一起作为判断混淆可能性的标准,不再另外具体规定构成相同或者类似商品上使用相同或近似的商标作为商标确权或者商标侵权的标准。

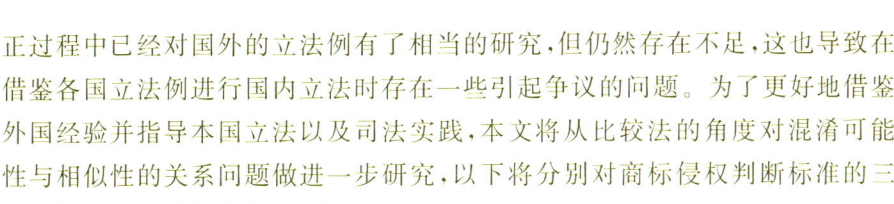

正过程中已经对国外的立法例有了相当的研究,但仍然存在不足,这也导致在借鉴各国立法例进行国内立法时存在一些引起争议的问题。为了更好地借鉴外国经验并指导本国立法以及司法实践,本文将从比较法的角度对混淆可能性与相似性的关系问题做进一步研究,以下将分别对商标侵权判断标准的三种主要立法例进行简要分析

(1)以相似性为基础而以混淆可能性为限定条件的商标侵权判断标准。《TRIPS协议》和《欧共体商标条例》是典型代表。这种模式比较常见,英、法、德等欧盟成员国以及我国台湾地区的《商标法》都属于此种模式。这可见TRIPS协议第16条第1款①以及《欧共体商标条例》第35条第2款项②。从字面上来看,这种立法模式与我国商标立法非常相近,规定商标侵权的判断标准不仅包括相似性还包括混淆可能性。在商标和商品均相同的情况下,商标保护是绝对的,不需要混淆可能性即可以判定侵权。而在商标和商品有一者不相同而近似或者类似的情况下,商标保护不是绝对的,需要考虑混淆可能性。

(2)混淆可能性吸收相似性的商标侵权判断标准。以美国《兰哈姆法》为代表的模式,《兰哈姆法》所代表的模式是直接规定认定商标侵权行为应以混淆可能性为判断标准,存在导致混淆可能性的商标使用行为就是侵犯商标专用权的行为。其中,商标近似度以及商品类似度是判断混淆可能性的因素之一。在各个案件中,法院根据个案中商品和商标的特殊情况考虑的要素各有不同,而且各个要素发挥的作用、所占比重是不同的,法院在认定时不需要对比所有的因素,对其中重要的因素进行相似或相同的论证即可对商品或商标是否类似作出结论。

(3)混淆可能性内化于相似性的商标侵权判断标准。日本《商标法》是最典型的标准。日本现行《商标法》第37条规定了八种视为商标侵权的行为。

---

① 《TRIPS协议》第16条第1款规定:"注册商标的所有者应享有一种独占权,以防止任何第三方在未经其同意的情况下,在商业中对与已注册商标的商品或服务相同或相似的商品或服务采用有可能会导致混淆的相同或相似的符号标记。在对相同或相似的商品或服务采用相同的符号标记时,就推定混淆的可能性已经存在。"

② 《欧共体商标条例》第35条第2款规定:"商标所有人有权阻止所有第三方未经其同意在贸易过程中使用:由于与共同体商标相同或近似,同时与共同体商标注册的商品或服务相同或类似的任何标志,其使用可能会在公众中引起混淆的;这种可能的混淆包括该标志和该商标之间可能引起的联想。"

这八种都可以归结为在相同或类似商品或服务上使用相同或近似的商标。但日本的商标司法实践却并非如此,而是将混淆可能性引入作为商标侵权的判断标准。日本商标实践中相似性已经变成了混淆可能性,混淆可能性内化于相似性之中。

从上述三种模式来看,第二种与第一种、第三种有着显著的差异,第二种直接以混淆可能性作为商标侵权的标准,实现了逻辑的自洽性,但是在司法实践中适用起来操作难度较高,对法官的要求也较高。其余两种模式都无法完全避免"逻辑循环"的问题,但一定程度上简化了商标侵权判断的操作难度。

在我国目前的法律框架之下,近似商标判断主要有两种方法:1.客观标准,即采用在隔离状态下对商标进行整体和主要部分对比的方法判断两商标本身之间是否客观上构成近似;2.主观标准(混淆可能性标准),即不仅需要判断两商标本身客观上是否构成近似,还要判断是否具有混淆可能性,也就是结合判断混淆可能性的各种因素,包括商标的知名度、显著性以及商品种类和相关公众的注意力等方面来加以判断。目前,司法实践中,多采用第二种方式,逐步确定了判断混淆可能性的各种标准,在判断商标是否构成近似中发挥一定的作用。

首先,对商标是否构成本身近似[①]进行判断。根据人类认识的一般规律性,消费者对商标的印象首先是通过其自身的视觉、听觉、味觉等器官和思想来感知的,就是我们通常所说的形、音、义。总的来说,如果两个商标在视觉、声音和含义三方面均可以认定为相似,则两商标确凿无疑构成相似;或者如果音、形、义均不相似,则两个商标根本不可能构成相似。如是某一方面或两个方面近似,则需具体判定。[②]

其次,商标是用来识别商品来源的标志,因此,在判别商标是否近似时,关键在于商标之间是否会产生商标来源的混淆或者可能产生混淆。关于认定混淆可能性应考虑的因素,1938年美国《侵权责任法》总结以往法院的判例,在第729条中提出了混淆可能性的4个要素:1.有关标记与有关商标或商号之间在外表、所用文字的发音、有关图画或设计的字面含义、指示上,所存在的相

---

① 商标的形、读音、含义、图形商标的构图及颜色、文字与图形组合商标整体结构相似,或者其立体形状、颜色组合相近似。

② 李伟.近似商标判定研究(硕士学位论文)[D].南京:南京大学,2012.4-5.

似性程度;2.行为人采用有关标记的意图;3.在使用和上市方法上,行为人所提供的商品或服务与他人所提供的商品或服务之间的关系;4.购买者有可能具有的谨慎程度。后来,在美国第九巡回上诉法院 AMF v. Sleekcraft 中提出了判定混淆可能性的8个要素:商标的强度、商品的类似性、商标的近似性、实际混淆的证据、销售渠道、商品种类及消费者购买时的注意程度、被告选择商标的意图和产品扩展的可能性。总的来说,对于混淆可能性的判断,各国普遍采用"多因素检测方法"加以分析,基本上可以纳入4类共同的考虑因素:商标因素、商品因素、消费者因素、其他因素。在近似的商标的判定中,结合判断混淆可能性的各个因素(如以相关公众的一般注意力为标准和考虑请求保护的商标的显著性和知名度),既符合我国目前的法律规范,也与学术理论中大部分学者的观点相契合,同时也有助于在实践中为具体案件涉及的近似商标的判断问题提供标准。

(二)知名度对近似商标判断的影响

对商标知名度的判断是衡量混淆可能性的重要标准之一。近似商标认定与注册商标的知名程度也密切相关。相关公众对一个商标的知晓程度,往往与该商标使用的持续时间、广告投入、所获荣誉和该商标商品所处的地域、市场份额以及售后服务等有关。知名程度高的商标往往蕴含着更大的市场声誉,也能够明确地向消费者表达商品或者服务所具备的优良品质。一些商标侵权者正是看到了知名度高的商标所具有的商业价值,总是想方设法地采用近似商标的方式,企图造成相关公众对两个近似商标和商品的误认,或者造成对他人商标的淡化、削弱,从中谋取利益。

一般而言,根据主张权利的商标与被诉侵权商标各自的知名度的高低,我国《商标法》意义上的商标近似的认定包括以下三种不同的情况:

1.主张权利的商标与被诉侵权的商标或被异议商标都不具有知名度。在这种情形下,双方商标都还未与商品以及消费者之间产生特定的联系,未使大多数消费者形成"经营者—商标—消费者"之间的认识。商标还充其量只是一种符号式的静态存在,因而,此时商标近似的认定通常只需要使用客观标准进行判断。

2.主张权利的商标知名度远高于被诉侵权商标或被异议商标的知名度(被异议商标可能还未投入使用)。由于主张权利的商标是一种联结着特定商品并凝聚着一定商誉的动态存在,其与侵权商标或被异议商标是否构成近似,不仅需要通过客观标准进行判断,还要进行混淆可能性的判断。知名度高的商标一定程度上更会引起消费者的重视,也可能造成消费者出于对自己熟知该商标的信赖,该信赖即认定自己可以不需要过多辨认即可辨认该商标及其代表的商品。在这种情况下,为了防止消费者被误导,切断已经形成的"经营者—主张权利的商标—消费者"之间的联系,对商标近似的判断应该更加严格。

3.主张权利的商标与被诉侵权商标或被异议商标均具有较高的知名度。此时商标近似的认定既需要对商标标识近似与否作出判断,也需要综合考虑诸如主张权利的商标与被诉侵权商标各自的实际使用状况[①]、相关公众可能具有的谨慎程度、被诉侵权商标使用者的主观意图等混淆可能性因素。

从以上总结出的三种不同知名度情形下的商标近似认定标准中不难看出,商标近似与知名度之间大致存在如下关系:因商标的实际使用而产生的知名度可以扩张商标近似的认定范围,从而使商标获得一个更宽的禁用权范围或注册排斥范围,因而,其保护范围就越宽。知名度对商标标识近似与否这一客观属性不会产生影响,知名度对商标近似认定范围具有扩张作用的本质在于知名度的提高增加了相关公众的混淆可能性。之所以将知名度作为不同情形下商标近似认定标准的分水岭,大体是因为知名度相对于其他参考因素而言对混淆可能性的影响最为直接,该种制度安排源于商标保护中的基本规律。[②]

三、对本案所涉具体问题的理论研究

(一)法律规范的适用

本案的行政诉讼阶段的争议焦点包括:1.关于第047679号异议复审裁定

[①] 主张权利的商标与被诉侵权商标各自的实际使用状况包括商标的使用方式、使用历史、商标使用商品的性质特点(如:价值高低、体积大小)等方面。

[②] 从保护商誉的角度看,知名度越高的商标被他人仿冒的可能性越大;从制止混淆的角度看,知名度越高的商标与特定商品的联系越紧密,相关公众对该种联系的记忆也越强烈,当存在近似商标时,相关公众产生来源混淆或关联混淆的可能性也就越大。

是否遗漏《商标法》(2001年修订)第13条第2款也即《商标法》(2013年修订)第13条第3款的内容;2.关于被异议商标是否违反《商标法》第28的规定也即《商标法》(2013年修订)第30条。

关于第一个问题:一审、二审法院审理认为,商评委审理不服商标局异议裁定的复审案件,应当针对当事人的复审申请和答辩事实、理由及请求进行评审。本案中,正新公司异议复审申请书中"2004年11月12日,其注册并使用在'轮胎、内胎'商品上的'正新''CST图形'商标被认定为驰名商标,徐长华在知晓引证商标具有较高知名度情况下,仍然通过简单复制、摹仿引证商标的方式组合出与引证商标高度近似的被异议商标,具有搭便车的意图"的相关陈述,结合上下文意思表示,明显属于有关2001年《商标法》第13条第2款(现行《商标法》第13条第3款)的内容,商评委认为该内容即为《商标法》第28条(现行《商标法》第30条)的相关内容,理由牵强。第047679号裁定遗漏审查原告的评审请求,违反法定程序。

关于第二个焦点问题:一审、二审法院认为,本案中被异议商标与引证商标一、引证商标二构成指定使用在相同或类似商品上的近似商标。第047679号裁定认定被异议商标未违反2001年《商标法》第28条(现行《商标法》第30条)的规定结论错误。

具体来看:厦门正新公司在提出行政异议、异议复审中都称其作为"中国橡胶工业龙头企业"及"中国石油和化工工业百强企业",注册在第12类的第331179号"ST及图"以及第3023075号"CST及图"商标经过多年的广泛宣传及使用,已被认定为"中国驰名商标",被异议商标是对该商标的复制和摹仿,根据《商标法》第13条第3款(原商标法第13条第2款)的规定,被异议商标应不予核准注册。而商评委审理不服商标局异议裁定的复审案件中没有针对当事人的复审申请和答辩事实、理由及请求进行评审。这其中隐藏着一个关键问题,就是现行《商标法》针对已注册驰名商标保护问题的规定在第13条第3款[①],该条款明确规定了已注册驰名商标在"不相同或者不类似商品"上受保护的问题,但没有就能否在"相同或者类似商品"上受保护作出规定。并且,除此之外,《商标法》及其实施条例、司法解释等也没有其他关于适用《商标法》第

---

① 《商标法》(2013年修订)第13条第3款:"就不相同或者不类似商品申请注册的商标是复制、摹仿或者翻译他人已经在中国注册的驰名商标,误导公众,致使该驰名商标注册人的利益可能受到损害的,不予注册并禁止使用。"

13条对驰名商标在相同或类似商品上予以保护的规定。本案便是涉及已注册"ST及图""CST及图"驰名商标在相同或类似商品上的保护问题,是否可以适用《商标法》第13条第3款予以保护成为问题。对此,我们基本可以达成共识,认为已经注册的驰名商标可以适用《商标法》第13条规定在相同或类似商品上予以保护。[①] 所以,厦门正新公司依据该条主张权利,是对法律规范的正确适用。

法院最终认定:本案中,引证商标一的标志由英文字母"ST"及带缺口的圆环图形构成,"ST"向右上方倾斜,"T"中间的竖笔正居于圆环缺口处,引证商标二的标志是由英文字母"CST"及带缺口的椭圆环图形构成,"CST"居中,椭圆环在右侧最厚,向两侧变细延伸,分别约止于"CST"的正上方和正左方,被异议商标标志由英文字母"ZT"及带缺口的圆环、英文字母"CZT"及椭圆形圆环构成,"ZT"亦向左上方倾斜,"T"中间的竖笔亦正居于圆环缺口处,椭圆环亦在右侧最厚,向两边变细延伸,分别约止于"CZT"的正上方和正左方,被异议商标标志构成之一英文字母"ZT"及带缺口的圆环与引证商标一的标志相比较,仅是"Z"与"S"的区别及字体的不同,二者在整体构成、视觉效果等方面相近。被异议商标的标志构成之一英文字母"CZT"及椭圆环图形与引证商标二标志构成相比较,仅"Z"与"S"的区别及字体的不同,二者在整体构成、视觉效果等方面相近。考虑在被异议商标申请日前,引证商标一、二曾被行政机关认定为驰名商标,具有较高知名度,加大了相关公众混淆误认的可能性。被异议商标与引证商标一、二若同时使用在类似商品上,易使相关公众对商品的来源产生误认或者误认为其来源之间存在特定的联系。故被异议商标与引证商标一、二分别构成使用在类似商品上的近似商标。商标评审委员会的相关上诉主张不能成立。

(二)知名度在判断具体商标是否构成相似中的作用

在行政诉讼阶段,厦门正新公司作为一审原告以及二审被上诉人,都坚持认为被异议商标是对其商标的复制和摹仿,商标整体外观和视觉效果极为相

[①] 理由有两个方面:一是运用目的解释的方法探究《商标法》第13条,该款规定旨在给予驰名商标较之于一般注册商标更强保护的立法本意;二是运用法律的当然解释方法,既然已经注册的驰名商标在不相同或者不类似商品上都可以受到保护,在相同或类似商品上就更应该受到保护。

似，与其引证商标构成近似，极易造成相关公众的混淆和误认。被异议商标明显抄袭引证商标的显著部分，是对原告引证商标的刻意模仿，除此之外，原告与第三人同属于橡胶轮胎制品行业，轮胎产品无论是从销售方式、销售渠道还是使用方式上都较为特殊，商标印制在轮胎商品上并不凸显，轮胎销售一般有专有的销货渠道，且作为汽车的主要零件，其一经销售使用便不轻易拆卸，即使施以较高的注意力，也难以区分印制在轮胎产品上的商标之间的细微差别，第三人正是利用了轮胎产品这一特性，认为有利可图，可以复制模仿原告的引证商标，申请注册了被异议商标，造成消费者的混淆误认，从而达到谋取不正当利益的目的。并且，厦门正新公司的商标已在相关公众中具有很高的知名度，若第三人与原告的品牌同时在市场上流通，极易造成消费者的混淆误认，使消费者误认为被异议商标是引证商标的子品牌或者以为第三人与原告存在某种特殊联系，一旦第三人有任何经营不善、假冒伪劣、恶意竞争、服务不周等负面状况出现，原告将受到无辜牵连。

一、二审法院也都认定，被异议商标与引证商标之间在整体构成、视觉效果等方面相近。考虑在被异议商标申请日前，引证商标一、二曾被行政机关认定为驰名商标，具有较高知名度，加大了相关公众混淆误认的可能性。被异议商标与引证商标一、二若同时使用在类似商品上，易使相关公众对商品的来源产生误认或者误认为其来源之间存在特定的联系。故被异议商标与引证商标一、二分别构成使用在类似商品上的近似商标。

对商标是否构成近似的判断，主要以客观存在的商标标识本身是否构成近似为重点，在此基础上再进一步考虑所使用商品的关联程度及相关商标的显著性、知名度问题。也因此，在主张商标近似时，我们要厘清上述三个商标的近似判定原则，分清主次，先对标识本身进行详细比对，再引入商品关联及商标显著性知名度，从实践角度证明共存易导致混淆，这样才会使具有较强显著性和知名度的商标在近似商标判断中发挥其最大功效。

四、类似案例分析

(一)冰雕商标纠纷案

该案①争议焦点为:被异议商标"冰雕 BINGDIAO"与引证商标"雕"是否

---

① 异议商标系第 1904566 号"冰雕 BINGDIAO"商标,由石家庄市神龙油脂化工有限公司(下称神龙公司)于 2001 年 8 月 13 日向国家工商行政管理总局商标局(下称商标局)提出注册申请,指定使用在第 3 类"肥皂、香皂、透明皂、洗衣用浆粉"等商品上。引证商标一为第 1086707 号"雕及图"商标,于 1996 年 4 月 22 日提出注册申请,核定使用在第 3 类"肥皂、香皂、护发素、洗面奶、鞋油、牙膏"等商品上;引证商标二为第 1086708 号"雕"商标,于 1996 年 4 月 22 日提出注册申请,核定使用在第 3 类"肥皂、香皂、香波、护发素、洗面奶、洗衣粉、化妆品(不包括动物用化妆品)、牙膏"等商品上;引证商标三为第 647013 号"雕"商标,于 1992 年 6 月 9 日提出注册申请,核定使用在第 3 类"香皂、肥皂、液体皂、洗衣粉、香波、香水"等商品上。纳爱斯公司在法定期限内针对被异议商标向商标局提出异议申请。商标局作出(2006)商标异字第 03437 号《"冰雕 BINGDIAO"商标异议裁定书》,对被异议商标予以核准注册。纳爱斯公司不服,于 2006 年 12 月 8 日向国家工商行政管理总局商标评审委员会(下称商评委)提出复审申请。2010 年 1 月 4 日,商评委作出商评字〔2009〕第 36836 号《关于第 1904566 号"冰雕 BINGDIAO"商标异议复审裁定书》(下称第 36836 号裁定),对被异议商标予以核准注册。纳爱斯公司不服,于 2010 年 2 月,以商评委为被告、以神龙公司为第三人向北京市第一中级人民法院提起行政诉讼。2010 年 6 月 18 日,北京市第一中级人民法院以(2010)一中知中字 1096 号作出一审行政判决书,维持商标评审委员会作出的第 36836 号裁定,对纳爱斯公司的诉讼请求不予支持。纳爱斯公司不服,2010 年 7 月 1 日,以商评委为被上诉人、神龙公司为第三人向北京市高级人民法院提起上诉。2010 年 11 月 8 日,北京市高级人民法院作出(2010)高行终字第 975 号终审判决书。原告纳爱斯公司诉称:1."雕"为纳爱斯公司的驰名商标,第三人神龙公司申请注册被异议商标"冰雕"就是为了攀附纳爱斯公司驰名商标即引证商标"雕"的商业声誉,而且在实践中已经造成消费者混淆;2.被异议商标"冰雕"完整地包含了纳爱斯公司在先知名度很高的商标"雕",并将"雕"字突出使用,根据《商标审查及审理标准》第三部分第 4 条商标近似的审查第 1 款文字商标审查第 16 项、最高人民法院《关于审理商标民事纠纷案件适用法律若干问题的解释》第 9 条第 2 款以及第 10 条的规定,被异议商标"冰雕"与引证商标"雕"构成相似商标。基于以上两点理由,根据《中华人民共和国商标法》第 13 条、第 31 条的规定以及驰名商标扩大保护的立法宗旨,被异议商标"冰雕"依法不应被核准注册。被告商评委辩称:1.虽然引证商标在被异议商标申请注册日之前在肥皂等洗涤用品上享有较高知名度,并于 1999 年被商标局认定为洗涤用品上的驰名商标,但被异议商标"冰雕 BINGDIAO"中的中文"冰雕"常指雕刻艺术或作品等,而引证商标"雕""雕及图"中的"雕"文字与引证商标中的雕图对应,其含义为鸟类的一属,猛禽。被异议商标与引证商标相比较,其含义、呼叫区别明显。2.被异议商标与引证商标分别指定使用在肥皂等相同或类似商品上,不易使消费者混淆误认。因此,被异议商标与上述引证商标未构成使用在相同或类似商品上的近似商标。基于上述理由,商评委认为引证商标与被异议商标未构成使用在相同或类似商品上的近似商标,根据《商标法》第 33 条、第 34 条的规定,主张纳爱斯公司对"冰雕 BINGDIAO"商标的异议不成立,其提起的行政诉讼主张不应获得支持。第三人神龙公司辩称:1.神龙公司申请注册的"冰雕 BINGDIAO"商标与纳爱斯公司"雕"商标含义不同、构成不同、方式不同、呼叫不同、整体视觉不同;2.纳爱斯公司"雕"商标是否驰名,与"冰雕 BINGDIAO"是否被注册没有关系,"冰雕 BINGDIAO"是神龙公司合法注册的商标,不会导致消费者误认。基于上述两点理由,神龙公司主张纳爱斯公司对"冰雕 BINGDIAO"的异议以及由此导致的行政诉讼主张,均不应获得支持。

构成近似商标,是否应适用《商标法》第13条、第31条之规定,"冰雕BINGDIAO"商标是否不应核准注册。本案中,引证商标"雕"是纳爱斯公司在先注册使用,并有很高知名度,被异议商标"冰雕BINGDIAO",其主要部分也就是文字部分是"冰雕",而引证商标就是单独的文字商标"雕","冰雕"完整地包含了"雕",由于"雕"是知名度极高、为公众所广为知晓,很容易让消费者对商品的来源产生混淆,误认为其与纳爱斯公司有某种联系。判断商标近似的标准,不应当仅仅考虑字义本身的含义,其应当是一个综合的标准,特别应当考虑请求保护注册商标的显著性和知名度,对于在全国范围内具有驰名度的注册商标,给予与其驰名度相适应的强度较大的法律保护,有利于激励市场竞争的优胜者、鼓励正当竞争和净化市场秩序,防止他人不正当地攀附其商业声誉,从而可以有效地促进市场经济有序和健康发展。

该案两审判决结果分别是:

北京市第一中级人民法院依据《中华人民共和国行政诉讼法》第54条第1项判决:维持商评委第36836号裁定。[①]

北京市高级人民法院依据《中华人民共和国行政诉讼法》第61条第3项、最高人民法院《关于执行若干问题的解释》第70条之规定,判决:一、撤销一审判决;二、撤销第36836号裁定;三、商标评审委员会重新作出裁定。[②]

二审中认定:商标是指能将自己的商品或服务与他人的商品或服务区别开的可视性标志,其最主要的功能就是识别功能。商标的显著性越强,其识别功能就越强。当商标通过实际使用与商品的生产者产生对应关系后,消费者就可以根据以往的经验通过识别商标购买商品,也就是将特定的商标视为质量的符号,起到品质担保功能。如果两商标近似并使用在同一种或者类似商品上,相关公众就容易将不同生产者生产的商品混同为来源于同一生产者,从而起不到商标的识别功能。判断两商标是否近似,应当按照相关公众对商标的一般识别和对文字、呼叫、图形等商标组成部分的理解进行,既要考虑商标标志构成要素及其整体的近似程度,也要考虑相关商标的显著性和知名度、所使用商品的关联程度等因素,以是否容易导致混淆作为判断标准。作为文字商标,如果是臆造词,其本身固有的显著性较强,如果使用的文字有其固有的

---

① 参见(2010)一中知行初字第1096号判决书。
② 参见(2010)高行终字第975号终审判决书。

含义,但是经过长期实际使用和宣传的商标,取得了较高知名度的商标,其使用的文字就产生了特殊的含义,与商品以及商品的来源产生了密切的联系,商标的识别功能和品质担保的功能就会不断增强,从而获得较强的显著性。在这种情况下,如果仅仅从文字的固有含义考虑两商标的近似性,就会背离商标用以区别商品来源的基本功能。本案中,被异议商标为"冰雕"文字加汉语拼音"BINGDIAO",引证商标一为"雕及图",图形为展翅的猛禽"雕",引证商标二、三均为单一文字"雕",被异议商标完整地包含了引证商标的文字。纳爱斯公司在复审程序中提交的证据可以证明"雕"商标使用在洗涤类商品上,在被异议商标申请日之前就已达到了较高的知名度,并于1999年被商标局认定为洗涤用品上的驰名商标,取得了较强的显著性,"雕"字与纳爱斯公司产生了较强的关联性,消费者一般不会再去考虑"雕"字本身的含义。洗涤类商品属于一般日常消费用品,消费者众多,由于引证商标所具有的显著性和知名度,一般消费者在选购商品时,看到含有"雕"字的洗涤类商品容易误认为是纳爱斯公司生产的商品,即容易对商品的来源产生混淆误认。被异议商标与引证商标属于使用在同一种或者类似商品上的近似商标,不应予以注册。

(二)史克商标纠纷案

该案[①]的争议焦点之一为广州诗琪公司使用的"中美史克"商标是否侵犯了"史克"注册商标专用权。

该案具体两审判决结果分别是:

---

① 史密斯克兰比彻姆有限公司(下称史密斯公司)于1997年8月7日在中国获得了"史克"商标注册,核定使用商品为第3类洗发液、牙膏、化妆品等,并许可中美天津史克制药有限公司(下称天津史克公司)在中国境内使用。"中美史克"系天津史克制药有限公司的简称,也是该公司的商号。广州市诗琪化妆品有限公司(下称广州诗琪公司)未经授权,生产销售带有"中美史克"商标的洗发露、沐浴露、洗面奶、牙膏、啫喱膏等产品,并在电视、网站、宣传册等媒体上对这些产品进行广告宣传和许诺销售,还通过北京时代千方大药房有限责任公司望京西分店(下称时代大药房)在北京市朝阳区的药房连锁店销售上述被诉侵权"中美史克"产品。其在上述侵权"中美史克"产品上标注有"美国科达琳药业控股集团有限公司"字样,在洗发水产品上标有"美国科达琳药业9010生物工程中心研发的2+去屑洗发露是针对重度顽固性真菌型头屑……"等内容,在牙膏产品上标有"美国科达琳药业口腔护理中心"字样。为此,史密斯公司和天津史克公司诉至法院,要求判令广州诗琪公司停止商标侵权行为,并赔偿损失50万元。

北京市第二中级人民法院依照《中华人民共和国商标法》第52条第1项、第56条之规定,判决:广州诗琪公司停止涉案商标侵权行为,并赔偿史密斯公司和天津史克公司经济损失及诉讼合理支出22万元。[①] 广州诗琪公司不服,向北京市高级人民法院提起上诉。北京市高级人民法院依照《中华人民共和国民事诉讼法》第153条第1款第1项之规定,判决:驳回上诉,维持原判。[②]

根据《最高人民法院关于审理商标民事纠纷案件适用法律若干问题的解释》的规定,在判断本案商标近似时,应当考虑以下几方面:第一,"史克"商标的显著性和知名度。"史克"商标选自原告部分企业名称"史密斯克兰"中的"史""克"二字,它在汉语中是一个不存在的臆造词,在通常情况下,它比由非臆造词构成的商标具有更强的显著性。史密斯公司、天津史克公司对"史克"商标进行了长期的使用和宣传,使其已经具有较高的知名度,在相关公众中也享有较高的认知度,其指示商品或服务来源的功能更为强烈。针对显著性较强和知名度较高的商标,在进行商标近似性判断时,法律应当给予其较宽的保护。第二,"中美史克"与"史克"标识的近似程度。除了特别专业的人士或者某个商标的爱好者之外,一般消费者对某个商标的记忆是不精确的,在购买商品时,消费者往往将脑海中比较模糊的商标与现实中的商标进行粗略对比,然后才会购买,因此,采用隔离判断的原则应该在不同的地点和时间对商标进行比较,这样更容易模拟消费者选择商品时的心理状态,而不是将两个商标放在一起进行比较。广州诗琪公司在被控侵权商品上使用的"中美史克"商标与原告的"史克"商标相比较,只是多了"中美"二字。对于标识的不同部分,要看其是否具有特定的含义。由于原告系中美合资企业,其企业名称中的"中美"二字通常是指代中国与美国的惯常用法,显然不属于商标的主要部分,主要部分应当是"史克",因此,从整体上观察,两标识构成近似。综上,鉴于原告的"史克"商标具有较高的知名度,在相关公众中也享有较高的认知度,被控侵权商标与之近似程度较高,原告在广告宣传中还经常将其企业名称简称为"中美史克",而被告广州诗琪公司自2009年才开始在第3类涉案商品上使用被控侵权商标,其主观上明显具有借用"史克"商标商誉的故意,造成相关公众误认的可能性很大,相关公众看到"中美史克"标识,极易联想到原告公司的产品,从而对使用"中美史克"和"史克"商标的商品来源产生误认或者误认为使用两者

---

① 参见(2011)二中民初字第6836号判决书。
② 参见(2011)高民终字第3897号判决书。

的市场主体在经营上、组织上或法律上存在关联,因此,广州诗琪公司使用的"中美史克"商标与原告的"史克"商标构成商标近似,应当承担侵犯商标权的法律责任。

五、企业商标管理建议

(一)积极维护注册商标专用权,维护商标所承载的商誉

正新公司经过近30年的品牌发展和历史积淀,打造出了诸如"正新""CST""樱花""玛吉斯"等众多耳熟能详的知名品牌,现在已经成为中国最具有知名度和影响力的轮胎制造企业之一。然而,其在品牌发展过程中,一直饱受被他人恶意摹仿与抢注的侵权困扰,试图通过搭品牌"便车"谋求暴利的不法之徒不胜枚举,复制、摹仿其知名商标的更是屡见不鲜。除本案外,诸如厦冂正新、合湾正新、台粤正新、罡新、壹灤罡新等一系列以"正新"为基础、略加修饰词语或者近似词变形的商标早已多如牛毛,但其中部分却被商标局初步审定公告甚至核准注册。而正新公司在面对这种情况时,迎面而上,积极维权,处理类似本案,意图傍名牌的行政及司法案件多达上百件,本案的胜诉无疑是一次商标争议司法程序抗辩的有力经验总结,提升了企业维权的信心,保障了企业的合法权益。正新公司的做法十分具有借鉴意义,企业在进行商标管理时,要注重保护注册商标专用权,积极进行维权活动,为所持商标的进一步发展保驾护航。在此过程中,企业可以通过与侵权公司积极沟通、谈判协商以及在侵权行为严重的情况下提起诉讼等方式,展示出企业对知识产权作为无形资产的重视。维权过程中,企业要善于利用所持商标的知名度,充分运用《商标法》对于驰名商标更强的保护力度。

(二)充分利用作为驰名商标所享有的跨类保护的权利

经过长期的经营与宣传,正新公司的多个商标被认定为驰名商标。但也正是由于其商标知名度不断提高,使得诸如厦冂正新、合湾正新、台粤正新、罡新、壹灤罡新等一系列以"正新"为基础、略加修饰词语或者近似词变形的商标层出不穷,其中部分甚至被商标局初步审定公告或者核准注册。在这种情况下,正新公司利用其驰名商标享有的跨类保护的权利,积极维权,并在多起商

标侵权诉讼案件中获得胜诉,成功地维护了其企业的商誉,保证了其商标的显著性。

(三)注重品牌提升,提高产品质量,加强广告宣传力度

商标作为企业知识产权中重要的组成部分,承载着企业经过长期经营所形成的品牌信誉与商业荣誉。维护商标所载的良好商誉,需要企业不忘初心,秉承诚实经营的宗旨,加强企业内部建设,提高企业创新能力,保障产品质量,努力提升员工素质。只有企业所经营的实体业务良好发展,作为无形资产的企业商标才能够获得进一步发展的空间。

(四)重视并加强与专业代理机构的合作,建立和完善商标防御和保护体系

良好的合作和管理体系是正新公司开展有序知识产权工作的重要保障,通过多种手段的激励和培训,正新公司扩大了知识产权在公司普通员工中的影响力,提高了广大员工的品牌意识,充分调动员工参与的积极性,同时加强与专业知识产权代理机构的合作,实现了知识产权保护的专业化、常态化与流程化。